历史学研究入门丛书
陈 恒 主编

历史学研究入门丛书

公众史学研究入门

Public History:
A Critical Introduction

李娜 著

图书在版编目(CIP)数据

公众史学研究入门/李娜著. —北京:北京大学出版社,2019.6
(历史学研究入门丛书)
ISBN 978-7-301-30470-9

Ⅰ.①公… Ⅱ.①李… Ⅲ.①史学—研究 Ⅳ.①K03

中国版本图书馆 CIP 数据核字(2019)第 084398 号

书　　名	公众史学研究入门 GONGZHONG SHIXUE YANJIU RUMEN
著作责任者	李　娜　著
责任编辑	李学宜　刘书广
标准书号	ISBN 978-7-301-30470-9
出版发行	北京大学出版社
地　　址	北京市海淀区成府路 205 号　100871
网　　址	http://www.pup.cn　新浪微博:@北京大学出版社
电子信箱	pkuwsz@126.com
电　　话	邮购部 010-62752015　发行部 010-62750672 编辑部 010-62755217
印 刷 者	大厂回族自治县彩虹印刷有限公司
经 销 者	新华书店 965 毫米×1300 毫米　16 开本　17.75 印张　247 千字 2019 年 6 月第 1 版　2019 年 6 月第 1 次印刷
定　　价	48.00 元

未经许可,不得以任何方式复制或抄袭本书之部分或全部内容。
版权所有,侵权必究
举报电话: 010-62752024　电子信箱: fd@pup.pku.edu.cn
图书如有印装质量问题,请与出版部联系,电话: 010-62756370

目录

序　王希 /1
自　序　1

导　论　**公众史学：定义、方法与书写**　1
第一章　**公众史学发展概述：模式、路径与前沿**　7
　　一　美国模式　7
　　二　英国模式　12
　　三　发展前沿与动态　29
第二章　**历史的生产、认识与感知**　36
　　一　公众、空间与城市　37
　　二　集体记忆与公众历史　51
　　三　普通人的历史感知　72
第三章　**历史的呈现、解读与传播**　89
　　一　媒体与历史　90
　　二　口述历史　120
　　三　公众口述历史　136
　　四　伦理道德　156
第四章　**历史的保存与保护**　161
　　一　档案为人人　162
　　二　档案与公众记忆　180
　　三　公众史学视域下的历史保护　193
第五章　**公众史学教育**　222
　　一　各国公众史学教育概况　222
　　二　联接学生与身边的历史：公众史学教育
　　　　在中国的探索　233

目录

第六章　中国公众史学研究　245

附录一　公众史学职业道德准则与专业行为规范　251

附录二　学术资源　255

附录三　推荐阅读文献　257

序

一

  历史学源远流长,在中外文化中都属于最古老的人文学科之一,公众史学则可能是历史学中最年轻的成员之一。1978年,美国历史学家罗伯特·凯利(Robert Kelley)使用public history为他领导的史学研究生教育改革命名,一个新的史学领域从此诞生。尽管兴起的时间不长,但公众史学却发展迅速,影响力与日俱增,不仅给美国史学的发展带来前所未有的活力,而且还飘洋过海,传播到欧洲和其他大陆,与不同国家的史学传统相结合,生根开花,俨然成为全球化时代历史学家创造共享话语的一种跨国学术媒介。无疑,从实践的角度而言,公众史学并非是一种崭新的发明。今天被所谓"公众史学"所覆盖的一些学科领域——如记忆研究、民族志、地方史学、族裔研究、口述史学、档案学、博物馆学、历史遗产保护、城市人文景观规划等——早已存在,并拥有自身的学术史和专业规范。但公众史学绝非是一种将不同相近学科统合起来的权宜之计,它是对我们熟悉的史学研究、史学知识的生产与传播以及史学人才的培养提出的一种挑战,它更深刻的意义是将一种新的史学思想和史学实践带入到历史学中,鼓励生活在追求民主、平等时代中的公众重新思考和利用"过去"。与其说公众史学否定传统的历史学,不如说它希望给后者带来新生。

  早在20世纪80年代初,公众史学的概念就被介绍到国内,但当时没有引起学界的重视,无后续跟踪介绍,也无深入的讨论。① 直到 10 年前,国内许多历史学者仍然对公众史学感到陌生,不知其为何物。但今天这种情况已经大为改观。根据中国知网的统计,在过去 8 年(2010—2018),国内学术期刊发表的关于"公众史学"或"公共史学"的文章至少有 112 篇,而在之前的 30 年里(1980—2009)这一主题的文章大概不超过 10 篇。此外,中国知网还显示,过去 10 年间至少有 10 篇硕士论文的研究题目是公众史学或公共史学。与此同时,自 2013 年起,几乎每年都有关于公众史学的学术研讨会和师资培训班在国内举行,公众史学课程开始进入到大学课堂,专门的研究中心得以成立,有一些学术期刊还组织了关于公众史学的主题笔谈。更令人感到兴奋的是,仅 2018 年一年就有两份专注于公共史学研究的学术辑刊——浙江大学的《公众史学》和中国人民大学的《中国公共史学集刊》——在国内出版。今非昔比,这样的"公众史学热"在 10 年前是不可想象的。

然而,如果冷静阅读和检审已有的成果,我们不难发现公众史学在国内仍然处在起步阶段,或者说,仍然是历史学界的新生事物。在大量讨论公众史学的学术写作中,介绍性的文章居多,提倡本土化的讨论也有若干,对这个"舶来品"进行透彻分析的则相对稀少。我们仍然不太了解它的生成背景以及它在后来的发展中所发生的"变异",也不太了解它的具体实践,更不了解它如何进入美国之外的其他历史语境并如何与后者进行融会贯通。我们尤其不了解它的实践是否或如何体现了某些我们熟悉的史学理论。研究的滞后使我们事实上处在一种尴尬局面之中:一方面,公众史学的实践——无论是口述史、文物收藏、档案收集、族谱编纂、遗址保护——已在国内有限的"公共空间"中蓬勃涌现,

---

① 原北京大学历史学系罗荣渠教授于 1980—1982 年在美国进行了为期一年半的学术访问,回国后撰文对美国史学界出现的新领域——新政治史、新经济史和新社会史等——做了详细介绍。他同时提到,因应"群众化历史教育"和"大众化史学"的出现,美国史学界出现了名为"公共历史学"或"实践历史学"的新的史学分支,并提到了由罗伯特·凯利在加州大学圣塔芭芭拉校区开创的公共历史专业以及刚出版不久的《公共历史学家》期刊。这应该是国内学界最早介绍公众史学的文章之一。见罗荣渠:《当前美国历史学的状况和动向》,《世界历史》,1982 年第 5 期,第 69—76,84 页。

公众和学界都有许多人卷入其中,似乎都期望成为自己或他人的"历史学家";另一方面,历史学界对公众史学的研究又未能及时跟上。无论公众史学将作为一种学科或作为一种文化事业在国内发展,这种脱节都是不利的。我们需要透彻地了解国外公众史学的理论与经验,需要深入分析国内公众史学的实践,需要发展独特但又能与国际公众史学对话的公众史学理论与实践,需要在新技术资源和新学术网络的基础上探索公众史学人才培养的机制与方法。正是在这样的背景下,李娜教授的《公众史学研究入门》的出版就显得十分及时和必要。

李娜毕业于美国公众史学的重镇马萨诸塞大学,在那里先后获得公众史学硕士学位和城市规划学博士学位。她的博士论文研究的是加拿大多伦多市移民社区的公众记忆形成过程,是一篇将公众史学与城市规划学完美结合的学术研究,英文版由多伦多大学出版社出版,备受同行的赞赏。① 2013 年,李娜加入重庆大学人文社科高研院的史学中心,当时我在高研院帮忙,因而成为同事。在此之前,我已在《公共历史学家》(*Public Historian*)期刊——美国公众史学领域的旗舰刊物——上读到她的论文,因为这是该刊发表的第一篇中国学者的作品,印象尤其深刻。从 2013 年进入重庆大学高研院直到 2018 年转入浙江大学历史系,李娜一直全身心地投入到推动国内公众史学的创建与发展中,很多工作是从零开始。她参与筹办和主持了多次公众史学的讨论会和全国性师资培训班,在重庆大学开设公众史学的本科生课程,邀请国外专家到国内讲学,并在国际学术刊物上撰文,将中国公众史学放到了这一领域的世界版图上。在过去 5 年中,李娜用心最重、用力最多的工作应该是撰写公众史学方面的学术论文,同时从中英文双重学术语境来探讨公众史学的理论、实践、教学和前沿问题。李娜坦承,她的密集写作在很大程度上是受到国内公众史学飞速发展的激励,同时也深受在不同国家观察公众史学的经历的启发。这种难得的跨国经历对

---

① Na Li, *Kensington Market: Collective Memory, Public History, and Toronto's Urban Landscape* (Toronto: University of Toronto Press, 2015).

她来说无疑是一笔独特的精神财富,而她以此为基础写成的文字对国内外同行来说也具有了特殊的价值。现在,李娜将近年发表的近 20 篇中英文论文进行修订,结合新的思考,采用新的组织框架,集结出版,对国内公众史学领域来说,这的确是一份重要贡献。

二

《公众史学研究入门》给自己的定位是介绍"公众史学的基本框架和研究历史",为从事或有兴趣了解公众史学研究的人"提供入门指导",并为国内公众史学的建立与发展"提供一些切实的帮助"。[①]本书的内容选择基本上是围绕着这三个目标而设计的。本书共分为三个部分,第一部分是对公众史学学科的深度介绍,涵盖学科起源、不同模式、研究路径和前沿问题。这一部分的最大亮点是对公众史学在不同国家的起源与发展的精彩叙述。覆盖的国家很多,不仅包括公众史学的发源地美国和欧洲重镇英国,也包括加拿大、澳大利亚、新西兰、德国、法国、意大利和葡萄牙等北美和欧洲国家,同时还包括了南非、阿根廷、哥伦比亚、印度以及印度尼西亚等。对非西方国家的覆盖尤其难能可贵。在介绍各国公众史学的发展路径和特点时,李娜也对它们相互之间的学术影响和模式借鉴进行了比较,勾画出一幅多彩的公众史学世界版图。我们过去对外部公众史学的了解多聚焦于美国,对其他国家的情况知之甚少,甚至完全不知。李娜的全景式介绍则帮助我们避免得出盲人摸象的结论,有利于开阔我们的眼界。第一部分对公众史学前沿问题的讨论也颇有启示作用。数字史学和环境史学都开始进入国内学者的研究视野,但如何与公众史学发生连接则还在探索之中,而全球化对公众史学地域化的挑战尚未引起国内同行的高度重视。书中对这些问题的介绍与讨论,虽然简短,但不乏前瞻意义,促使我们从学科建设

---

① 李娜:《公众史学研究入门》,北京大学出版社,2019 年,第 2 页。

的起步阶段开始就学习并养成一种思考普遍性问题的习惯。

本书第二部分是主体,包含第二、三、四、五章,占全书三分之二多的篇幅。在这一部分,李娜讨论了公众史学领域内的四大主题:公众史学与记忆和历史感知,公众史学与历史知识的呈现与传播,公众史学与历史的保存与保护,公众史学教育。为了兼顾理论与实践的平衡,她将不同的公众史学实践分置在不同主题之下,结合相关的史学理论,详细描述不同形式的公众史学的实践与规则。这样的设计表现出作者的独到用心:她力图将史学和社会科学的通用理论与公众史学的实践结合起来,呈现两者的学理联系和共通性,并通过对两者的比较来展示公众史学实践本身所蕴含的史学思想创新。除此之外,她在讨论具体问题的时候,也不失时机地引用不同国家(包括中国)的公众史学例子,呈现出一种全球关怀。

譬如,在第二章,李娜在简短讨论公众史学知识产生的理论之后,启用城市公众史学的例子,通过它来展现公众、空间与城市在历史记忆谱系形成过程中的互动,以及公众如何利用"公民空间"对主流历史叙事提出挑战。这一章对"普通人的历史感知"的讨论值得引起读者的注意,其对英美学界就公众历史感知所进行的调研和结果分析应该在方法论上对我们有重要的启示作用。同样,在讨论历史的"呈现、解读与传播"中(第三章),李娜也是在记忆建构的理论框架下,重点讨论不同的听觉和视觉媒介(包括电视、电影、历史记录片、报纸等)和公众活动(如历史重演等)在历史叙事的公众呈现和公众历史意识建构中所发挥的作用。这一节的核心内容应该是对口述史学和公众口述史学的讨论。与其他类似介绍不同的是,李娜注重讨论口述史涉及的理论问题(如共享权威和集体记忆的形成等)和操作中的道德伦理问题。这两个问题既有深层次的思想性(涉及历史知识生产中的权力分配),也有极为重要的现实意义,因为它们涉及如何把握个人隐私权和公众知情权的平衡等问题。这一节还讨论了数字化时代公众口述史的操作和版权问题,与第一部分的前沿问题遥相呼应,再次提醒我们在利用数据化时代带来的便利的时候需要做好面对其挑战的准备。

在"历史的保存与保护"(第四章)的讨论中,李娜将记忆建构与另外两项公众史学的实践——档案学与历史遗址保护——结合起来,展示两者与公众史学的共生关系。她对公众史学语境下的档案学的讨论令人耳目一新,对技术性细节的描述几乎是在提供一部"公共档案学"的操作指南,但更重要的启示则是指出档案的征集、选择、收藏和呈现与"社会公正"的道德追求之间的关系。李娜使用了包括美国"9·11"事件在内的大量例子来说明档案的收集与解读既是一种保持历史记忆的手段,也是一种"实现社会公正的基本条件"。① 同样,在讨论公众史学视域下的历史保护时,李娜介绍了历史保护学在美国的起源和政策形成,突出讨论了历史保护事业中公民参与的重要性,以及如何采用"沟通式规划"在不同利益的博弈中求取平衡。这一节的叙述专业性较强,但其中所提到的职业道德、职业伦理和操作程序应该为国内公众史学实践者提供有益的参考。

在"公众史学教育"(第五章)一节中,李娜介绍了不同国家公众史学教育的发展与现状。英美两国占的篇幅最大,因为其公众史学教育已经成型,而且对其他国家颇有影响。在李娜看来,美国公众史学教育的重要特征是实用主义,注重对学生的技能培养,体系完整,分布广泛,专业规范,课程详尽,师资充足。虽然公众史学发起人凯利的初衷是为了帮助历史学专门人才寻找就业出路,但公众史学教学的普及却有力地改变了历史学家本身对历史知识生产的看法:无论是传统的职业历史学家还是公众历史学家,他们并不拥有、更无法垄断公众领域中的历史。英国的公众史学教育则是多以成人教育形式为主,学生多为在不同领域中的实践者,基本上是一种职业培训和深造的模式。其他国家的公众史学教育在参照英美模式的基础上根据自身的需要和条件来发展,但遵循的共同做法是借助于现有的大学历史系的体制和课程设置作为基础。澳大利亚虽然受美国模式的影响,但发展出学院与社区合作的教学实践。加拿大基本承袭美国模式,侧重技能培训,在公共史学

---

① 李娜:《公众史学研究入门》,北京大学出版社,2019年,第183页。

项目下设博物馆与实物文化、口述历史、社区历史、档案学、应用考古学、数字史学等方向。德国则围绕"历史在公共领域的呈现"展开,注重培养具有专长的公众历史学家。在这一节里,李娜也介绍了自己在重庆大学的公众史学教学。其实,公众史学教学在其他国内大学也有过实践,如果能够将这些情况,连同香港中文大学和台湾地区的公众史学教育,一一予以详细介绍,效果更好。

本书第三部分题为"中国公众史学研究"(第六章),应该是一个重头内容,但在全书中所占篇幅最少,实际内容更多是对国内公众史学现状的反思。读者也许会对此感到不解——难道中国没有口述历史、档案建设、历史遗址保护、地方和社区历史等公众史学的实践吗?情况当然不是这样。事实上,李娜教授在书中不同章节中对国内公众史学的实践尽量做了介绍。我隐约感到李娜在处理这个问题时的困难所在:国内不是没有"公众史学"的实践,而这些实践还没有被统合到本书所讨论的"公众史学"的范畴和框架之下。我不知道这样的理解是否正确,但我对李娜对目前国内公众史学界(如果有的话)存在的问题的反思深有同感:缺乏微观具体的研究,研究思路和方法陈旧,学院派内的研究者在内心和行动上并没有"真正的公众化",跨学科的对话和合作尚未展开等。这些问题阻碍了公众史学的开展,为此李娜呼吁"建立起完整的学理框架和概念体系"①,在公众史学与相关学科之间建立起有效的合作机制,进行大量的实证性研究,从而发展出具有中国特色的公众史学理论。

三

本书以"公众史学研究"命名,但读者会明显感到它更多是在讨论公众史学的实践。换言之,与其说李娜讨论的是"公众史学是什么",

---

① 李娜:《公众史学研究入门》,北京大学出版社,2019年,第250页。

不如说她在讨论"公众史学做什么"或"如何做公众史学"。关于理论，李娜的看法是，公众史学的理论仍然在形成之中，并无一家之言可以作为定论。与此同时，她也强调，公众史学的理论建构来自实践，学者可以通过不同的实践来建立起"某种有意义的连续"，找到一些"微观的、具体的、适用于特定文化语境的规律"。她同时强调，因为公众史学本身是一种具有开放性的学科，其理论建构也"不应该成为少数人的操练"或"为任何学院人所垄断"。①尽管本书没有为读者呈现一种高屋建瓴、结构有序、严密周到的公众史学理论体系，但它促使我们思考一系列与公众史学相关的理论问题。就我的阅读而言，李娜的写作在以下几个方面对我的思考尤其有启发。

首先是公众史学的多样性。从李娜对世界范围内公众史学的介绍中，我们看到，虽然公众史学起源于美国，而且这个领域也为其他国家所接受，但不同国家的公众史学实践并没有一个统一的标准模式。美国公众史学的兴起最初是为了应对历史学家的就业危机，但最终却演变成为一场全方位的学术整合和创新事业，扩展了传统史学的应用边界，引发了史学界内部的一次变革。英国历史学界虽然在后来接受"公众史学"的名称，但其类似公众史学的实践比美国更早，并且深受马克思主义和新左派史观的影响。在后来的发展中，它借用国家官僚体制和专业历史学界的支持，与建构"人民史学"和遗产保护工程相结合，有效地整合了文化身份、遗产资源管理、集体记忆、历史政策、公众参与和公民教育等概念，形成一种具有内在逻辑联系的公众史学事业。在澳大利亚、加拿大、新西兰和南非等地，公众史学的兴起则与各自国家的历史转折有着密切的关系，新的族群关系和身份政治的出现直接推动了公众史学的兴起。德国、南非、阿根廷和哥伦比亚等地的公众史学，虽然还没有形成像英美两国的体系，但也都开始随着社会的需求在迅速展开。我们看到，各国的公众史学均有自己的发展故事，在 public history 的概念之下，按照自己的需要，发展出符合自己需要的公众史学

---

① 李娜：《公众史学研究入门·自序》，北京大学出版社，2019年，第2—3页。

模式,为己所用。所以,我们没有必要劳心费力地去追求一种放之四海而皆准的公众史学理论或实践模式。

其次是公众史学的本质问题。承认公众史学的多样性,并不意味着公众史学没有共性。不同国家的公众史学或不同实践形式的公众史学中是否分享某些根本的"共通性"呢? 李娜在本书的导言中列举了数种关于公众史学的定义,有的将其界定为是一种就业方式,有的认为它是以人民建构历史的实践,有的认为它是史学知识和技能在公众生活中的运用,还有的将其视为反精英的大众史学,莫衷一是。李娜显然意识到给出统一定义的困难,但她仍然强调,公众史学是一种"突出**受众**的问题、(受众的)关注点和(受众的)需求的史学**实践**",它的目的是"促进历史学以多种或多元方式满足**现实**世界的需求"和"促成史家与公众共同将'过去'建构为历史"。① 这个定义的关键词是受众、实践和现实。李娜进一步认为,公共史学与传统史学的区别在于,前者关心的是学院派以外的公众,它的目标在于"进入公众的思维空间与心理世界",反映公众的"具体的情感和伦理诉求",为公众提供一个"真实的论辩空间"。② 显然,在李娜看来,公众史学是一种有公众参与的、为公众服务的并具有现实公众关怀的史学实践。李娜定义中包含的一个重要观点是,公众史学不是一种简单的应用历史学,不只是一种历史学家放下身段为人民而写作的实践,或"将史学知识平民化"的过程。在她看来,现代公众史学的最核心的理念是历史话语权的掌握。所以,真正的公众史学家所追求的不只是价值中立的职业素养和无懈可击的专业技能在公众领域中的运用,而是要秉承和信奉另外一种哲学观——即真实的世界(包括我们需要研究和记忆的过去)充满了复杂性、不确定性、不稳定性、独特性和多元价值的冲突。公众历史学家需要对这些多元价值的存在与冲突保持高度的敏感并赋予它们以哲学上的尊重。③

---

① 李娜:《公众史学研究入门·导论》,北京大学出版社,2019 年,第 4 页。
② 同上书,第 5 页。
③ 李娜:《公众史学研究入门》,北京大学出版社,2019 年,第 38 页。

这一思想的提出,展示了李娜在公众史学理论方面的一种原创性思考。

与之相关的是公众史学中的"公共空间"问题。公众史学之所以呈现出一种多样化,在很大程度上是因为不同国家的历史学家对 public 的理解不一致,也是 public 在不同的政体和不同政治和文化语境中的含义不同。"public history"带来的翻译烦恼不止是中国学者才面临的问题,即便欧洲学界也有相似的困惑。我们从公众史学的起源历史中看到,它是一种现代学科,public 概念的使用与现代民族国家(nation-states)发展的历史有着深厚的关系,但 public 是什么却并无统一的定论,这也是为何 public history 的翻译容易引起争论的原因所在。李娜在全书中始终坚持将 public history 翻译成"公众史学",只有在万不得已的情况下才使用"公共史学",对此我完全理解。如果作者本书的最后一部分(讨论中国公众史学)中对此展开一些讨论(这毕竟是一个重要问题,而且已经有相当数量的讨论结果存在),将会使许多读者受益更多,因为这样的讨论本身就是对公众史学理论的一种思考,也会促进我们就公众史学的本质、潜力以及局限性展开有益的辩论。

我赞同李娜对"公众史学"的界定,并且认为她和其他学者坚持使用这一概念是有道理的,能够自圆其说。我也认为,在公众史学中"公众"是这门学科的核心,是它的罗盘、出发点,也是某种意义上的终点。但我同时认为,public history 中的 public 并不全是或只有"公众"(the public)的意思。当我们决定使用"public"中的"公众"含义时,我们可能会忽略它还有"公共"的含义,而这个"公共"的含义与"公众"的含义是密不可分的。公众史学不可能在没有"公共空间""公共环境""公共基础""公共体制""公共话语"和"公共政治"的环境中凭空生存。如果我们能够仔细分析一下为什么公众史学能够在某些政治环境下得以生长和发展,为什么在另外一些政治环境下只能有限地生长,而为什么在第三种政治环境下无法生长甚至无法存在,我们也许会理解作为"公共空间"的 public 的重要。我认为,不同国家、不同政治和文化语境中的"公众史学"的互通性或共通性的关键在于有一个相似的"公共空间"的存在。这个空间的质量和范围完全有可能不同,但它应该和必须存在。换言之,是"公共空间"的存在赋予了"公众"具有的公开的、并得到法律认可和尊重的政治存在。李娜在引述英国学者 Ludmilla Jordanova 关于 public history 是一种公共领域中的公共财产时,也曾列举了公众史学存在与实践需要的两个必要条件:一个是"能认识和思辨的公众",另一个是"能自由对话交流的空间"。①无疑,原来的"public history"同时含有"公众"与"公共"两个内容。"公众"(the public)是公众史学的受众、受惠者、参与者,是公众史学存在的目的;"公共空间"则是公众史学得以存在的外部环境,是一个公众能够在其中进行自由、开放、辩论和平等交流的空间。公众历史除了创造历史知识之外,它还是一种公众文化的体验,一种公共精神的体验和凝练。

显然,强调公众史学中的"公共空间"也会带来无穷的烦恼。公共空间的具体形态是什么,如何界定,又如何衡量,谁来决定它的存在,都是纠缠不清的问题。其次。"公共"与"非公共"空间是否可以发生转换,也是问题。然而,"公众"的使用也有困难。所谓"公众史学"指的是所有公众的史学,还是部分公众的史学?同一"公共空间"中的不同"公众史学"之间应该如何"公正"地分配话语权以追求合适的社会公正,并避免发生美国人围绕内战纪念碑的建立和撤除而发生的流血冲突?回答这些问题显然是困难的,需要有智慧,但不应成为阻止我们推进和发展公众史学的理由。

我们如何起步,这是李娜教授在本书最后一部分思考的问题之一。李娜指出了国内公众史学发展面临的一些问题:尚无高校设立公众史学项目,尚无完成公众史学项目所需要的资金来源,缺乏经过专门训练的师资和具有专业知识和技能的学生,这些都阻止了公众史学"原创性理论"的产生。②与此同时,她也充满希望,保持很高的信心,并对如何创建中国公众史学的教育体系提出了中肯的建议。她提到,公众史

---

① 李娜:《公众史学研究入门》,北京大学出版社,2019 年,第 42 页;关于 Ludmilla Jordanova 对此的更为详尽和全面的讨论,见:Ludmilla Jordanova, *History in Practice*, *Second Edition* (London: Hodder Arnold, 2006), chapter 6。

② 同上书,第 251 页。

学人才的培养一定要以历史学的严格训练为基础,学生需要学习和掌握史学原则、方法和理论,但训练模式需要通过自己的实践来建构,不能单纯重复和模仿他人的模式。学生应该具有历史研究的能力、沟通交流的能力(书面与口头)和技术操作的能力(包括数字编辑、平面设计、金融管理),同时应该具备包含创新、合作、批判、反思、外交和耐性在内的综合素质。我分享李娜的乐观主义,赞成她提出的总体思路。我并认为,在中国这样一个史学传统如此深厚、史学资源如此丰富、史学文化如此深入骨髓的民族中,我们应该有能力发展出一种同时具有特定和普遍意义的公众史学,借用钱穆先生的话来说,一种具有民族个性的公众史学。

读完全书,掩卷长思,既为李娜教授的阅读量和思想力度所折服,也深感她的用心良苦。虽然从内容和写作来看,本书仍有值得改进之处——章节划分可以安排得更合理紧凑一些,语言表述可以更清楚流畅一些,理论阐释可以更准确完整一些,实例引用可更多元一些,对国内公众史学的讨论可以更全面和深入一些——但这部著作的重要性和优秀性是显而易见、不可否认的。这是中文世界中为数不多的一部具有全球视野和思想深度的、兼具讨论公众史学的研究与实践的著作。我相信,它将为推动国内公众史学的发展提供了极有价值的指导和参考,并会激发起许多有志者投身到这一具有光明前景的开创性学术事业中来。

王希

2019 年 1 月 5 日

Indiana, Pennsylvania

自　序

历史在公众领域的实践古已有之,而作为一门学科,公众史学正在兴起。进入21世纪,随着媒体的更新,历史解读、传播与书写方式发生着变化。历史受众的多元态势导致历史的"生产"与"消费"双方开始失衡,而历史学家在公众领域的作用、角色与影响也随之改变。不过,历史的公众性并没有向其复杂性妥协,也没有改变我们对历史认识与感知的种种诉求。历史的"公众转向"标志着另一种史学研究的可能,成为开创新形态历史研究的契机。公众史学研究既要上升到学科高度,学理清晰、构架完整、自成体系,又要突破专门之学的种种弊端,鼓励创新,敢于纠错,侧重具体。

进行任何一个学科的研究其实都是一次旅行,本书便是这次旅行中一些思索的片段与反思。自2013年至2018年,我从不同的角度探索公众史学,试图回答一系列最基本的问题:什么是公众史学?谁是公众史学家?公众史学的研究对象是什么?有哪些研究方法?这5年间,公众史学已发展成为一场运动,正如美国历史学家迈克尔·弗里西(Michael Frisch)在2017年意大利公众史学协会成立时说:"公众史学,无论是公众自觉的、还是体制化的史学实践,都已发展成为一场国际运动,具有重大而深远的意义。"[①]而我对公众史学的理解也在不断发展,有些观点随着认识的深入而改变,有些概念随着实践被赋予新的意义,有些看似理所当然的论断被推翻,老问题有了新的视角,而新问

[①] 迈克尔·弗里西:《共享权威:公众史学不是单行道》,2017年6月,意大利拉文纳(Revenna, Italy)。

题也不断涌现。对于一个新兴领域而言,某种不确定性也许是健康的,开放、质疑与对话的精神终究是宝贵的。这五年间,我与来自各国的公众史学家深入交流,亲自走访一些国家高校的公众史学项目,实地考察公众史学实践在不同文化中的成果、问题与挑战。这大大拓展了我在美国接受的公众史学训练。

本书主要介绍公众史学的基本框架和研究历史。作为历史学的分支,公众史学在不同国家有不同的发展路径和模式,而主要的研究依然集中在英语国家。第一章对现代公众史学的起源、发展、学术史进行梳理和述评,并简要介绍了公众史学研究的前沿与动态。第二、三、四、五章结集了我自2013年至2018年间发表的关于公众史学的文章。看似不太规整的章节围绕着同一个主题展开,我试图在历史的生产、认知、表征、传播、保存与保护的动态关联中厘清其内在逻辑,启发读者的研究思路。需要说明的是,我的城市规划学背景,尤其是空间的视角、田野考察的技能、城市景观形态的分析等,极大地影响了我对公众史学的认识,也影响了我对重点问题的筛选与论述。第六章是关于中国公众史学研究的初步探索。每一章都附有较为详细甚至有些烦琐的引证,希望为以后的研究者提供索引。"推荐阅读文献"中的书目为更深入的思考、更细微的研究提供了指南。

本书旨在为有兴趣从事或了解公众史学研究的读者提供入门指导,也为公众史学在中国的建立和发展提供一些切实的帮助。无论是研究史的梳理,还是重点问题的分析,读者会注意到我没有引入任何复杂抽象、艰深晦涩的"理论"。本书呈现给大家的是具体问题的深入思索,是对公众史学实践及其特定的语境的立面剖析,是关于过去与现实之间的活态联系。这也许是理论建构的另一种模式:不是抽象的、放之四海皆准的范式,而是微观的、具体的、适用于特定文化语境的规律。这样的理论具有现实性与相关性,且能跨越时空。公众史学研究的核心虽明确,但边界十分模糊,且不断演绎。因此,公众史学的书写将不断推进历史叙述的边界和维度,在看似破碎、断裂的现象中建立某种有意义的连续,而这不应该成为少数人的操练,亦不应该为任何学院人所垄断。

  一个学科的建设总是一群志同道合的人共同的思索与对话。2013年元月,与王希教授在美国第一次通话,谈及公众史学、公众对历史的热情、公共空间的扩展、学院所面临的挑战以及学者的社会责任与担当。很多时候,研究领域的突破与创新往往就在学者一念之间,我决定回到中国,开始建设和发展公众史学,而王老师的鼓励和支持一直伴随着我。还要特别感谢陈新教授,自2013年在重庆的"全国公共历史研讨会"第一次见面,我们一起组织了首届全国公共历史会议(苏州)、第二届全国公众历史会议(杭州)和首届中国公众史学高校师资培训(上海),一起探索如何通过本地实践深入公众史学的研究,也一起面临学科发展中遇到的种种挑战与挫折。感谢重庆大学人文社会科学高等研究院对我发展公众史学所给予的大力支持,尤其是于留振、陈晔、钱锋、张瑾、敖依昌、郭畑、周胤、张华、慕容浩、董涛等史学中心的同事为第二届中国公众史学高校师资培训所付出的时间和精力。感谢浙江大学历史学系,尤其是梁敬明、沈坚、吕一民、张扬、乐启良、吴铮强、杜正贞等同事,积极支持公众史学研究中心,也为我完成本书提供了部分经费资助与宽容的写作空间。感谢来自全国公众史学会议和高校师资培训的各位同仁在思想和学术上的砥砺与帮助。上海师范大学的陈恒校长在我刚回到中国时便邀请我参与历史学研究入门丛书系列的写作,感谢陈校长的信任和鼓励。

  在美国,全国公众史学委员会(National Council on Public History)、印第安纳-普渡大学(Indiana University-Purdue University Indianapolis)、马萨诸塞大学安默斯特分校(University of Massachusetts Amherst)、普林斯顿大学(Princeton University)、加州大学圣塔芭芭拉分校(University of California Santa Barbara)等为我的研究提供了极大地帮助,印第安纳-普渡大学历史学系为我查阅关于美国公众史学的原始档案提供了"国际学者"的访学机会。此外,澳大利亚的悉尼科技大学公众史学中心(Australian Center for Public History, University of Technology Sydney)、加拿大康科迪亚大学的"口述历史与数字叙事中心"(Center for

Oral History and Digital Storytelling, Concordia University, Canada)、国际公众史学联盟（International Federation for Public History）、《公众史学周刊》（Public History Weekly）也拓展了我的研究思路。五年来，往返于美国和中国之间，时空频繁变换，亦不断挑战我关于公众史学的研究和思索。本书是在这段旅途中与来自不同国家的同仁和朋友们的对话中完成的。

最后，感谢我的父母，虽然这些年他们的身体渐渐不如意，但总是竭尽全力支持我，默默地关心我，我的父亲最终没能看到本书的出版，但他的坚毅和执着深深地影响了我，他的鼓励和期许从未曾离开；感谢王亮，我的挚爱、朋友和最亲的人；感谢 Annabel Chuanyu Wang 和 Alexander Chuanyi Wang，我的梦想、期待和远方——你们让我在漫长的研究之旅中不再孤单，你们让这一切的创见和坚持变得更有意义。本书献给先父李仲篪，献给我在美国和中国的家人。

李娜

2018 年 5 月于浙江大学历史学系

导论　公众史学:定义、方法与书写

如果说一门独立的学问,当有其学理系统、内在理路,那么公众史学与此似乎有些格格不入。关于公众史学的定义和范围,学术界至今尚未达成一致。即使在公众史学发展已相当成熟的美国,也一直没有一本专业的教科书。① 公众对过去的热情与好奇已是不争的事实,历史学家在公众领域的实践也早已有之,但公众史学的体制化,则是颇为新近的现象。

什么是公众史学? 粗略看来,公众史学在不同国家的形成、发展与影响各有不同,我们似乎很难总结出某种统一的定义。在英国,公众史学在体现着**民粹主义**(populism)的"**人民史学**"与由旅游推动的共享文化遗产之间博弈;在澳大利亚,公众史学的定义之争主要围绕试图建立统一的国家身份认同的殖民文化与争取自己文化与历史的原住民之间展开;在意大利,公众表演、纪念仪式及其受众,体现着意大利的政治、文化与历史的张力,在公众史学中占有重要位置;公众史学在美国起步之初,其实加强了中产阶层认同的价值理念,也赞成基于这一价值理念的社群与国家历史。但是,今天的美国,围绕多元文化主义展开的"文化之争"——基于不同种族、性别与性取向的社区争取权利的努力——极大地影响着公众史学的发展。可见,**公众史学**这一领域充满多元性、多样性与流动性,边界并不清晰。

用最简单的话来说,公众史学指的是历史学家在学院之外,如

---

① 读本的出现标志着一个领域的日趋成熟。关于公众史学读本,请参照"推荐阅读文献"。

政府部门、私有企业、媒体、地方历史协会、博物馆,甚至私有领域就业,并使用历史研究方法。当凭借自己的专业特长而成为公众进程的一部分,公众史学家就在发挥作用。当某个问题需要解决,一项政策需要制定,以及资源的使用或行动的方向需要更有效的规划时,历史学家便应召而来,引入时间的维度,这就是公众史学。①

公众史学是将过去建构为历史的过程,是人民、国家与社区参与建构自己历史的实践。过程暗示着实践,这包括用于建构历史的材料(史料)与谁决定历史是什么。如果公众史学不只是一个知识领域,而是历史建构的过程,那么历史建构与历史思维同等重要。②

公众史学指的是历史研究、分析、呈现,以及不同程度的当下生活的具体应用;公众史学不是"为历史而历史",或仅仅从学术角度来界定,而应该是易懂的(accessible)。当下生活的需求包括个人的、社群的、当地的、机构的需求。③

在澳大利亚的语境中,公众史学指的是在学院之外的,针对普通公众,或特地为政府服务的不同历史呈现形式。公众史学显然与公众对历史和遗产的兴趣增长密切相关,也与通讯技术的发展有关。公众史学包括历史博物馆与图书馆展览、从事历史研究的遗产机构、委托的机构历史、历史影视、收音机和电视节目、本地与社群历史、口述历史、谱系学、历史遗址、公众纪念、历史重演等。公众史学是学院或学术史学的他者。④

没有公众参与的公众历史是没有意义的:公众应当积极地参与生产历史,而不是被动地消费历史。⑤

---

① Robert Kelley, "Public History: Its Origins, Nature, and Prospects", *The Public Historian*, vol. 1, no. 1, 1978, pp. 16-28.
② Hilda Kean, Paul Martin, *The Public History Reader*, Routledge Readers in History. 2013, p. 1.
③ *The Public Historian*, vol. 23, no. 2, 2001, p. 139.
④ *Public History Review*, vol. 1, no. 1, 1992, p. 9.
⑤ R. Archibald, *A Place to Remember: Using History to Build Community*, New York, 1999, pp. 155-156.

与历史学家自己选择的研究课题不同,(新西兰的)公众史学指的是由他人(或机构)从研究的优先权与资金的限度来决定的史学实践。这与新西兰政府在历史建构中的重要角色密不可分。①

公众史学是大众史学,也是激进史学运动的核心组成。它反对精英史学,也反对史学的过分专业化;它倡导具有政治自我意识、基于社群的历史,对政治争议持开放的态度,强调历史的有用性。正是因为公众史学强调受众,尤其对广泛、多元的受众十分有效,它往往成为争取权力,建构身份认同的工具之一。②

当历史针对某一受众群体,满足现实需求,历史便走向公众,这与其受众的专业知识或社会阶层无关,也与谁来影响历史(书写)无关。③

公众史学具有包容性、开放性,跨越学科边界。公众史学家从职业的角度解释、使用关于过去的证据,回答当下的问题,促进历史的生产者、消费者和使用者之间的对话。他们以多种方式服务于多元受众与客户,例如,设计博物馆展览、保护与解释过去的物质遗产(包括建筑与档案)、提供政策分析与研究、法律服务等;他们参与制作影视等媒体作品;他们发起共享、收集关于过去的社群项目;他们意识到口述历史、民间知识,以及来自其他如人类学、地理学等学科知识的贡献。同时,公众史学也是历史学的一个分支。当历史学家将公众呈现于公众参与的各种形式理论化,或为机构或客户培训以使历史更有效地被传递给公众,他们便是公众史学家。公众史学家需要在开展研究、评估史料、叙述过去以满足客户

---

① Bronwyn Dalley, Jock Phillips, *Going Public: The Changing Face of New Zealand History*, Auckland, N.Z.: Auckland University Press, 2001.
② Ludmilla Jordanova, *History in Practice*, London, New York: Arnold; Oxford University Press, 2000, p.126,136.
③ Mary Stevens, "Public Policy and the Public Historian: The Changing Place of Historians in Public Life in France and the UK", *The Public Historian*, vol.32, no.3, 2010, p.122.

或社区合作伙伴的特定需求等方面,达到较高的标准。①

上述定义尝试着从不同角度回答谁是"公众"以及"公众"的范围和特征。无须置疑,对于一个不断发展的领域而言,听取不同声音,吸纳各种观点是积极的、健康的。不过,任何专门之学,最终需要为所研究之对象确立某种边界和维度,这样关于理论的建构、方法的探索、重点问题的讨论才有所依从。综观全球各国公众史学项目的设立均有活跃、强大的实践根基,虽然实践未必导致学院设立公众史学项目,但是实践是学院公众史学创建与发展的充分条件。这些实践通常拥有强大的历史与记忆空间,有强烈的现实和人文关怀,无视学科边界,往往溢出常识。若没有实现从"蹈虚"到"征实"的转化,没有实践的语境化、空间化,公众史学研究便无法摆脱巨大的疏离感。我认为,

  公众史学是突出**受众**的问题、关注点和需求的史学**实践**;它促进历史学以多种或多元方式满足**现实**世界的需求;促成史家与公众共同将"过去"建构为历史。②

关于**方法**,胡适先生曾说:"科学的方法,说起来其实很简单,只不过'尊重事实,尊重证据'。在应用上,科学的方法只不过'大胆的假设,小心的求证'。"③这里的方法包括演绎、归纳、比较、统计等。然而"史无定法",运用之妙,存乎于心。公众史学首先是历史学,因此历史学的传统方法,包括对史料的搜集、甄别、考据、辨伪、阐释、隶定等是公众史学研究的方法基础。④ 其次,基于不同领域和项目,采用跨学科方

---

① 公众史学加拿大委员会(Canadian Committee on Public History),1987,2006。该委员会隶属于加拿大历史协会(Canadian Historical Association)。
② 《公众史学》第 1 辑,浙江大学出版社,2008 年,第 1 页。
③ 胡适:《治学的方法与材料》(1928 年 9 月),收入《胡适文选》,第 346 页。
④ 关于史学方法,参见:Anthony Brundage, *Going to the Source: A Guide to Historical Research and Writing*, Malden, MA: Wiley-Blackwell, 2013。Carol Kammen, *On Doing Local History*, Lamham, MD: Rowman & Littlefield, 2014。梁启超:《中国历史研究法、中国历史研究法补编》,中华书局,2015 年。钱穆:《中国历史研究法》,九州出版社,2011 年。傅斯年:《史学方法导论》,中华书局,2016 年。杜维运:《史学方法论》,北京大学出版社,2006 年。王尔敏:《史学方法》,广西师范大学出版社,2005 年。

法,如社会学、人类学、考古学、博物馆学、档案学、规划学、经济学等。至于历史学和其他社会科学之间的关系,至今仍是一个值得探讨的话题①,将社会科学的方法融汇于公众史学的研究,原本是一个十分符合逻辑的过程。如果说传统史学的逻辑推理,多是一种"重建逻辑",所谓的假设、观念、推理和理论建构来源于史料和著述,讲求的是形式的缜密,那么公众史学除了遵循"重建逻辑",还需要结合"应用逻辑",即基于实质问题或现象而提出假设,经过推理、论证,进而建构理论。我曾为公众史学视域下的城市景观研究提出"具有文化敏感性之叙事方法",尝试在两种逻辑模式中,实现城市景观分析的突破,以更好地保护城市历史。这一方法在特定的文化语境中是否有效尚需要更多的实证研究,但其探索的理路也许能启发后来研究者的思路。② 如果仅仅只是通过有限的、自我筛选的史料(多为文本),根据原有的观点、概念和预设,遵照所谓科学的方法,则最多停留于形式上的介绍,有似隔岸观火,无法深入公众史学之曲折奥妙之处,更无法产生智识的紧张度与理论创见的张力。任何一个学科的拓展,依赖于实质问题的突破或解决,往往需要运用两种逻辑的模式,公众史学亦不例外。

公众史学的**书写**需要真正进入公众的思维空间与心理世界,应注重微观具体,以平实易懂、流畅亲切的语言着力描绘,通过细节和"思入",通过复杂纷繁甚至相互矛盾的事实,构建历史的丰富性,反映具体的情感和伦理诉求,提供真实的论辩空间。英国历史学家埃里克·霍布斯鲍姆(Eric J. Hobsbawm)曾精辟地说:"这本书(《革命的年代》[*The Age of Revolution*])虽然出自一位职业历史学家之手,但它不只是针对学院里的读者,而是面向所有对世界感兴趣并笃信历史对理解世界十分重要之人。"他进而强调:"理想的读者是具有理论思辨能力、充满智识、受过良好教育的公民。他们不仅仅是对过去充满好奇,而是希

---

① 何炳松:《通史新义》,商务印书馆,2011年,第118—121页。
② 包括音韵、文字、训诂等。

望弄明白过程和原因,希望了解过去、当下和未来。"①霍布斯鲍姆的著作在学院之外颇为流行,被翻译成多种语言,至今仍然畅销。他在呈现严肃历史题材时,始终没有忘记学院之外的广大受众,这需要将看似高深莫测的学术语言转化为平实易懂的语言,在学院和公众之间把握平衡,并非易事。在我有限的视野中,持有这样心念,并坚守这样风格的历史学家,实在寥寥无几,他们的著述应该成为我们研习的典范。②

---

① E. J. Hobsbawm, *The Age of Revolution, 1789-1848*, Mentor Book, New York: New American Library, 1962, p. xv.

② 例如:E. J. Hobsbawm, T. O. Ranger, *The Invention of Tradition*, Canto ed, Cambridge: Cambridge University Press, 1992。

第一章 公众史学发展概述:模式、路径与前沿

公众史学在不同国家遵循着不同的路径,其兴起与发展均受制于某一特定的历史文化传统,也与发生在某一特定语境中的重大历史事件所产生的公众影响密不可分。譬如,在一些国家,如澳大利亚、新西兰、南非和加拿大,原住民历史的发掘,尤其是原住民社区的历史与其土地权利的诉讼,成为这些国家公众史学发展的源动力。同时,有些历史事件本身具有公众意义,如两次世界大战、环境问题等,以及以此为主题的博物馆、遗址、公园等,在公众生活中扮演着重要的角色。而在有些国家里,公众历史与**民族国家**(nation-state)的建立、公民权利的争取息息相关。**现代公众史学**,即公众史学作为一门学科或一个研究领域,起源于20世纪70年代的美国。在过去的近半个世纪里,公众史学的发展大致遵循两种模式——**美国模式**和**英国模式**。

一 美国模式

1970年代,美国史学界出现所谓的职业危机,即传统历史学博士毕业后没有在大学里谋求教职的机会,从而离开学术界,对美国高校尤其是州立大学的历史高等教育资源造成极大的浪费。美国加州大学圣塔芭芭拉分校的罗伯特·凯利(Robert Kelley)和韦斯理·约翰逊(Wesley Johnson)两位历史学教授试图扩大历史系毕业生的就业渠道,他们在洛克菲勒基金会的资助下,于1976年开始了公众史学研究生项目的尝试。这一项目的课程包括传统历史学和公众史学的专业研讨课,要求学生针对政府机构、公司、企业、社区等领域进行"任务导向

型"研究。除此之外,学生还需要进行为期 3—6 个月的带薪实习,以培养公众史学家所需的包括创新进取、团队合作、批判性思维等一系列基本素质。参加这个实验项目的九名学生在毕业后都顺利地进入相关领域就业。公众史学也随之进入美国历史学界的讨论范畴。①

不过,历史学家在学院之外从业远远早于 1970 年代的职业危机。早在 1916 年,美国农业部就设立了历史办公室。1930 年代,不少历史学家已经在工作进度管理局(Work Progress Administration)就业,对全国历史文献进行调研,撰写本地和本州的历史。自 1933 年起,不少历史学者参与美国国家公园局(National Park Service)的历史遗址解释保护工作。1934 年,美国国家档案局(National Archives)成立,并在 1936 年成立美国档案学家协会(Society for American Archivists);至 1970 年代,档案学在美国已经成熟,不仅有日益扩大的国家和地区的职业网络,还建立了相关职业标准。第二次世界大战期间,很多历史学者成为战略决策部门的智囊分析师,同时有人开始将口述历史的技能用于战争记录和分析。在历史保护方面,美国历史保护信托基金会(National Trust for Historic Preservation)于 1949 年成立,并于 1966 年通过了《联邦历史保护法案》(National Preservation Act)。②

早在 1920 年代,詹姆斯·哈维·鲁滨逊(James Harvey Robinson)等"新史学"家们的作品中已经显示出公众史学的理念,他们力图准确解释历史的有用性。这一观念也反映在卡尔·贝克(Carl Becker)的主

---

① 关于美国公众史学的起源,可参阅:Robert Kelley, "Public History: Its Origins, Nature, and Prospects", *The Public Historian*, vol. 1, no. 1, 1978, pp. 16-28. Ronald J. Grele, "Whose Public? Whose History? What Is the Goal of a Public Historian?" *The Public Historian*, vol. 3, no. 1, 1981, pp. 40-48. Barbara J. Howe, "Reflections on an Idea: NCPH's First Decade", *The Public Historian*, vol. 11, 1989, pp. 69-85. Philip V. Scarpino, "Common Ground: Reflections on the Past, Present, and Future of Public History and the NCPH", *The Public Historian*, vol. 16, 1994, pp. 11-21. James. B. Gardner, Peter. S. LaPaglia, *Public History: Essays from the Field*, Malabar, Fla., Krieger Pub. Co. 1999. Jill Liddington. "What Is Public History? Publics and Their Pasts, Meanings and Practices", *Oral History*, vol. 30, no. 1, 2002, pp. 83-93。

② Arnita A. Jones, "Public History Now and Then", *The Public Historian*, vol. 21, no. 3, 1999, pp. 21-28。

张——即"每一个普通人都是能人",都知晓并会利用历史——以及他的后续观察中,即,如果学者不根据社会需要去调整深奥的知识,他们所做的也仅仅是培养一种无趣的专业优越感,因为如果历史只存在于无人阅读的书籍中,它对现实世界就毫无作用可言。① 在早期社会史家露西·梅纳德·萨蒙(Lucy Maynard Salmon)的作品中,她通过写作和教学展现出,从大部分普通物品中也可以发掘很多有趣且富有意义的过去与现在之间的联系。② 1960年代,新社会史学(new social history)蓬勃发展,这与美国一系列挑战权威与正统秩序的运动密切相关。历史学开始倡导更具包容性的历史解释,主张将女权主义历史、少数族裔史、非裔美国史、新文化史等纳入史学研究,史学研究渐渐由上至下,回归公众领域。一方面,公众拒绝曲高和寡的学院派历史,另一方面又对与现实或自身相关的历史充满极大的热情。这似乎回应了马克思主义的历史观,即在一定的社会权力结构中,人民创造他们自己的历史,又与卡尔·贝克的"人人都是他自己的历史学家"殊途同归:"人民总是从自己的历史观来解释过去、现实与未来。因此,公众史学家的主要职责在于发掘这种潜藏的历史感知,帮助公众发现他们自己的历史,并协助他们理解在认知历史和创造历史的进程中自己所扮演的角色。这样,历史学家和公众才能携手参与历史的书写,才能从不同维度重新定义历史话语权。"③

在这样的背景下,公众史学的兴起其实是学院派史学与主张"让历史回到公众"的史学理念分歧日益扩大的必然结果,以客户需求为导向的实践性历史研究一时很难为传统历史学接受。美国史学界的权威期刊《美国历史研究》(*Journal of American History*)上很少有相关的文章发表。直到1980年代,戴维·泰伦(David Thelen)才开始陆续收录发表历史学家在博物馆、纪录片、政策研究、历史保护等

---

① Carl Becker,"Every Man His Own Historian",pp.223,234.
② 特别参见:Adams and Smith,*History and the Texture of Modern Life*。
③ Howard Green,"A Critique of the Professional Public History Movement",*Radical History Review*,vol.25,1981,p.170.

领域的研究成果。虽然公众史学对社会的期许是"让公众参与到历史构建中"①,也为社会"提供了一种更为激进的预示"②,但其多元性和开放性与史学的严谨和公正似乎圆枘方凿,于是作为历史学的一门分支学科,公众史学一开始就受到传统史学的质疑和批判:"如果历史研究的利益相关方有意忽略或隐瞒过去所犯的错误,这样的研究成果意味着什么?从长远看,客户或任务导向的史学研究最终会让公众史学家屈服于权力。"③同时,公众史学的起源与解决职业危机相关,实用主义的根源常常被夸大甚至曲解,认为公众史学既然是应付现实问题的权宜之计,那就很难成为一门专门的学科,因为它没有自己的理论框架、核心命题、研究方法等,只是在"应用"传统历史的理论成果,最多是传统史学的"延伸"。罗伯特·凯利关于公众史学的定义所蕴含的公众进程(public process)与公共空间(public space)也往往被忽略,而这两个概念所建构的**共享权威**(authority-sharing)恰恰体现了公众史学的核心,这源自美国宪法与《权利法案》中关于公民权利的定义及其自由传统。为公众书写历史,与公众一起书写历史,都带有某种政治性,同时也具有服务的理念。

20世纪60—70年代,环境污染、城市更新等一系列问题,为史学服务于公众提供了契机。70—80年代,公众史学蓬勃发展,硕果累累。首先,全国公众史学委员会和美国联邦政府历史协会(Society for History in the Federal Government)成立,与美国各州和本地历史研究机构一同为公众史学家们提供学术交流的平台。其次,1978年,该领域的核心学术期刊《公众史学家》(*The Public Historian*)创刊,介绍公众史学的前沿理论与实证研究,尤其注重相关研究方法的整合以及交叉学科研究。再次,自1988年起,《美国历史研究》开始登载博物馆陈列评论文

---

① Ronald J. Grele, "Whose Public? Whose History? What Is the Goal of a Public Historian?" pp. 40-48.

② Howard Green, "A Critique of the Professional Public History Movement", *Radical History Review*, vol. 25, 1981, pp. 170-171.

③ Howard Green, "A Critique of the Professional Public History Movement", p. 168.

章;在美国史学界颇具声誉的《激进历史评论》(Radical History Review)自1987年起,开辟了公众史学专栏——这都标志着公众史学开始逐渐得到传统史学研究的认可。更引人注目的是,公众史学家成为突破传统史学研究方法的先驱,他们在公众史学项目中开拓运用跨学科的研究方法。譬如,公众史学家谢利·布克斯班(Shelly Bookspan)拓展了有毒废物场所用地的研究方法,并解释有毒废物政策研究的显著特点之一是追溯在全国范围内对这一领域演进的相关性意识,主张使用不常用的历史文献、图片、地图等资料,对具有潜在污染的建筑场所进行跨学科分析研究。①

2001年,美国历史协会(American Historical Association)成立公众史学专责小组(Task Force on Public History)。2002年,美国历史协会和公众史学专责小组共同颁布《历史系学生职业指南》(Careers for Students of History)。2003年颁布的《公众史学年度报告》将公众史学纳为历史学的一个分支,详细论述其相关组织结构、学科发展建设、教学体制、课程改革、学生职业发展等方面情况。②随着公众史学不断职业化,其定义也在实践中不断被修订,全国公众史学委员会于2008年将公众史学界定为"一场运动,一种方法论和一种途径或方式,推动历史合作和研究;公众史学家的任务是将自己特殊的见解以浅显易懂的方式传递给公众"。③ 与1978年罗伯特·凯利的定义相比,这一定义前进了很大一步:它不再简单地将"公众"与"私人"历史对立,也不再将公众史学家与传统史学家对立。当然,公众史学挑战权威和正统,它注定是一种进取和激进的史学。同时,它关注现实,因此不仅仅是一个学科,更是一场运动。

美国公众史学的缘起和演进表明,它实质上是一种强调受众的问

---

① Page Putnam Miller, "Reflections on the Public History Movement", *The Public Historian*, vol. 14, no. 2, 1992, pp. 67-70.

② 参阅:*Public History, Public Historian, and The American Historical Association: Reports of the Task Force on Public History*, Submitted to the Council of the Association, 2003。

③ 参见网络资源:www. ncph. org

题、关注点、需求的历史实践,实用主义扮演着重要角色。如果我们再次回到美国 1970 年代的职业危机,不难发现职业人士长期以来对知识的垄断以及他们社会的控制地位受到前所未有的挑战,因为专业知识似乎并没能有效地解决现实问题,满足社会的需求,更谈不上对社会的道德伦理和健康发展作出预期的贡献。正因为其垄断地位变得岌岌可危,职业人士与客户的关系也开始发生相应的改变。

二 英国模式

与美国模式强调实用主义有所不同,在欧洲,公众史学教育旨在为博物馆、遗产机构、图书馆等一系列机构输送专业人才,公众史学更倾向于影响公众意识,成为公民教育的一部分,因此,"人民史学"的提法有时代替了公众史学,其预设的命题包括:社会冲突与不公是常态,文化一致很难达成;历史判断不是也不可能是中立或不偏不倚的;历史学家应该为历史的失败者发声,而不是为当权者辩护。历史研究的政治目的往往是公众史学家回避的,而人民史学则直面这一问题。1970 年代,在英国、瑞士、德国、意大利、法国等国兴起的**"历史工作坊"**(history workshop)运动是公众史学在这些国家发展的重要源动力。"历史工作坊"最核心的理念是历史知识的民主化,反对历史的绝对客观与中立,提出"历史自下而上",融个人经历、体验于宏大历史叙述,书写被忽略的或被边缘化的社群的历史;口述历史成为史料的重要来源;主观性进入历史分析,挑战传统的社会历史范式。于是,没有受过历史学专业训练的人也可以参与历史书写,劳工阶层和其他被边缘化的社群应该参与到历史的生产中,而不只是被动地消费历史。影视作品、展览、媒体与各类出版物所呈现的历史成为政治与文化参与的新形式。这其实是一种民粹主义思潮,即无论阶级、财富、性别,每个人的经历平等,每个人都有书写历史的智识与权利。同时,"历史工作坊"运动还受"新左派"以及马克思主义理论的影响,与反实证主义的社会与文化结合,改变了高等教育的诸多领域,历史学便是其中之一。"(历史的使命)历史生产的民主化、扩大历史书写的范畴,融现实经验于对过去的解读之中。"可见,"历史工作坊"不仅扩大了历史研究的范畴,还展示了更为宽容的历史书写风格。

在英国,历史在真正意义上走向公众开始于 20 世纪初。历史学家约翰·托什(John Tosh)将英国的公众史学传统归纳为三种形式。首先,历史成为公众教育的一部分。乔治·特里唯亚(George Trevelyan)在《英格兰历史》(*History of England*)一书中讲述了他的伯叔祖父马可雷爵士(Lord Macaulay)的显赫成就,指出正是英国独特的政治与社会环境以及以坚韧、沉着、向往自由为核心的国家精神使得个人能取得如此成就。①历史由此成为一种能够充满人性的教育,启发对现实的思索。过去虽然与现实相关,但只是一个远离现实的避难所,而不是与现实积极对话的手段。其次,历史与国际事务,尤其是公共政策在公众生活中发挥作用。第三,历史在社会经济事务中发挥作用。左派史学家唐宁(R. H. Tawney)倡导历史的相关性以及用史学视角进行社会批判;与政治史不同,经济史讲述的是普通民众的需求。②这三种形式虽然与公众相关,但均属于职业历史学家眼光里的"**历史相关性**"(relevant history)。而在 1960 年至 1980 年代,受语言转向(linguistic turn)影响,马克思主义历史学家真正成为现代英国公众史学的基础。侭罗·汤普森(Paul Thompson)对被剥削阶层充满同情,通过一系列的文章反映工业化进程中的种种现实以及不同文化阶层的反抗,这种与工人阶级及下层民众的身份认同深深影响了学院之外的历史受众。③

英国公众史学研究的真正先驱是拉菲尔·萨缪尔(Raphael Samuel)。他提出"**人民的遗产**"(people's heritage),倡导"**非官方知识**"(unofficial knowledge),包括口述传统、儿童戏剧、历史辩论等多种历史形式,并指出历史是一种"社会形式的知识",也是一系列的活动与实

---

① George Macaulay Trevelyan, *History of England*. London: Longmans, Green and co., 1926.
② John Tosh, *Why History Matters*, Houndmills, Basingstoke, Hampshire, New York: Palgrave Macmillan, 2008, pp. 104-105.
③ E. P. Thompson, *Making of the English Working Class*, V. Gollancz, 1963.

践的集合。①他还视大众记忆为 1960 年代新社会史学运动的产物,与美国公众史学起源的时代背景一致。关于遗产,萨缪尔认为遗产不应只是那些代表宏大历史叙事的名人故居,而更应该是关于那些看似不起眼的乡村农舍、关于如何继承代代相传的手工技艺、关于讲述平民企业家的故事。这种"自下而上的遗产"其实是 1960 至 1970 年代新社会史学对遗产的一种极为人性的回应②,意味着百花齐放,百家争鸣。③

接下来的近半个世纪,职业历史学家在公众领域的实践呈多元态势。他们通过影视、网络、报刊等媒体或政策咨询等形式,将研究成果传播到学院之外,引起广泛的公众关注。他们开始与博物馆和遗产机构合作,这一方面是学术界与这些机构对话的结果,另一方面也是为了满足消费物质或非物质遗产文化的公众需求。他们还在各个社群开展历史项目,如社群口述历史项目、家族历史与企业历史撰写等。④这里,职业史学家扮演着顾问、支持者和协调者的角色。同时,作为公众记忆的载体,历史不仅仅是纠正虚构或错误的记忆,还能将过去与现实的种种问题联系在一起,这对于正视有争议的历史或是曾经被官方历史隐去或忽略的历史,譬如英国的殖民历史、澳大利亚和加拿大的原住民历史、美国的奴隶历史等研究尤为重要。⑤

当然,历史的公众角色并不意味着所有的公众史学项目都带有实践的动机或目的。公众史学的价值在于批判性地传递某种学术矛盾或挑战:当历史传播的受众范围越广,我们就越能看到历史的作用在于批判、开放,而不是走向自我封闭;不在于固守某个答案或某种观点,而在

---

① Raphael Samuel, *Theatres of Memory*, London; New York: Verso, 1994, pp. 5-11.
② Iain J. M. Robertson, "Heritage From Below: Class, Social Protest and Resistance", Hilda Kean, Paul Martin, *The Public History Reader*, Routledge Readers in History, 2013, pp. 56-67.
③ Raphael Samuel, *Theatres of Memory*, London; New York: Verso, 1994.
④ Holger Hoock, "Introduction", *The Public Historian*, vol. 32, no. 3, 2010, pp. 7-24.
⑤ Henry Reynolds, *Why Weren't We Told?: A Personal Search for the Truth About Our History*, Ringwood, Vic.: Viking, 1999. James Oliver Horton, "Patriot Acts: Public History in Public Service", *Journal of American History*, vol. 92, 2005, p. 807.

于发掘不同的可能性。①职业史学家突破学院的藩篱走向公众仅仅是公众史学的一种形式而已,而公众史学更多意味着学院派和社区历史学家之间的一种职业关系,有时甚至根本没有学院派史学家的参与。发生在学院之外,譬如在博物馆、历史遗址、社群中的历史成为大众文化的一部分:与被动消费过去的学院历史相比,这类历史往往富有创意和激情,受到广泛关注,公众享有充分的"所有权"(the ownership)。因此,公众史学不仅是学院对社群历史的贡献,还是以通俗易懂的形式将历史与公众分享,并与之共同解读和书写历史。

遗产与记忆在英国似乎是公众史学的代名词。史地学家戴维·洛文塔尔(David Lowenthal)认为记忆的主要功能是为现实所用。我们认识过去、阅读史料、参观遗址,实质是与历史对话。我们试图将个体与集体记忆和公众历史联系在一起,但历史的真实性其实处于不断的变化之中,从内容到形式、过程、形象再到仪式展演都是如此。因此,原真性既"受制于时间"也"受制于文化"。②历史学家帕特里克·怀特(Patrick Wright)论称历史遗址体现了英国政府对大英帝国的光荣充满"民族怀旧",而私人资本与遗产保护其实矛盾重重。作为英国最大的土地拥有者,国家信托(National Trust)并没有有效地解决这些矛盾与纷争。③历史学家罗伯特·何唯森(Robert Hewison)更为犀利地指出所谓的"遗产工业"只是政治与权力斗争的产物。④1983 年,由英国政府出资成立了遗产保护和研究机构"**英国遗产**"(English Heritage)。公众对历史的热情与政府提倡保护国家遗产的初衷似乎一致。不过这是否意

---

① John Tosh, *Why History Matters*, Houndmills, Basingstoke, Hampshire. New York: Palgrave Macmillan, 2008, pp. 22-23, 118-119. 另可参阅: Jill Liddington, "What Is Public History? Publics and Their Pasts, Meanings and Practices", *Oral History*, vol. 30, no. 1, 2002, pp. 83-93。

② David Lowenthal, *The Past Is a Foreign Country*, Cambridge Cambridgeshire; New York: Cambridge University Press, 1985, p. 50. David Lowenthal, *Possessed by the Past: The Heritage Crusade and the Spoils of History*, New York: Free Press, 1996.

③ Patrick Wright, *On Living in an Old Country: The National Past in Contemporary Britain*, London: Verso, 1985.

④ Robert Hewison, Allan Titmuss, and Chris Orr, *The Heritage Industry: Britain in a Climate of Decline*, A Methuen Paperback, London: Methuen London, 1987.

味着公众更接近并拥有历史？对历史进行商业包装，很多人们喜闻乐见的遗址所传达的是一种浅显的历史、怀旧的情节或墨守陈规的仪式而已。公众虽然对历史抱有热情但并不完全具备分析甄别的能力，在历史走向更广范围的公众时，历史的复杂性被妥协，不是所有人都能用历史方式去思维，因此历史从某种意义上讲在远离公众。一方面，历史是否与现实相关；另一方面，历史在多大程度上作为一门科学，具备专业知识、高层次的分析批判技能、方法、解释性的见解或观点：这其实是两个不同的诉求。与19世纪的"历史相关性"探索不同，"**批判性公众史学**"不仅仅是历史知识和成果的传播，还在于它关注公众，并希望通过历史的解释和传播激发公众辩论，是一种真正意义上的**公民教育**（citizenship education）。正因为此，在英国，以及受其影响的欧洲其他国家，公众史学与历史教育相辅相成。

公众史学作为一个学科，在英国则刚刚兴起，它整合了文化身份、遗产、资源管理、制度化的记忆、历史政策、公众参与、公民教育等概念，但尚没有形成系统的理论框架。公众史学研究试图回答以下三个方面的问题：首先，公众史学家在学院之外如何使用史学理论、史料编纂、历史研究方法与技能？公众史学对传统历史学家的学术准则、伦理道德等的主要挑战是什么？其次，"公众"本身是一个值得商榷的概念，与"大众""民众""非官方""关于整个政治形态或政体"，或者是"人人均可享有"既有区别又有联系，如何界定"公众"以及公众在公众史学实践中的角色？在各种公众史学场所，专业人士是如何与公众"共享权威"的？公众又是如何从被动的旁观者转化为历史的生产者和传播者的？最后，多数情况下，公众史学是一个动态过程，它是史学的各个领域与相关分支学科之间的桥梁，在项目合作、历史呈现和传播中与公众共享话语权。在这一进程中，就学术与实践的不同目标、公众政策、制度上的远见、公众参与以及商业现实等有哪些矛盾和协同?①与之相关的是,公众史学的集体性似乎与传统史学研究的个体性格格不入。公众始终存在,公众服务也始终存在,因此历史与公众的对话始终存在。由于公众史学是公众参与或资助的历史,因此非历史判断进入历史叙事,妥协在所难免。尽管如此,对于公众关注的历史事件分析和呈现,公众史学是唯一由职业史学家介入的严肃的集体行为。公众史学的集体性能促使人们重新思索国家历史,而历史认知,或是对历史的关注和热情,内化为公民权利的一部分。②

历史学家彼得·曼德尔(Peter Mandler)在论述历史在国家生活中的作用时指出,严肃的历史学家既能够从事严谨的学术研究,其成果也能为公众接受。③这看似积极的结论其实暗示着学院派史学与公众史学的矛盾:历史学家应该如何与公众交流历史思维的方式和批判思维的技能? 公众史学的主要倡导者之一卢德米拉·约丹诺娃(Ludmilla J. Jordanova)认为历史学家应该与公众共享推理模式与实践进程。④基于历史学家实践的核心是历史受众和学院内外的公众这一理念,她敦促历史学家将其推理的模式与实践扩大至公众领域,鼓励在分析神话、信仰、偏见的力量时使用跨学科的视野与方法。她主张公众史学的核心问题与历史学本身一致,因此史学中关于年代分析的假设、历史机构与动因、反思性的历史评判等,都需要历史学家进行批判性分析。

约翰·托什则主张"实践历史主义",视公众史学为应用史学的一种方式。⑤尽管历史似乎无处不在,但对于在协商民主制度下的公众

---

① Holger Hoock, "Introduction", *The Public Historian*, vol. 32, no. 3, 2010, pp. 19-20. Paul Ashton, Hilda Kean, *People and Their Pasts: Public History Today*, Basingstoke: Palgrave Macmillan, 2012.

② J. M. Winter, "Public history and historical scholarship". *History Workshop Journal*, vol. 42, 1996, pp. 169-172.

③ Peter Mandler, *History and National Life*, London: Profile Books, 2002.

④ Ludmilla. J. Jordanova, *History in Practice*, London, New York: Arnold; Oxford University Press, 2000.

⑤ John Tosh, *Why History Matters*, Houndmills, Basingstoke, Hampshire, New York: Palgrave Macmillan, 2008.

而言,这些通过课堂、媒体等传播或呈现的历史还不够活跃,最多只能激发低层次的批判性历史感知。而历史学家还没有在政策制定中充分传播批判性历史知识或通过各种媒介将历史呈现给公众。他认为实践历史主义需要更高层次的批判性历史思维,将史学视角注入公众辩论中,同时与公众分享其学术技能。公众史学家有责任帮助公众更好地解读历史,进而真正地拥有历史。尽管卢德米拉批判约翰·托什让公众真正拥有历史的"批判性历史主义"过于浪漫,忽略了公众参与历史的种种障碍,但与约翰·托什一致,她也主张历史思维模式、历史学家的责任与担当、共享权威,而这些都是公众史学的核心。

其他国家的公众史学在不同程度上受这两种模式的交叉影响。在**澳大利亚**,公众史学的发展与历史学的职业化进程息息相关。第二次世界大战以前,澳大利亚只有 5 位历史教授和 1 位历史副教授,分布于 6 所大学。1970 年代中期,约 750 位历史学教授分布在各大高校。当时,城市环境行动主义、新史学运动以及日益发展的遗产工业和文化旅游业等,都促进了传统史学家与学院之外的公众的联系,他们在遗产保护、受委托历史项目、博物馆、媒体、教育、影视、政府等一系列领域就业,关注历史与公众、实践及社会语境的关系[1],并试图回答历史的目的和意义在哪里,谁拥有历史的话语权等问题。1980 年代,学术界开始渐渐使用"公众史学"这一术语。公众史学在澳大利亚被定义为"受专业训练的历史学家在学院之外就业"。[2]历史学家格拉姆·戴维森(Graeme Davison)很明显受到美国公众史学运动的影响,其定义与罗

---

[1] Paul Ashton, Paula Hamilton, *History at the Crossroads: Australians and the Past*, 1st ed. Ultimo, N.S.W.: Halstead Press, 2010, pp.121-133.

[2] Graeme Davison, Stuart Macintyre, J. B. Hirst, Helen Doyle, and Kim Torney, *The Oxford Companion to Australian History*, Melbourne; New York: Oxford University Press, 1998, p.532. 这与新西兰历史学家对公众史学的定义基本一致,即"公众史学是任务导向型的史学研究,其实践根据研究的课题重心、议程、资金渠道及规模等因素开展,它涉及博物馆、政府、高校等教育机构,也涉及自由历史职业者。见 Bronwyn Dalley, Jock Phillips, Culture New Zealand. Ministry for, and Heritage, *Going Public: The Changing Face of New Zealand History*, Auckland, N.Z.: Auckland University Press, 2001。

伯特·凯利1978年的定义异曲同工,却远不如约翰·托什的"批判性公众史学"激进。

1970年代的经济萧条最初并没有影响历史学专业学生的就业,部分原因是当时的惠特兰姆(Whitlam)劳工政府慷慨提供了较为丰富的社会资本,赞助高校的人文学科。1970年代末,年轻的历史学毕业生开始感受到职业危机的压力,而到了1980年代初,工作的机会就已经非常稀少了。与美国当时的情形类似,接受了专业历史训练的人士开始将目光投向学院之外,因此1980年代诞生了一系列"职业历史学家联盟"(Professional Historians' Association, PHA)。这些联盟探讨的核心问题集中在"历史话语权",他们尤其关注公众与历史实践和社会语境之间的关系,并成为学院与公众的桥梁,不仅试图扩大历史学毕业生的就业范围,也希望加强社区或公众的历史感知。①

受英国的民众历史运动和美国的实用主义的双重影响,澳大利亚的公众史学强调职业技能与素质培养,不过似乎更加充满学术与政治激情。公众史学在澳大利亚的显著特点是基于具体的历史条件和环境。②这与澳大利亚本身的历史相关:自1788年欧洲殖民者来到悉尼湾的普利茅茨,澳洲原住民的历史就被改写了。这样的历史和文化语境下产生的公众史学的最大挑战就是如何发掘并呈现原住民的历史。具体而言,一是关于历史呈现或表述的问题:即如何通过公众景观、纪念碑、纪念仪式、艺术馆等讲述原住民的历史,尤其是发掘被传统主流文化边缘化甚至忽略的历史,不只是在现存的体系里增加一部分,而是试图改变历史评价的基本框架。二是史学视角的政治性:如果没有接受公众史学训练的原住民,那原住民的历史该如何进入历史话

---

① Paul Ashton, Paula Hamilton, "History at the Crossroads: Australians and the Past". Hilda Kean, Paul Martin, *The Public History Reader*, Routledge Readers in History, 2013, pp.237-238.

② Jill Liddington, "What Is Public History? Publics and Their Pasts, Meanings and Practices". *Oral History*, vol.30, no.1, 2002, pp.83-93. Ruth Donovan, "Australian Public History: Growth of a Profession?" PhD Thesis, University of Western Australia, 2006. Paul Ashton, Paula Hamilton, "Streetwise: Public History in New South Wales". *Public History Review*, vols. 5/6, 1996-1997, pp.15-16.

语体系?①这些都是公众史学家面临的问题。

公众史学在**加拿大**的起源也可从历史学的职业化进程谈起。加拿大强大的宗教根基使历史学在19世纪末20世纪初脱颖而出。1890年查尔斯·科比(Charles Colby)和乔治·诺(George Wrong)分别开始在麦吉尔大学和多伦多大学担任历史系主任。乔治·诺是英国圣公会牧师,没有接受传统史学训练,却建立并极大地影响了多伦多大学历史系。他还创建了《关于加拿大的历史研究评论》(*Review of Historical Publications Relating to Canada*),也就是后来加拿大历史学界的权威学术刊物《加拿大历史评论》(*Canadian Historical Review*)。乔治·诺主张历史学家不应只关注史料的细枝末节,还应是历史真相的捍卫者,并作出道德判断。同时,历史教育应该与宗教教育相辅相成,两者都是对公众事务进行批判性辩论。随着1960年代高校历史系的发展,历史学日益专业化,遗憾的是,乔治·诺建立的"历史服务于公众"的传统却失去了。②

与其他国家类似,公众史学的实践在加拿大远远早于传统高校历史系的建立。1872年加拿大公共档案馆(Public Archives of Canada)成立;1910年,国家人类博物馆(National Museum of Man)成立;1911年,加拿大国家公园局(Parks Canada)成立;1919年,加拿大历史遗址和纪念碑委员会(Historic Sites and Monuments Board of Canada)成立。这一系列机构是历史学家在学院之外的主要就业领域,而"历史研究"(Historical Research)也在1970年代中期被增加为合法的职业类别。③

在加拿大,公众史学的定位首先是历史学的分支学科,属于任务导向型史学实践,满足不同受众的需求,因此在严谨的学术研究基础上,

---

① Paul Ashton, Paula Hamilton, "Blood Money? Race and Nation in Australian Public History". *Radical History Review*, vol. 76, 2000, pp. 188-207.

② John R. English, "The Tradition of Public History in Canada". *The Public Historian*, vol. 5, no. 1, 1983, pp. 47-59.

③ C. J Taylor, "Public History in Canada". *The Public Historian*, vol. 5, no. 4, 1983, pp. 5-6.

它具有包容性、开放性、跨学科性。公众史学实践者通过对史料的专业分析提炼,为现实问题注入公众视角,强调历史知识的生产者、消费者、使用者之间的对话。公众史学的实践也因受众不同呈现多样性,如博物馆的展览,历史建筑、遗址的解读和保护,档案管理,政策分析,历史纪录片摄制,社群历史书写等,口述历史、公众记忆的研究在这里受到特殊的重视。①

多元文化传统是公众史学的实践在不同领域中蓬勃发展的原动力。② 自启蒙时代尤其是法国大革命之后,博物馆取得合法地位。无论是陈列展出,还是知识与价值的传播方面,博物馆都成为公共和私人领域的桥梁。和西方很多国家类似,在加拿大,博物馆已进入后现代阶段,成为最具活力的文化产业之一。将博物馆置于一定的社会文化语境,它成为交流的公众空间和思辨的平台,宽容地接受各种见解观点,并容许自由平等的讨论。与欧洲的博物馆不同,北美的博物馆更侧重休闲、教育和非学术环境中的研究,且与当地社区(公众)保持密切联系。不仅如此,博物馆也是开放、自由、平等、活力四射的空间,充满历史想象与惊喜,因而更容易让参观者发现惊喜,魁北克的文明博物馆便是很好的一例。③档案馆也是公众历史与记忆的空间体现,它储存的"档案记忆"(archival memory)成为公众可自由平等享用的资源,并基于这些资源建构多重身份认同。④ 譬如,日裔加拿大国家档案和博物馆(Japanese Canadian National Archive and Museum)是社群主导的档案

---

① Nicole Neatby and Peter Hodgins, *Settling and Unsettling Memories: Essays in Canadian Public History*, Toronto: University of Toronto Press, 2012.

② L. Dick, "Public History in Canada: An Introduction", *The Public Historian*, vol. 31, no. 1, 2009, pp. 7-14.

③ Andrée Gendreau, "Museums and Media: A View from Canada", *The Public Historian*, vol. 31, no. 1, 2009, pp. 35-45.

④ Patrizia Gentile, "Archive and Myth: The Changing Memoryscape of Japanese Canadian Internment Camps", John C. Walsh, James William Opp, *Placing Memory and Remembering Place in Canada*, Vancouver: UBC Press, 2010, pp. 241-242. 关于档案与社会记忆研究可参阅:Francis X Blouin & William G. Rosenberg, *Archives, Documentation, and Institutions of Social Memory: Essays from the Sawyer Seminar*, Ann Arbor: University of Michigan Press, 2006。

馆，记录了自 1942 年到 1946 年政府以保护国家安全为由剥夺日裔加拿大人的基本权利并将他们监禁在集中营的历史。大量的照片来自这些被拘禁的亲历者，从他们的视角讲述那段艰难的历史，档案馆因此变成了记忆之所。

在历史文化资源管理方面，自 1970 年代末，政府开始让有管理经验而不是历史学背景的部门经理（modular manager）介入遗产管理，无形中加深了历史保护与经济利益的矛盾。① 如果关于遗产保护的决定在管理决策中总是以达成一致为目的，这就不可避免地需要在公众利益以及"什么是值得保护的"等问题上妥协。关键的问题在于这些掌握最终决策权的高层管理人士和政治人士是否真正懂得历史遗址所传达的信息，以及这些信息对构筑国家精神的重要意义。与之相关的，公众纪念也充满官方与民间记忆的矛盾。在以多元文化主义著称的加拿大，少数族裔的历史、原住民的历史或是被主流社会边缘化的社会群体的历史常常游离在"官方"纪念的视野之外。虽然传统史学家有时成为政府与公众的桥梁，而公众史学家在遗产是如何影响和改变公众的历史视角和感知，以及如何发掘解释"非官方"记忆方面还没有太多机会发挥作用。② 与美国的印第安人和澳大利亚的原住民历史类似，公众史学在加拿大也是一种带有明显政治色彩的工具。公众史学面临的挑战是如何与有着各自独特历史却被边缘化的社区对话；如何识别历史的文化语境，在以社区为主导的公众史学项目中协调社会与经济利益；如何面对具有争议的历史并对此作严谨的剖析。③

在制度层面，加拿大基本是借鉴美国模式。"公众史学团体"（Public History Group）于 1987 年成立，2006 年重新活跃，2009 年改名

---

① Frits Pannekoek, "Canada's Historic Sites: Reflections on a Quarter Century, 1980-2005." *The Public Historian*, vol. 31, no. 1, 2009, p. 71.

② Veronica Strong-Boag, "Experts on Our Own Lives: Commemorating Canada at the Beginning of the 21st Century", *The Public Historian*, vol. 31, no. 1, 2009, pp. 46-68.

③ David Neufeld, "Ethics in the Practice of Public History with Aboriginal Communities", *The Public Historian*, vol. 28, no. 1, 2006, pp. 117-121.

为加拿大公众史学委员会(Canadian Committee on Public History,CCPH),正式成为加拿大历史协会的分支,并始终隶属于该协会,而不像在美国那样成为全国性的专门机构。该委员会的主要目标包括:推广公众史学、促进学科建设;为公众史学家提供交流、辩论的平台;建立公众史学网络,协助加拿大历史学会年会中的公众史学部分。

在地处太平洋西南端的**新西兰**,公众史学依然是个相对陌生的概念。直到1980年代末,很少有职业历史学家在学院之外从业。极少部分的历史学家在政府机构工作,如内务部或主要的博物馆等。但是,在政府相关部门、博物馆与历史遗产部门的工作机会日益增加,于是出现了大量的自由历史学家,其中一部分参与了新西兰历史遗址、遗迹的遴选、评估、解读与管理工作。新兴领域多有人"抢占山头",相互排挤,新兴的公众史学领域所达成的共识则是,公众史学者与传统史学者使用的是同样在大学里学习的研究、分析与写作的技能。在历史学的众多分支中,公众史学是不可分割的一部分。

虽然公众史学在新西兰是较为新近的术语,但公众史学实践早已有之。1930年代新西兰内务部的"百年纪念"小组和"战争历史"小组就生产了丰富的公众历史学术成果。随后,"怀唐伊法庭"(Waitangi Tribunal)、各种周年庆典与蒂帕帕(Te Papa)国家博物馆的发展与重建大大扩展了公众史学实践的类型与范围,使公众史学成为历史学的一个分支。不过,这一术语一直没有得到学术界的完全认可,因为不少历史学家认为"公众"史学似乎暗示着另一种"学院"史学,而在新西兰,公众史学与学院史学同出一辙,大部分的公众史学家使用的是严谨的历史研究方法,尊重史料与前人的学术成果;使用档案,进行文献综述,史料辨析,提出观点,佐证其观点等。将公众史学与学院史学对立并没有反映这一领域在新西兰发展的实际情况。

过去30年,公众对新西兰历史的热情不断增长,这不仅体现在如博物馆、历史遗址、展览等公共空间里,历史故事以新的方式得以呈现,也包括"历史"定义的扩展,如虚构历史作品、影视历史等新领域的出现。对历史的兴趣也不局限于阅读与历史相关的书籍或在档案馆进行历史研究,在有能力赞助、支持历史项目的机构中,历史也颇为流行。还有新媒体与数字革命,日益全球化的社群建构,家族史的兴起①等。同时,公众史学的范围开始扩展至使用公共基金资助、服务于公众的历史,包括了政府机构、私人机构、各类社群、博物馆、档案馆、图书馆以及大学等一系列机构。高校的历史学家不仅为政府机构,如新西兰百科字典项目,也为当地的历史组织或机构撰写历史。当历史学家在学院之外参与主要针对学院受众的学术论辩时,公众与学院史学之间的距离则更不可能清晰地量化,如部分历史实践者长期为《新西兰历史杂志》(*New Zealand Journal of History*)撰稿。

历史学家在公众场合的实践包括四个主要方面:

一、通过政府资助的历史项目,例如,文化与遗产部的战争史编纂与战争纪念;②历史参考书的编写;与《怀唐伊条约》相关的申诉进程与新西兰国家博物馆的改建;新西兰日的设立等;

二、遗产或历史资源管理,如全国最主要的国家历史遗产机构"新西兰遗产"(Heritage New Zealand);③

三、新媒体与历史;

四、历史教育。

这些实践通常具备两大特征:首先是由政府赞助、支持并主导公众史学项目,目前由文化遗产部下属的"历史小组"统一管理,致力于历史研究、传播与出版。其次是《怀唐伊条约》的申述与处理进程,这是目前公众史学家受雇的最大领域。④ 我们看到,一些公众史学项目本身具有"公众"特质,如博物馆的展览,需要面对大量的普通受众;而另

---

① 尤其 Pekeha 新西兰人,即祖先是欧洲人的新西兰人。
② 参见网址:http://www.nzhistory.net.nz/, Ministry of Culture and Heritage, http://www.heritage.org.nz/
③ 参见网址:http://www.doc.govt.nz/
④ Giselle Byrnes, "Teaching Public History in New Zealand, the story so far", *Public History Review*, vol. 10, 2003, pp. 61-72. 政府主导公众史学项目在新西兰有历史渊源。日益增长的文化民族主义,例如,1990年《怀唐伊条约》签订150周年,1993年新西兰女权运动100周年,均引发了公众对过去的更多关注,以及对遗产的热情。

一些项目则针对少数特定的受众,如政府委托项目。在新西兰,公众史学家往往不是自己选择感兴趣的研究课题,而是根据其他人或其他机构所确定的研究课题或资金渠道与数量而开展项目。不过,这并不意味着公众史学完全是某一特定情境的随机产物,公众史学家被雇佣按他人(赞助方)意愿撰写历史。事实是,从事委托项目的公众史学家极少因为金钱利益而妥协自己的职业伦理。

在**德国**,公众史学被定义为历史在学校与教育机构之外的各种公众呈现。① 它随着公众对历史兴趣的增加与需求的改变而产生。公众史学提供全面的、丰富的、生动的历史叙事,融入个人经验,凸显历史进程的空间层面,包含历史的视觉表现,并重新理解"历史是文化记忆之空间"。② 厄姆加德·佐多夫(Irmgard Zundorf)教授在2010年提出:公众史学是学校与教育机构之外的历史呈现。它是公众对历史兴趣与需求增加的一种反馈。公众史学试图提供全面的、丰富多彩的历史叙事,融入个人经验,关注历史进程中的空间层面,吸纳历史的视觉效应,并最终重构"历史是文化记忆之空间"这一概念。2015年,他进一步论述,认为公众史学本质上是公众"当代"史学。公众史学的特殊使命不只在于为新近的过去在公共空间里提供新的表征形式,还在于激发公众对过去的热情,并积极参与到历史生产传播的进程中,即凸显史学的当代性。

在学院内,公众史学正在兴起,与1950年代建立的"当代史学"(Zeitgeschichte)相关。两个学科存在相当的共通点,如相似的研究课题、方法、资源与传递知识的模式(两者都使用图像、电影、纪录片与亲历者证词等),在历史叙事的媒体这一新兴领域,两者都尝试不同的策略,将关于过去的学术理解融入公众讨论。同时,传统历史学也开始关注历史的公众生产,不同呈现方式,公众期望值对历史生产、传播与认知的影响。例如,德国人如何面对他们的过去、历史学与历史教育、历

---

① Thorsten Logge,"Public History in Germany:Challenges and Opportunities",*Germany Studies Review*,vol. 39,no. 1,2016,pp. 141-153.

② Irmgard Zündorf,*Contemporary History and Public History*,Version:2.0,in:Docupedia-Zeitgeschichte,16.03.2017.

史之争等。史学理论家耶尔恩·吕森(Jörn Rüsen)认为历史及其应用原本就不可分割,公众史学是公众参与历史的一种形式。历史是为当下生活提供指导的叙事实践,而历史文化分为认知、美学、政治、伦理与宗教五个方面。受英国"历史工作坊"的影响,公众史学在德国更多的是强调公众参与,尚不是一门学科。

在**法国**和**意大利**,公众史学围绕历史记忆和历史意识展开,在学院之外蓬勃发展。公众表演(仪式)及其受众,体现着政治、文化与历史的张力;公众史学在这里不是固定的机构与他们的历史呈现,而是以不同方式呈现政治、文化与历史的各种复杂因素。2017年意大利公众史学协会的成立标志着公众史学发展的一个里程碑。

南非的公众史学深受源自英国的"历史工作坊"运动的影响。1977年,一小部分学院里的左翼知识分子在威特沃特斯兰德大学(Witwatersrand University)创立"历史工作坊"。他们来自社会科学的不同领域或学科,试图为索韦托(Soweto)叛乱后南非日益活跃的社会运动、劳工运动与贸易活动寻找联系。早期的历史工作坊成员多运用国外引入的分析工具,解释历史的复杂性,如研究种族隔离政策,以及关注后殖民地时代历史等。"历史工作坊"积极倡导关注被南非传统的学术研究边缘化的或为之忽略的社群的生活、经历与社会(内心)世界,试图书写被种族隔离政策抹去的历史,推翻"南非的历史就是一部白人带来的进步史"这一充满殖民主义色彩的论断。他们深入研究被遗忘或边缘化社群的社会、生活与经验,由种族隔离带来的历史遗忘,以及由殖民者主导的南非历史研究。

1994年南非实现民主制,"历史工作坊"面临转型,开始与各类社群、公民组织、遗产机构、历史教育者等积极合作,开展公众历史项目。例如,第六街区博物馆(District Six Museum)便是南非历史与公众记忆的空间体现。第六街区位于开普敦市区,自1966年起,在种族隔离政策下被规划为"白人区"。自1968年至1982年,6000多名居民被迫迁移,造成历史与记忆缺失。1980年代末,第六街区博物馆基金会成立,明确博物馆的使命是讲述、呈现被迫迁移的居民的历史与记忆,以此挑战各种形式的社会压迫。博物馆也因此成为土地申诉与补偿的重要组成部分。1994年12月第六街区博物馆正式开放,通过口述居民被迫迁移的故事,试图重建第六街区的历史。该街区的居民在博物馆的创建中发挥了重要的作用,他们的口述历史、照片与各类实物以不同方式呈现,成为常设展览与临时展览的一部分。在这里,公众、学者与遗产专家之间的对话也引发了激烈的辩论,譬如,不同的历史解读应该如何在某一特定的空间里呈现;在社区博物馆里,公众史学家应该扮演怎样的角色;第六街区博物馆是否应该成为城市博物馆;如何将现存的记忆传递给后人等。同时,"历史工作坊"还为南非社会面临的主要问题提供历史的视角,"本地历史与当下现实"(Local Histories, Present Realities)便是其中一例。自1990年代开始,"历史工作坊"开始从事一系列基于社群利益的公众史学项目。近年来,"历史工作坊"还组织、参与了一系列的遗产与公众史学项目,包括社群史、博物馆展览设计等,定期组织研讨会、新书推荐、针对学校教师的口述历史培训等。

在**阿根廷**、**哥伦比亚**等拉丁美洲国家,历史学家在博物馆、争取真实与正义委员会、政府各部门、档案馆等公共机构供职、服务,有着很长的历史;而公众智识参与一直是拉美历史学界的传统。例如,在1976年至1983年的"国家重建进程"中,大约30000人无故消失,还有不计其数的人被监禁、拷问。当恢复民主制度后,那些消失的孩子的母亲开始在公共领域,如布宜诺斯艾利斯(Buenos Aires)的迪玛约(De Mayo)广场,积极合作,参与寻找他们消失的孩子。而迪玛约广场也因此成为公众记忆运动的中心。目前,由抗议者、学者、专家组成的五个人权组织联合成立了爱博尔特记忆联盟(Memoria Abierta),希望通过建设关于独裁政权的档案以激发公众对这段特殊历史的认知。由于没有影像记录,相关的档案也被销毁或隐藏,爱博尔特记忆联盟与受害者家庭积极合作,通过记录证词、搜集文件、绘制监狱和地下组织的地图等方式,将这段历史呈现给公众。除此之外,他们还设计了博物馆巡展,如通过影像记忆呈现独裁政权期间的书信特展,约有3200名当地的学生参观了这一展览。我们看到个人的故事与集体记忆的融合,通过有感染力与参与性的博物馆展览设计,历史的复杂性得以有效地呈现。历史学家简·玛丽·谢弗(Jean Marie Scheaffer)有言,图片不仅能传达信息,还能影响人们如何解读信息;实物远远不是孤立的存在,而总是发生在特定的场景中。记忆联盟的努力很大程度上源自阿根廷的历史与遗产研究领域,通过犯罪证据与公众记忆相结合的方式,让更多的人有机会认识、了解、反思这段新近发生的历史。不过,直到最近,这些实践才被认为是"公众史学"。可见,公众史学实践早已有之,而公众史学作为一门学科则是新近的事,相关的学术文献亦正在发展、成型中。**葡萄牙**的全国公众史学协会(Rede Brasileira de História Pública)已组织过三次会议,相关的学术讨论也逐渐展开。①

"历史工作坊"运动也影响着后殖民时代的**印度**,如何从工人、农民等普通人的视角书写后殖民历史,让被边缘化的群体发声,成为印度公众史学发展的动因。自1947年独立后,印度历史研究开始从政治史与朝代史转向社会史与经济史。1960—1970年代的历史之争,对历史教科书的撰写提出了新的挑战,而历史教科书随着政权更替而频繁修订。对印度而言,古代史对当下有着特殊的意义。更重要的是,身份认同和遗产解读均与民族主义密不可分,而民族主义依然在很大程度上与这些远古文化相关联。对现实更为宽容的解释不仅有助于理解新近的过去,也有助于重新解构遥远的过去,批判地探索其关系是公众史学的重要职责之一。

对于很多国族国家而言,公众史学对于新兴的、多言的、不稳定的政权往往至关重要。戴维·泰伦(David Thelen)提出现代的职业历史学与民族国家的建设并驾齐驱。他认为,历史学的使命是记录、解释国族国家的兴衰沉浮,而历史教育也承担着将以国家为中心的历史叙事纳入公民教育的一部分之职责。② 民族政府往往提供相当的政治与资

---

① 关于公众史学的研究刚刚起步的讨论,参阅:*Journal Tempo & Argumento*,关于公众史学的特刊参见网址: http://revistas.udesc.br/index.php/tempo/issue/view/519/showToc.

② David Thelen, "The Nation and Beyond: Transnational Perspectives on United States History", *The Journal of American History*, vol. 86, no. 3, 1999, p. 965.

金支持撰写公众历史,以激发对国家的忠诚。**印度尼西亚**的公众史学发展便与此相关。自1998年开始民主化进程,尽管社会记忆呈现多元化,印度尼西亚政府对大学的控制、审查依然很严格,关于印尼的现代历史档案几乎完全封闭。国家叙事的建构导致部分人物或事件被抹去或改变,例如,官方认定、设计、保护的纪念碑和纪念馆体现了系统的由政府主导的纪念与遗忘,成为统治者维系其政治与文化权威的工具。比如,主要针对国内公众的神圣潘查希拉纪念碑(The Sacred Pancasila Monument 或 Monument Pancasila Sakti)是印度尼西亚最主要的公众历史场所,试图建立某种传承与延续;而主要针对国际公众的巴厘岛轰炸遇难者纪念碑(the memorial to the victims of the Bali Bombing)则属于"表演型纪念",代表着记忆与遗忘的博弈,潜移默化地影响着公众的历史意识。

集权政治对历史的控制依然十分森严。在**俄罗斯**,从事公众史学实践的历史学家——历史研究、写作、讲座和影视作品的制作——几乎都在学院之外,且多具有自然科学的背景。因为在苏俄时代,科技是很少受到严格控制和审查的领域,不少有冒险精神的学者都进入了科学领域。今天的俄罗斯,历史依然受到严格的压制。总统普京最近谈及历史书籍时说:历史教科书应该给年轻人灌输对自己国家的自豪感。这意味着学校的历史课程会更加严格。可见,在一些国家里,由于公共空间被日益压缩,公众史学的实践依然充满政治敏感性,并不安全。

三 发展前沿与动态

公众史学在各国的发展,处于不同的周期,面临不同的诉求。公众对历史的认识,以及公众史学的发展必须放在特定的历史语境中诠释。换言之,不了解这些国家的历史脉络、政治纷争、经济发展、文化特征、人口分布结构变化等,便无法真正弄懂某一国家的公众历史。但进入21世纪,公众史学开始更多地超越国界,跨越文化,而数字技术的变革使公众史学有可能打破传统的时空和地域,有可能重新定义、评价,甚至推翻原有的一些已经约定俗成的结论。于是,公众史学研究开始出现新疆域。

1. 数字公众史学

随着 web 2.0 时代的到来,任何人都可以通过互联网获取信息,参与知识的建构。而具有基本知识和技能的公众都可以对数字内容作整合、管理。通过直接和参与式的写作方式,在网络上任何人都可以参与过去的书写。"数字转向"(digital turn)改变了历史学家对待档案、生产和交流历史知识的方式,在这一过程中,知识、权力和生产能力都将前所未有地分散。① 数字公众史学挑战着传统的历史叙述方式,也以新的方式协调着个人记忆与集体记忆,于是历史研究不再是学者的特权。② 随着史料与档案逐渐对公众开放,"公众参与"(public engage-

---

① J. Gordon Daines III 和 Cory L. Nimer 引用了唐·塔普斯科特和安东尼·狄克森的观点:"Introduction", *The Interactive Archivist*, vol. 18, 2009. 参见网址:⟨http://interactivearchivist. archivists. org/#footnote13. 获取时间:2014 年 6 月 12 日。

② 关于数字公众史学,参阅:Serge Noiret, "Digital Public History", David Dean, ed. *The Companion to Public History*, Wiley, 2018, pp. 111-124。(中文版见:《数字公众史学》,李娟译,《公众史学》2018 年第 1 辑,第 185—210 页) Meg Foster. "Online and Plugged in?: Public History and Historians in the Digital Age." *Public Hisotry Review*, vol. 21, 2014, pp. 1-19. (中文版见:《在线还是介入:数字时代的公众史学与历史学家》,李娟译,《公众史学》2019 年第 2 辑,第 197—204 页) Sharon M. Leon, "Complexity and Collaboration: Doing Public History in Digital Enviornments", James B Gardner, Paula Hamilton, *The Oxford Handbook of Public History*, Oxford Handbooks,2017, pp. 44-66. Adair, Bill, Benjamin Filene, Laura Koloski, and ebrary Inc, *Letting Go?: Sharing Historical Authority in a User-Generated World*, Philadelphia, Pa. : Pew Center for Arts & Heritage, 2011. William Bryans, Albert Camarillo, Swati Chattopadhyay et al, "Imagining the Digital Future of *The Public Historian*", *The Public Historian*, vol. 35, no. 1, 2013, pp. 8-27. Lam Chun See, *Good Morning Yesterday* Blog, 2005, http://goodmorningyesterday. blogspot. co. uk. Roy Rosenzweig and Daniel Cohen, *Digital History: a guide to gathering, preserving and presenting the past on the web*, University of Pennsylvania Press, Philadelphia. Accessed online 20 May 2014 via: http://chnm. gmu. edu/digitalhistory. Jack Dougherty and Kristen Nawrotzki (eds). *Writing History in the Digital Age*. University of Michigan Press, Michigan, 2012. Accessed 4 June 2014 via:⟨http://writinghistory. trincoll. edu/. Society of American Archivists, *The Interactive Archivist: case studies in utilising web 3.0 to enhance the Archival Experience*, 2014. Accessed 3 June 2014 via: http://interactivearchivist. archivists. org/. Stephanie Ho. "Blogging as Popular History Making, Blogs as Public History: a Singapore case study. " *Public History Review*, vol. 14, 2007, pp. 64-79.

ment)远远不只是学者向更多的公众普及历史,或历史单向地走向更广范围的受众,还意味着与公众共同建构与书写历史。数字技术似乎为公众史学的发展提供了无限可能性,包括新的受众、富有吸引力的呈现、有效的带入感、超越时空的线上合作等;而公众史学家也开始以更为简洁、易懂的语言迅速地拉近公众与历史的距离,弗里西的"共享权威"似乎产生了前所未有的共鸣。

但是,数字公众史学也面临着现实或潜在的挑战。美国历史学家詹姆斯·加德纳(James J. Gardner)警告说,历史学家正在经受一种威胁,这种威胁就来自他们同意赋予公众的"彻底信任"(radical trust)。"彻底信任"要求历史学家完全放弃自身权力和影响力,让公众"决定公众史学的未来"。①"彻底信任不允许我们有所保留。如果我们(历史学家)调节或者筛除未经编辑的、未经审查的观点,那么就等于破坏了这种信任。"②加德纳预测,我们将因此失去"真实"的历史;如果公众拥有了全部权威,历史学家也就失去了参与塑造过去的机会。公众将根据自己的设计,利用过去来强化自身的期待与偏见。"历史"将明确意味着重组关乎当下目标的事件,并变成毫无真实可言、毫无历史意义的东西。③ 当我们大多数人都在乐于与公众分享权威时,彻底的信任则从本质上让我们放弃权威。美国数字史学家莎伦·里昂(Sharon M. Leon)深入分析了在数字环境中的公众史学实践所面临的机遇和挑战,她指出,无论在什么样的环境中,公众史学家首要的目标是为受众生产"好"的历史,而历史的复杂性是其中的关键因素,这包括"多重因果关系、多重视角、语境对特定时空的影响、偶然性的问题、历史意义的诠释、不断变化的历史阐释"等诸多方面。④ 公众史学家在"数字转向"

---

① James B. Gardner, "Trust, Risk and Public History: A View from the United States", *Public History Review*, vol.17, 2010, p.3.
② Ibid.
③ Ibid.
④ Sharon M. Leon, "Complexity and Collaboration: Doing Public History in Digital Enviornments", James B Gardner, Paula Hamilton, *The Oxford Handbook of Public History*, Oxford Handbooks, 2017, pp.44-66.

中应该肩负着怎样的责任？如何面对新的伦理道德挑战？①这些问题尚有待进一步探索。

2. 环境问题

公众史学与环境史学一直存有某种共生关系：两者都在1970年代兴起并迅速发展，都致力于认识并解释人与环境之间的历史关联，尤其是人类在建构、改造和保护所居住的环境时如何赋予其特殊的文化意义。进入21世纪后，由于经济和政治全球化、技术导致的生态变化、气候变化，这种共生关系进入一个新阶段，**公众环境史学**成为公众史学研究的热点之一。"公众史学家可以协助公众和政策制定者理解环境问题的起源和规律，而当代环境问题具有极为复杂的政治性，因此，公众史学家还需要思索新的方法和路径，还需要对相互竞争的社会、经济等各种因素形成新的敏感性。公众环境史学家越来越多地需要将跨文化、跨国界的视角纳入他们的工作中。"②例如，**气候变化**对历史学家在收集全球信息和反馈时提出了新的挑战；许多文化机构，如美国新泽西州的"自由科学中心"(Liberty Sicence Center)、英国伦敦的"科技博物馆"(Science Museum)、悉尼澳大利亚博物馆(Australian Museum in Sydney)等，开始在气候变化以及对世界各国的影响与后果问题上积极寻求公众参与。同时，气候变化也影响着人们对地域的记忆和建构，进而影响其地域感知和历史意识。③环境的可持续性与公众史学在记忆、文化资源管理、历史保护、教育和食物运动六个方面的研究

---

① Serge Noiret,"Digital Public History",David Dean, ed. *The Companion to Public History*, Wiley, 2018, pp.111-124.

② JeffEey K. Stine,"Public History and the Environment",James B Gardner, Paula Hamilton, *The Oxford Handbook of Public History*,Oxford University Press, 2017, p.197.

③ David Glassberg,"Place, Memory, and Climate Change",*The Public Historian*, vol.36, no.3, 2014, pp.17-30.

相关①,新课题不断涌现,值得更多批判性的思索。

3. 全球化,本地化,全球本地化(glocal)?②

信息与史料的民主化,影响着历史生产、解读与传播的方式。数字技术大大加速了信息的流动,也打破了原有的时空限制。公众史学正在走向全球化。这首先体现在互联网、新媒体与信息的流动超越国界,基于特定国家的公众史学目前通过网络在全球范围迅速联系起来,衍生出不计其数的虚拟解释群体,于是原本属于某一特定文化或地区的过去开始被赋予全球意义,呈全球本地化趋势。③其次,某些历史事件,如世界大战或多国参与的地区战争、国族国家的建设、历史遗产保护、考古发现、环境问题等,本身具有全球意义,拥有国际受众。例如,在博物馆与遗产研究领域,联合国教科文组织于2003年关于保护非物质遗产的公约以及保护数字遗产的公约,为历史遗产在全球范围内的研究和实践提供了合作的基础。与之相关的,位于荷兰的国家遗产中心、美国教育文化部资助的"博物馆联结"(Museum Connect)项目等,均是公众史学家参与的跨国实践和研究。第三,全球化不仅是正在建设公众史学的国家之间的交流与对话,还意味着一种愿景,一种在更宏大的背景中理解本地语境的尝试,跨越国界的历史重演(historic reenactment)

---

① Task force on environmental sustainability and public history's white paper NCPH. 关于公众史学与环境的研究:Melosi, Martin V. and Philip Scarpino, eds, *Public History and the Environment*, Krieger Pub Co., 2002. William Cronon, ed. *Uncommon Ground: Toward Reinventing Nature*. New York: W. W. Norton, 1995. Joel A. Tarr, "The Importance of Urban Perspectives in Environmental History", *Journal of Urban Studies*, vol. 20, no. 3, 1994, pp. 299-310. Cathy Stanton, ed. "Public History in a Changing Climate", Part of *Explorations: Public History and Environmental Sustainability* in collaboration with *The Public Historian*, 2014. Jeffeery K. Stine, "Public History and the Environment", James B Gardner, Paula Hamilton, *The Oxford Handbook of Public History*, Oxford University Press, 2017, pp. 190-206。

② Serge Noiret, Thomas Cauvin, "Internationalizing Public History", James B Gardner, Paula Hamilton, *The Oxford Handbook of Public History*, Oxford University Press, 2017, pp. 25-43.

③ Ibid., p. 26.

与公众考古项目便是很好的案例。① 历史重演试图与现实建立活态的关系，而活态历史实践是在现实中复兴过去的一种普遍手段，如美国内战的重演，除了在美国，在意大利、德国、巴西等国也有相应的文化与空间体现。又如关于时空穿梭(time travel)的历史教育也具有全球意义。

近些年来，公众史学的国际交流日益密切，合作项目也不断增加，公众史学国际组织、机构与多语种刊物也相继出现。国际公众史学联盟(International Federation for Public History, IFPH)于2011年成立，鼓励、提倡、协调公众史学在国际层面的交流、研究与教学，并于2018年创立《国际公众史学》(Internationl Public History)杂志。2013年创刊的《公众史学周刊》(Public History Weekly)开始以多语种刊登来自各国的公众史学研究和实践，正在全球范围内建立公众史学的交流平台。② 自2013年开始美国的公众史学年会关于国际合作的讨论日益增加，之后每一年都设有相关的圆桌讨论，而参加该年会的美国以外的公众史学家也越来越多。当然，"全球化"并不意味着"全球公众史学"的诞生。公众史学需要放在特定的历史文化语境中，实现本地化，解决具体问题。

沿着公众史学在不同国家的发展轨迹，我们采撷到一些共通性，包括关于公众记忆、集体记忆与公众历史之间关系的探索；关于受众的分析；关于公共空间的解构与诠释；书写公众历史所面临的挑战。

在关于"过去"的诸多叙事中，哪一种叙事应该成为"历史"？这种历史在公共空间里如何表述？如何以亲切易懂的方式将复杂的、有争议的历史传达给日益多元的受众？如何与公众共同构筑历史？回答这些问题需要扩展甚至突破传统的史观与史料观，需要渗入历史在公众领域的生产、认知、表征、呈现、传播、保存与保护的种种问题与现象；在方法上，需要质疑、推翻或重新评估原有的预设或命题，需要对所研究

---

① Serge Noiret, Thomas Cauvin, "Internationalizing Public History", James B Gardner, Paula Hamilton, *The Oxford Handbook of Public History*, Oxford University Press, 2017, pp. 27-28.

② https://public-history-weekly.degruyter.com

或从事的公众史学实践作符合逻辑又不失想象的诠释,进而衍生出一些规律。

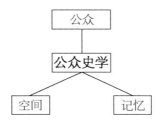

这里是我思索的路径:首先,从三个核心概念——公众、空间、记忆——入手,回答"什么是公众史学"。其次,从三个方面——历史的生产、认知与感知;历史的呈现、解读与传播;历史的保存与保护——剖析公众史学如何扩展了传统的史观与史料观,如何与其他学科对话,如何实现方法上的突破。问题的论述侧重微观视角与具体研究。第三,探讨公众史学与历史教育的博弈。

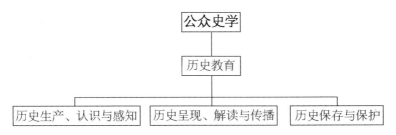

第二章　历史的生产、认识与感知

在导论中,我们谈到了现代公众史学的不同定义,各家之言似乎都有合理的成分,分歧的核心在于"公众",即究竟谁是"公众"?"公众"的范围有多大,有哪些特征?本章第一节**公众、空间与城市**将对"公众"的概念作哲学反思,论述公众史学产生需要具备的必要条件,并提出公众史学是突出**受众**的问题、关注点和需求的史学**实践**;它促进历史学以多种或多元方式满足**现实**世界的需求;促成史家与公众共同将"过去"建构为历史。如果公众史学涉及"空间"的概念,那何为"公众空间"?如何解构"公众空间"?由于公众史学大多发生在城市空间,而城市历史具有公众性,所以我将"公众"与"空间"实体化,讨论城市空间的特性,提出城市公众史学的基本命题与研究方向。

没有关于记忆的探讨,公众史学研究便很难深入。1970年代,美国学术界出现了大量关于记忆的研究,即"记忆潮"(memory boom)。而大约同一时期,公众史学作为历史学的分支开始兴起。两者的联系并非偶然。第二节**集体记忆与公众历史**将分析记忆与历史的关系,进而深入集体记忆与公众历史在城市空间的演绎,剖析记忆、怀旧与多重地域感知之间的关系。

记忆连接过去与现在,是保存历史的媒介,是获取历史思维、深入历史认识的过程中不可或缺的一步。集体记忆与历史意识之间存有怎样的关联?美国的《历史与记忆》(*History and Memory*)将历史意识定义为"集体记忆、历史书写、影响公众对过去认知的模式,均合为一体"。历史意识有助于保持集体记忆对于公众对过去认知的关注,而历史意识探索的则是个人与集体对过去的认知,影响这些认知的文化与心理因素,以及历史认知与现实、未来的关系。如哲学家阿莫斯·富肯斯坦(Amos Funkenstein)所言,历史感知与集体记忆都有助于加深历史认知,历史意识起源于现实存在的史料;历史解释的对象未曾完全明确。倘若不与作为历史解释的来源或信息矛盾,每一种解释都能让我们更深入地认识历史。

一方面,历史在象牙塔里,依然等级森严,各分支领域泾渭分明,同行间用抽象晦涩的术语交流,谈论的是那个遥远的、与现实不相关的过去。但另一方面,当我们将视线转移至学院之外,历史却朝气蓬勃;公众对历史充满激情,并积极参与到历史的生产、传播与消费中。是什么原因让普通人热情地关注历史?职业历史学家在公众历史意识的形成和构建中发挥着怎样的作用?第三节"**普通人的历史感知**"将目光投向公众,探讨普通人如何生产、认识、理解过去,书写历史。一系列普通人与过去的项目研究、数据分析,虽经过语言、文化、历史与记忆的多重翻译,但均证实了历史的"公众转向"。

一 公众、空间与城市

1. 关于"公众"的思索

近年来,中国史学界开始关注公众史学,纷纷探讨其关键概念,相继出现了不同术语,试图从不同角度诠释其内涵。这些术语是英文的 public history 经过语言、文化与历史语境的翻译而来,试图唤起某种共同的记忆与想象。"**通俗史学**"的提法源于中国本土,在唐宋时曾有"历史演义"或"历史通读物"。1987 年,舒焚教授在《两宋说话人讲史的历史意义》中正式提出通俗史学的概念并将之定义为"各个历史时期民间的或人民群众的史学"[①],其特点是用通俗易懂的话语叙述历史,使民众能够理解并接受历史知识。这种将史学知识平民化的过程

---

① 舒焚:《两宋说话人讲史的史学意义》,《历史研究》1987 年第 4 期,第 98—110 页。

侧重表述和传播方式,还没有涉及现代公众史学最核心的理念——历史话语权,也没有回答"究竟哪些过去成为'历史'""谁有权解读历史""谁拥有历史"等一系列问题。

"应用史学"侧重区别"纯科学探讨"与实践层面的"有针对性探讨",这一区分受实证主义思潮影响,认为职业知识体系具备专业性、严格的有限性、科学性和标准化等特征。在这一体系里,基础理论研究处于职业知识等级的最高层,而"应用"处于最低层。国内学术界较早明确将基础历史学和应用历史学区分的是蒋大椿教授。他认为,基础历史学的主要任务是认识人类历史,亦即整理历史事实,发现历史过程的真理,它主要完成历史科学本身的职能。而应用历史学的主要任务是以满足政治和社会需要来研究历史,运用历史知识和真理于现实之中,亦即主要完成历史科学的社会职能,而且其现实价值会随着社会条件的变化而发生变化。① 遗憾的是,将公众史学与"实用主义"等同并不准确。公众史学产生的深层动因,来自后现代主义哲学冲击下,一直占统治地位的人文社会科学研究的"理性"范式的动摇。作为实证主义的产物,**技术理性**(technical rationality)认为实证科学是知识的唯一来源,专业人士的责任是一丝不苟地将科学理论和技术用于解决实际问题。1970 年代,职业危机席卷美国人文社会科学领域,而职业危机本质上是对职业最终目的的信心危机,即通过专业知识和技能服务于社会并对社会发展作出实际贡献的职业理念遭到质疑。②学院对职业知识的界定和实践中对职业素养的要求之间存在差距,职业知识的严谨性和实践的相关性之间的鸿沟也似乎无法通过传统的学院教育弥合。譬如,实践总是充满复杂性、不确定性、不稳定性、独特性与价值冲突等特质,公众史学家往往需要敏锐地意识到各种价值、目标利益和权力的冲突,并具备相应的能力和素质来处理各种纷争。技术理性最根

---

① 蒋大椿:《基础历史学与应用历史学》,《上海社会科学院学术季刊》1985 年第 1 期,第 179 页。

② Donald A. Schon, *The Reflective Practitioner: How Professionals Think in Action*, New York: Basic Books, 1983, pp.13-17.

本的缺陷在于对问题的认知和研究路径的设计本质上并不完全是技术问题,而是不断发展并需要哲理分析和思辨的过程。公众史学有着与传统史学不同的诉求、方向与路径,而公众史学的实践性并不意味着它只是在"应用"专业史学创造的理论。

关于"**大众史学**",周梁楷教授的定义是:大众的历史是写给大众阅听的历史,即由大众来书写的历史。"在不同的文化社会中,人人可以不同的形式和观点表述私领域或公领域的历史。大众史学一方面以同情了解的心态,肯定每个人的历史表述;另一方面也鼓励人人'书写'历史,并且'书写'大众的历史,供大众阅读。"①这与王希教授"把史学还给人民"的观点殊途同归。② 不过,"大众"与"公众"有本质区别。对"公众"这一概念的系统研究可溯源到德国哲学家尤金·哈贝马斯(Jürgen Habermas),他的《公共领域的结构转型》提出自由公民的公共空间,与私人空间截然对立,公众作为平等、自由的个体相互交流,讨论公共事务。③ "在高度发达的希腊城邦里,自由民所共有的公共领域(koine)和每个人所特有的私人领域(idia)之间泾渭分明。公共生活在广场进行,但并不固定;公共领域既建立在对谈(lexis)之上——对谈可以分别采取讨论和诉讼的形式,又建立在共同活动或实践(praxis)之上。"在这样的政治与权利空间里,人们运用理性思辨进行公开批判以让"统治遵从理性标准和法律形式,以此来实现变革"。④ 由此可见,公众不只是一定范围内的个体集合,也不是简单的个人与政府的对立,它涉及公开性批判和社会公正。因此,在公众当中:(1)有

---

① 周梁楷:《大众史学的定义与意义》,《人人都是史家:大众史学论集》,台中:采玉出版社,2004 年,第 27、32、36 页。
② 王希:《把史学还给人民——关于创建"公共史学"学科的若干想法》,《史学理论研究》2014 年第 4 期,第 4—9 页。
③ 本书主要引用的版本是 Jürgen Habermas, *The Structural Transformation of the Public Sphere: An Inquiry into a Category of Bourgeois Society*, Studies in Contemporary German Social Thought, Cambridge, Mass: MIT Press,1991,并部分参考了〔德〕哈贝马斯著,曹卫东、王晓珏、刘北城、宋伟杰译:《公共领域的结构转型》,上海:学林出版社,2004 年。
④ 〔德〕哈贝马斯著,曹卫东、王晓珏、刘北城、宋伟杰译:《公共领域的结构转型》,第 3、295—296、110 页。

许多人在表达意见和接受意见;(2)公众交往有了严密的组织,其结果是公众所表达的任何一种意见能立即得到有效的回应;(3)由这种讨论所形成的意见在有效的行动中,甚至是在反对(如果必要的话)主导性的权威体制中,随时可以找到一条发泄途径;(4)权威机构并不对公众进行渗透,因此公众在其行动之中或多或少是自主的。

与之相对,在大众当中:(1)表达意见的人比接受意见的人要少得多,因为公众群体成了受大众传媒影响的个人的抽象集合;(2)主要的交往有了严密的组织,其结果是个人很难或者不可能马上有效地回应;(3)运转中的意见是否能实现,掌握在那些组织并且控制这一运转渠道的权威人士手中;(4)大众无法从机构中获得自主性,相反,权威机构的代理人渗透到大众当中,从而削减了大众通过讨论形成意见时的任何自主性。① 因此,当公众属于某一社会群体时,他们对于某一问题的态度既不是大众的随意反应,也不是个人观点或意见的简单集合,而是公众舆论(public opinion)。拉丁语里 opnio 指的是不确定、没有完全解释的判断,其可靠性或真实性尚有待确认,这里暗示的是不同意见共存于同一空间。② 不过,这些不成熟的未经考证的观点或意见并不能简单地叠加成为公众舆论,而需要公众精神(public spirit)贯穿其中。福莱德治·乔治·福斯特(Friedrich Georg Forester)把公众精神作为个人具有牺牲精神的崇高信念提高为时代精神(大众舆论)的客观形式。基于此,"完整的公正和正确意义以及通过公开论证协调舆论向判断的转化",也正是这种精神将"公众"与"大众"区分开来。

2. 空间的概念

"公共史学"的说法涉及空间的概念。王希教授认为"公共空间"

---

① Jürgen Habermas, *The Structural Transformation of the Public Sphere: An Inquiry into a Category of Bourgeois Society*, Studies in Contemporary German Social Thought. Cambridge, Mass: MIT Press, 1991, pp. 27-28.

② Tony Bennett, Lawrence Grossberg, Meaghan Morris, and Raymond Williams, *New Keywords: A Revised Vocabulary of Culture and Society*, Malden, MA: Blackwell Pub, 2005, pp. 182-286. 在英文里,舆论与真理、理性、判断等之间的区分不如拉丁文与法文那样泾渭分明。

和"公共社会"的存在是公共史学生存和发展的前提条件,在一个思想被禁锢、学术研究受到严格控制、史学界必须遵从官方意志、史学问题不允许辩论的国度,不可能有真正意义上的"公共史学",并提出公共史学至少覆盖三种范畴内的史学创作与实践——公共事务(public affairs)、公共领域(public sphere)、公民文化(civic culture)。这些范畴所包含的内容与"公众"密切相关,但又超出"公众"的范围。[1] 如果将通过公众精神形成的公众舆论视为"公众"的核心,这里提及的三种史学创作与实践就恰恰属于"公众"的范畴。的确,参与解读历史的人首先有自己的认知和见解,其次是有一个民主、自由的空间让这些真知灼见得到平等的交流和碰撞。这似乎已接近公众史学的本质,但仅仅发生在与私人空间对立的"公共"领域的历史并不是我们所谓的公众历史。公众舆论产生的前提是公众具有批判思辨的能力,并实现理性的批判,而各种观念或意见的简单集合并不能理所当然地形成批判性的思辨过程,哈贝马斯对此的评论颇为中肯:"19世纪以来,公共空间的范围不断扩大,开始接纳以前被边缘化的社会群体如妇女和工人阶级等,但这一似乎更加民主的空间并没有导致公众批判性的增加。相反,日益发展的大众传媒和大众文化导致了公共空间的倒退,因为公众舆论的商业化削弱了批判性讨论。"[2]因此,将发生在公共空间里的不同历史解读视为公众历史其实是忽略了批判思索这一过程的动因与实践。

英国历史学家卢德米拉·约旦诺娃提出:"过去从本质上讲是开放的,应该被视作'公共财产'。"[3]"公共财产"在这里实则暗喻,表明过去的开放性、多样性、多元性,不为学院派别垄断,也不是历史学家的专利。如果从所有权的角度来思索"过去",公众史学需要两个必要条

---

[1] 王希:《西方学术与政治语境下的公共史学——兼论公共史学在中国发展的可行性》,《天津社会科学》2013年第3期,第131—136页。

[2] Jürgen Habermas, *The Structural Transformation of the Public Sphere: An Inquiry into a Category of Bourgeois Society*, Studies in Contemporary German Social Thought. Cambridge, Mass: MIT Press, 1991, pp.30-31.

[3] Ludmilla Jordanova, *History in Practice*, London, New York: Arnold; Oxford University Press, 2000, p.136, pp.143-145.

件：A. 能认知和思辨的公众；B. 能自由对话交流的空间。同时，A 能在 B 内进行批判性地辩论和理性思索，即 A 对 B 持所有权和自主权（ownership of the space）。

3. 城市公众史学

现代公众史学大多发生在城市空间，而城市历史具有公众性。公众（le public）在 17 世纪的法国包括作为文学和艺术的接受者、消费者和批评者的读者、观众和听众，但主要是指宫廷臣仆，其次是部分城市贵族和部分资产阶级的上流社会。因此，早期的公众与宫廷以及城市密切相关，并包含着现代因素。直到菲利普（Philipps von Orleans）摄政期间迁都巴黎，城市开始承担宫廷原有的文化功能，改变了公共领域的基础，其核心地位逐渐得以加强。这里，我将公众史学置于城市空间，将对"公众"与"空间"的探讨具体化，关注城市空间是如何成为公众"自由对话交流"的空间；在这一空间里，"公众"如何认知、解释、生产和传播历史；公众如何拥有这一空间和这些公众历史等问题。首先，我们来看看现代城市空间具有哪些特性。

一、激进性。公众史学挑战权威和正统，所以注定是激进史学（radical history），而城市则是权利和秩序冲突最激烈的空间。美国建筑历史学家马克思·佩吉（Max Page）分析亚特兰大市区记载民权运动历史的建筑遗址的衰落时，痛惜关于纺纱厂工人的历史建筑和该城市有组织的种族歧视的历史正在消失。公众史学发掘并记录这些被有意无意抹去的历史，给被遗忘或被边缘化的社会群体表述和呈现自己历史的空间，带有变革性和激进性。[①] 从本质上讲，公众史学扩展了历史知识的生产和传播的范围，将历史研究引入更广阔的公众空间，它不仅挑战公众对历史的认识，也为被遗忘的历史创造空间，成为另一种历史话语的表述空间。公众历史的各种表现形式如历史绘画、通俗历史写

---

① Max Page, "Radical Public History in the City", *Radical History Review*, vol. 79, 2001, pp. 114-116.

作、纪念碑、博物馆、遗址以及历史重演等,往往被用来稳固、加强现有的权力结构,而一旦控制了这些空间表述,就控制了历史的解读内容与方式。

另一方面,激进史学也往往具有公众性。激进历史学家试图通过研究历史来影响当下的政治形势,总是努力与不同公众交流以发掘更完整、更真实的历史,他们的关注点也往往超越纯学术研究的范畴。城市见证着某一社群对特定历史环境在变迁中的认识与解读。一方面,城市在"创造性的破坏"中一次次被重新定位,城市历史的物质表现,即城市建成环境(urban built environment),往往更迅速地消失,这其实是城市化进程中我们付出的代价;而城市又生动有力地展示着居住其间的人们代代相传的历史与记忆。怀旧、回忆和讲故事是人的本能,也是自然的情感寄托与归宿,正是因为记忆,城市形态、风貌与气质,才凸显某种特性,城市历史才在断裂中具有某种连续性。

二、反叛性。城市空间充溢着反叛的城市主义和城市经验,它挑战历史话语权,发觉潜藏的历史,昭示着一种"反叛的公民空间"(space for insurgent citizenship);它也挑战现代主义城市规划理念,认为传统的城市规划忽略了城市历史的多重性与多元性(multiplicity)。在城市的多元文化语境中,公民权利开始受到质疑。美国城市规划学家詹姆斯·霍斯顿(James Holston)提出形式公民权利(formal citizenship)和实质公民权利的区别(substantive citizenship)。前者指的是单一民族国家里的某个政治群体的成员身份,即赋予某个社会群体成员的平等权利,分为民权、政治权利和社会权利。[①] 而后者则侧重人民所享有的一系列公民、政治、社会权利,当新进移民开始占据城市——譬如芝加哥的南部黑人、法兰克福的土耳其人、圣保罗的东北部人(Nordestinos)、巴西的甘坦戈斯人(Candangos)等——这些新的城市形式和城市条件都是他们城市经验的一部分;反过来,这些条件也成为他们在新的城市环

---

① T. H Marshall, "Citizenship and Social Class", *Class, Citizenship, and Social Development: Essays*, Garden City. N. Y.: Doubleday, 1964, p.92.

境的归宿感。近些年,形式公民权利在拥有大量城市移民的历史文化语境下开始面临前所未有的挑战。当新的移民、各种少数族裔、多元文化群体开始试图占据主导地位时,单一的社群开始逐渐消失。① 同时,源于新社会历史运动的"城市权利"呼声日益激进,包括争取女性、同性恋、少数族裔以及边缘化社会群体的权利,都挑战着传统的、制度化的、法律认可的"公民权利",也在城市中重新创造着集体和个人空间。贫穷住宅区便是一例。在这里,城市为公众自我创造和自我实现提供了条件,也成为原有统治阶层与新兴阶层的战场。②居住在贫民窟的人们力图界定并保护属于自己的空间,这些空间往往记录着潜藏的、反叛的故事,是他们生活历史的建构,拥有这一空间的公众希望拥有更自主的权利。因此,官方认可的权利是公民权利的唯一合法来源的说法受到挑战。建立在与城市经验密切相关的地域基础上,城市空间开始出现多重公民权利的概念,即对城市空间的多重权利,这与詹姆斯·霍斯顿提出的"反叛的城市规划历史"(insurgent planning history)、反对现代主义形势下政府主导的官方城市规划、主张规划体现城市空间的社会公正殊途同归。基于这一理念,美国城市规划界出现了一系列实证研究。③

---

① James Holston, "Spaces of Insurgent Citizenship", Leonie Sandercock. *Making the Invisible Visible: A Multicultural Planning History*, California Studies in Critical Human Geography. Berkeley: University of California Press, 1998, p. 51. 另可参阅: James Holston, *Insurgent Citizenship: Disjunctions of Democracy and Modernity in Brazil*. Princeton: Princeton University Press, 2008. Faranak Miraftab. "Planning and Citizenship", Randall Crane, Rachel Weber, *The Oxford Handbook of Urban Planning*, Oxford: Oxford University Press, 2012, pp. 787-802。

② James Holston, "Spaces of Insurgent Citizenship", Leonie Sandercock. *Making the Invisible Visible: A Multicultural Planning History*, California Studies in Critical Human Geography. Berkeley: University of California Press, 1998, p.52.

③ Leonie Sandercock, *Making the Invisible Visible: A Multicultural Planning History*, California Studies in Critical Human Geography. Berkeley: University of California Press, 1998. Francis Violich. *The Bridge to Dalmatia: A Search for the Meaning of Place*. Baltimore: Johns Hopkins Press, 1998. Zeynep Celik, Diane Favro, Richard Ingresoll eds, *Streets: Critical Perspectives on Public Space*, Berkeley: University of California Press, 1994. p. Burgess. "Discovering Hidden Histories: The Identity of Place and Time." *Journal of Urban History*, vol. 26, no. 5, 2000, pp. 645-656. John Western, *Outcast Capetown*, Berkeley: University of California Press, 1997.

三、制度化的记忆与历史。公众史学在美国起源时便与城市历史机构,如城市历史博物馆和历史协会密切合作。这些历史机构往往代表着城市各种社群的利益,但这些机构在研究、解释、呈现城市历史、现状与未来时力求保持学术的客观性与公正性远非易事。城市往往是各种意见和想法激烈碰撞的场所,充满争议。若缺乏反映这些争议和演变的公众历史,城市的历史便不完整。同时,城市活跃涌动的本质又意味着解释、传播其历史的机构必须与时俱进。它不仅需要搜集保护历史信息及其物质载体,还要面对城市演进中的新问题,这就对城市历史资料的收集、保护、解释三方面提出了新的课题。①

1960年代,由政府资助的历史博物馆在美国蓬勃发展。伴随公众对独立战争两百周年的纪念等历史活动,公众的历史意识不断加强。而由于学院培养的大量历史学者无法在大学谋到教职,他们自然地涌向历史博物馆和本州与本地的历史协会,因此这一代历史学者中很多人成为公众史学的实践者,他们的专业技能加速了历史学的职业化进程。同一时代的城市历史学家们认为研究城市历史有助于解决当代的社会问题,因此他们积极同其他研究城市问题的专家携手。因此,城市公众史学不仅有城市历史学家,还有城市规划学者的介入(后者较前者更注重行动的结果,更趋向实践主义)。"新型城市历史"随之出现,美国城市史学家赫斯伯格(T. Hershberg)在1978年便颇有远见地指出,对新型城市历史研究而言,"'城市性'不只意味着研究的课题是城市本身,还包括与之相关的经济或文化历史"。②在城市史研究提出地域及其内涵的课题时,在城市历史机构里工作的公众史学家面临一系列新的问题:哪些因素构成城市的独特性? 如果每个城市都有自己独

---

① Barbara Franco,"Urban History Museum and Historical Societies",James Gardner, p. S. La Paglia. *Public History: Essays from the Field*, Malabar, Fla. Krieger PubCo., 1999, pp. 307-308, 312-314. Jill Austin, Jennifer Brier, Jessica Herczeg-Konecny, Anne Parsons,"When the Erotic Becomes Illicit: Struggles over Displaying Queer History at a Mainstream Museum", *Radical HistoryReview*, vol. 113, 2012, pp. 187-197.

② T. Hershberg,"The New Urban History: Toward an Interdisciplinary History of the City", *Journal of Urban History*, vol. 5, no. 1, 1978, p. 3.

特的历史,是否有必要对城市生活进行比较研究？随着新的移民涌入和全球经济的日益重要,城市历史具有本地性、区域性,还是全球性？

在这样的背景下,城市公众史学期待通过对历史的重新认识影响当下的政治环境。它立足于学院,但关注点在学院之外的历史受众。以城市博物馆为例。博物馆本身就是公众空间,其展陈是历史知识产生和传播的过程,也是公众与历史自由平等对话的过程。那么,城市博物馆是否应该展出同性恋历史？芝加哥博物馆最近的一个公众史学项目试图在与公众共享话语权的过程中找到答案。①作为城市的主流博物馆,是否应该展出芝加哥的 LGBTQ 历史？展出色情或性欲的合法或非法历史,是否对受众尤其是年轻的受众的性取向是一种无形的鼓励？最根本的,LGBTQ 是否应该拥有在公共空间讲述和解释自己历史的权利？公众问卷调研表明多数人赞成展出,这一结果意味着机遇与挑战:展出本身引发了关于 LGBTQ 社群的历史对话,为 LGBTQ 提供了合法的空间以呈现自己的历史,无论这一空间是如何谨慎,如何有限。

由此可见,城市公众史学本质上是连接时间和空间的历史叙事与物质表述;这里,"城市"是地域的概念,从空间界定了这一领域的范围;以地域为中心的集体记忆;由集体记忆衍生的身份认同;基于特定时空的历史呈现与保护。

城市公众史学研究可围绕四个方面展开:

1. **建构**:城市空间里集体记忆与身份认同相互渗透,共同建构城市公众历史;

2. **表征**:城市景观与建筑是城市公众历史的物质表述,但城市公众历史却不是这些个体表征的简单叠加;

3. **解读**:更宽容的城市历史解读,关注城市的空间表述、历史资源以及城市生态的社会与政治意义;

---

① Jill Austin, Jennifer Brier, Jessica Herczeg-Konecny, Anne Parsons, "When the Erotic Becomes Illicit: Struggles over Displaying Queer History at a Mainstream Museum", *Radical History Review*, vol. 113, 2012, pp. 187-197.

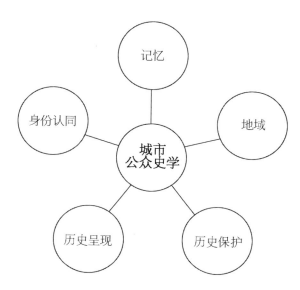

4. 公众参与：城市历史呈现与保护是公众进程的一部分，需要公众参与。

最早对以上一系列命题进行深入研究的是美国城市史学家迪洛蕾丝·海登(Dolores Hayden)。她的专著《地域的力量》对洛杉矶市区的历史建筑遗址进行了深度分析，从公众史学角度探索、剖析地域的力量，尤其是代表普通人历史的城市景观。城市历史不再是显性的文本解读，而是公众记忆的真实记录，在此基础上的城市保护关注以社区为主导的公众历史，让各种声音、意见、想法自由碰撞，并互相整合，从而连接城市历史、记忆、身份认同、建筑环境保护。城市景观的再认识过程就是书写公众历史的过程。[①]所谓"地域的力量"在于普通的城市景观及建筑空间孕育着普通人的记忆。在共同经历的城市空间旦，无论是自然还是人文景观都记载着普通人的生命历程，代代相传。近几十年的城市更新对城市记忆是一种摧残，而身份认同与集体记忆

---

① Dolores Hayden, *The Power of Place: Urban Landscapes as Public History*, Cambridge, Mass. MIT Press, 1995, p.44, 76-78, 102.

水乳交融，我们的个体记忆与家族、邻里、社群联系在一起。当代表集体记忆和亲密联系的建筑和景观慢慢消失，历史也无可挽回地消逝。

自1990年代，美国历史保护机构便将城市景观纳入城市历史保护的范畴，但对这些城市景观的公众呈现没有给予充分的重视。①美国社会学家爱德华·凯西（Edward Casey）提出"**地域记忆**"（place memory）的概念，扩展了记忆的空间维度。他认为地域的稳定性使其成为强大的记忆之场，发生于其间的种种活动与记忆密切相关，我们甚至可以说记忆是由地域来支撑的。地域记忆注定了也是公众记忆，因为地方记忆反映了人与建筑环境亲密接触的能力，帮助公众发掘共同经历，也能引发"圈内人"内心的回忆，并启发"圈外人"重新审视现实，进而探索一定地域空间的所有权：谁的历史？谁的记忆？城市景观，包括历史建筑、环境与自然景观和公众艺术，都从不同维度激发视觉记忆，记载公众历史，所以城市历史保护是一种公众进程。"重新测绘洛杉矶市区1940年以前的一系列历史景观，可以让我们发掘新的空间历史，并在此基础上连接社会历史与空间历史，从而构建一种认识城市景观的方法。"②这种方法就是历史叙事，即通过讲述城市形态的演变，使居民与城市景观产生共鸣，进而衍生为一种强有力的归宿感。于是，公众从一开始就应参与到地域感知的形成过程中。城市公众历史可从城市文化景观的不同表现形式，连接过去与现实，发掘地域的力量。

继海登的洛杉矶市区研究之后，我延伸了历史叙事的理念，以加拿大多伦多市的肯辛顿街区为例，从公众史学的角度解析城市景观，融"人人都是他自己的历史学家"的理念于城市保护规划，在以文化与语言、权力与理性为核心的叙事基础上，通过对中国城市的历史街区采样分析，提出了"具有文化敏感性之叙事方法"，该方法归纳的六个步骤

---

① Edward Casey, *Remembering: A Phenomenological Study*, Studies in Continental Thought. Bloomington: Indiana University Press, 2000, pp. 186-188.

② Dolores Hayden, *The Power of Place: Urban Landscapes as Public History*, Cambridge, Mass. MIT Press, 1995, p.45.

是一个有机联系的整体,可根据实际情况在不同维度展开①,进而回答了如何书写城市公众历史的问题。②

城市空间的特性注定了发生于其间的公众历史应该有强烈的现实关怀与诉求,以下三个方面可作为未来的研究方向:

一、集体记忆与城市空间的演绎。无论是对过去的"共同记忆",还是对现实的"共同认可",集体记忆都是不断积累与演进的历程,并总是依附于一定的空间。同样的,纪念日、周年纪念以及各种纪念仪式都让公众记忆视觉化、空间化、实体化,通过某种固定、永久的形式讲述某一社区的集体身份认同,这就是纪念空间的力量。譬如,将城市遗址设计为"**记忆景观**"(memoryscape),其实是通过纪念形式对城市历史的一种文化解读与再生产。对过去的文化解读和生产往往需要载体作为中介(agency)来展示并建构"解释性空间",这一空间与历史物件以及一系列如雕刻、导游手册、地图、电影以及各种尺度的相关物件等辅助手段一同传递着真实的历史,通过"景观的象征性"(landscape symbolism)表现着"过去"是如何通过各种物质形态和符号被建构的。③ 无论何种形式的媒介,都反映了社会张力与纷争、政治现实与文化价值,讲述了某种版本的历史。集体记忆是如何被翻译、解构和重建的?权力纷争如何决定社会选择记住什么,遗忘什么?这是集体记忆的空间表述与实物呈现最核心的问题,因为这一权力博弈的过程赋予集体记忆深度与强度,本质上是我们前文谈及的所有权问题,即谁拥有集体记忆?谁拥有公共空间?在城市空间里的各种物质元素(建筑符号)共

---

① 见后文"公众史学视域下的历史保护"一节中关于"具有文化敏感性之叙事方式"的进一步论述。

② 见拙作:Na Li, *Kensington Market: Collective Memory, Public History, and Toronto's Urban Landscapes*, Toronto: University of Toronto Press, 2015。该研究的中文版针对中国读者作了改写,旨在对中国语境中的城市历史保护有所借鉴。李娜:《集体记忆、公众历史与城市景观:多伦多市肯辛顿街区的世纪变迁》,上海:上海三联书店,2017 年。

③ Kenneth E. Foote, Maoz Azaryahu, "Toward a Geography of Memory: Geographical Dimensions of Public Memory and Commemoration", *Journal of Political & Military Sociology*, vol. 35, no. 1, 2007, pp. 125-144.

同构成记忆媒介。各种制度化表征、文本系统、意象和仪式等均是城市历史变迁过程中的稳定文化媒介,其内涵往往启示着在一定的历史条件下一定的社会群体是如何解释并构建历史的。由傅崇兰教授等编著的《中国城市发展史》将"中国城市广场史"作为专题研究,从人文的角度解析城市广场这一公共空间的历史、功能、特质与文化内涵,便是城市公众史学的很好尝试。①

二、跨学科的研究方法之探索。城市公众史学面临的是一个激进、反叛与制度化的空间,需要切实可行的研究方法作指导。公众史学项目几乎都需要跨学科的团队合作,城市公众史学项目也不例外。与纯学院研究不同,公众史学往往在评估不同利益与需求、尊重不同的使命与信念的基础上设计问题,开展研究。"共享权威"不仅指与公众和客户,还包括与不同学科之间的坦诚对话,通力合作。我们既应该尊重不同学科的传统,也应该尝试打破学科之间的壁垒,针对不同的课题作方法探索,实现公众史学与城市史、城市规划、文物与博物馆学、档案学、图书馆学、人类学、社会学等城市相关学科之间的对话与合作。

三、与城市历史资源的对话与合作。与跨学科的团队研究相关,城市公众史学的研究应该充分利用城市现有的各种历史资源,如博物馆、档案馆、图书馆、历史遗址、地方志办公室等,与这些机构对话与合作,形成一个良性、有机的研究—教学—实践—研究的体系。自 2002 年起在中国不少城市陆续实施的"城市记忆工程"就是城市公众史学的成功实践,这一系列工程由各地档案馆主导,公众参与,旨在抢救、保护城市历史文化。② 值得一提的是,图像资料在人们历史意识的形成中往往发挥着潜移默化的功用,与口述及文本资料相互交融,能生动地呈现城市历史。类似的实践项目不仅使城市历史回归公众,也使公众

---

① 傅崇兰、白晨曦、曹文明等著:《中国城市发展史》,北京:社会科学文献出版社,2009年,第 663—818 页。

② Clifford Geertz, *The Interpretation of Cultures: Selected Essays*, New York: Basic Books, 1973, pp. 27, 43. 丁华东、尹雪梅:《"城市记忆工程"开展现状的调查与分析》,《档案管理》2011 年第 5 期。见后文关于"城市记忆工程"与公众记忆的探讨。

对所生活的城市充满激情,并积极参与到城市历史的生产、传播与消费中。

可见,仅仅从理论上"辩论"公众史学其实过于保守,仅仅从学科上"捍卫"公众史学其实是将之局限在一个狭隘、封闭的学术空间,与公众史学激进、开放、自由、民主的诉求相悖。无论何种形式的公众史学,"共享权威"始终是其核心,实现社会公正是其终极关怀。历史的呈现、表述、叙事中,话语的力量都代表着社会权利①,成为实现社会公正的途径。由于城市空间的激进、反叛、制度化历史呈现等特性,发生在这一空间的公众历史尤其值得深入研究。这里,城市权利(the right to the city)不仅指个体能自由地享有城市资源,还意味着公众能改变城市的权利②,是一个集合概念,城市化进程也往往是集体权利的行为结果。美国城市社会学家罗伯特·帕克(Robert Park)说得十分中肯:人类在建构城市的时候也在重建自我。城市公众史学的实质是将城市权利重新赋予城市历史的缔造者和城市发展的亲历者与见证者。

二 集体记忆与公众历史

若没有记忆的研究,公众史学便是不完整的。1970年代末,美国学术界出现大量关于记忆的研究,即"记忆潮"(memory boom)。而大约同一时期,公众史学作为历史学的分支开始兴起。两者之间的关联并非偶然。

---

① 维特根斯坦的文化语言相对主义影响着笔者对"公正"的理解,即和任何概念一样,"公正"没有统一的定义,它处在语言文化的相对性中。Ludwig Wittgenstein, *Philosophical Investigations*, Oxford: Blackwell, 1968。即使是公正性的最理想模式——绝对公正——其实也是随着时间、地点、人物而不断变化的。Karl Marx, Friedrich Engels, *Karl Marx and Frederick Engels: Selected Works*, 2 vols, Moscow: Foreign Languages Publishing House, 1951, pp.552-564.

② David Harvey, *Social Justice and the City*, Johns Hopkins Studies in Urban Affairs. Baltimore: Johns Hopkins University Press, 1973, p.315. Robert Park. *On Social Control and Collective Behavior*. Chicago: University of Chicago Press, 1967.

1. 集体记忆：溯源

1925年，莫里斯·哈布瓦赫（Maurice Halbwachs）在《记忆的社会框架》（Social Frameworks of Memory（Les cadres sociaux de la memoire））中正式提出"集体记忆"的概念，认为记忆是一种社会建构，一种集体行为。他也因此被称为现代集体记忆研究之父。哈布瓦赫关于集体记忆的研究可追溯到他的两位老师——法国哲学家亨利·博格森（Henri Bergson）关于对时间的体验和法国社会学家涂尔干（Émile Durkheim）的集体意识（collective consciousness）概念。

博格森将记忆认作过去与现在的桥梁，时间因为记忆而变为相对的概念，而记忆的集合性将过去引入现在。他反对以理性为中心的宇宙观，反对客观主义，认为主体性是哲学知识的真正来源。这体现在主体对时间的经历，而记忆是这种经历的特质。过去通过两种不同形式的记忆得以存在，一是运动记忆，二是独立回忆。回忆不只是被动的藏过去，而是一种积极的参与过程；记忆不是过去的客观再现，而是不断涌动、不断改变的过程，而基于空间及其周围环境的每个时间点都可能产生无数的记忆状态。[①]

如果说博格森的"记忆"更多地是一种个人感知，那么，弗雷德里克·巴利特（Frederick Bartlett）则认为记忆是一种构建活动。他通过一系列心理实验表明，尽管人们在回忆的过程中不断添加、删减或"发明"事实细节，但最后的结果与事实相差并不大，于是，他进一步拓展了长期记忆的理论，即人们总是根据一定的经验框架进行回忆，而这一框架又总是存在于某种形式的社会结构中。[②]"任何群体都是一个精神的单元"，至于社会群体的精神生活是否超越个体成员不得而知，但可以肯定的是，这一群体以某种独特的形式影响并指导着个体成员的

---

① Henri Bergson, *Matter and Memory*, Lexington, KY: s. n., 2011, pp. 86-105.
② Frederick Bartlett, *Remembering: A Study in Experimental and Social Psychology*, Cambridge Psychological Library, Cambridge University Press, 1932, pp. 293-300.

精神生活,并影响其生活的环境。这已经暗示着记忆的社会性和集体性。

关于记忆的社会性,保罗·康纳德(Paul Connerton)提出记忆的社会形成过程,即关注让共同回忆成为可能的各种因素及行为,他指出社会仪式与身体实践是记忆传播的主要方式;① 这与查尔斯·库里(Charles Cooley)将记忆视作一种社会进程十分类似。② 爱德华·凯西进而指出,社会记忆是与族群、宗族或在地域上相近的社区和城市等基础上形成的记忆。换言之,社会记忆是与已经相关的群体共享的记忆。③ 罗吉尔·巴斯蒂德(Roger Bastide)谈及由此形成的集体记忆的剧变(Metamorphasis),个体所在的群体或社会也在不断解构与重建,因此个体的回忆不仅是宏大意识流的一部分,也与特定的过去与现实相联系。同时,个体有时对集体价值产生阻碍或抵抗,因此集体记忆是选择的结果。④

而真正为哈布瓦赫的"集体记忆"提供社会框架基础的是涂尔干。涂尔干认为超验主义者对时间与空间的认知是不充分的。与博格森强调主观经验的变幻莫测不同,他认为是社会组织的各种形式导致了记忆的差异。不同的社会产生不同的时间观念:时间的不同形式不是源自超验的事实,也不是来自利益纷争,而是基于社会结构的社会事实(social facts)。他将认知秩序(时间观念)融入社会秩序(劳动分工),以社会学的方式解读"集体呈现"(collective representations)。他认为"集体呈现"不只是简单的个体呈现的对应与集合,而是一种可感知的

---

① Paul Connerton, *How Societies Remember*, Themes in the Social Sciences. Cambridge England; New York: Cambridge University Press, 1989, p.39.
② Charles Horton Cooley, *Social Process*, New York: Charles Scribner's Sons, 1918, p.114-124.
③ Edward Casey, "Public Memory in Place and Time", Kendall R. Phillips, ed. *Framing Public Memory*, University of Alabama Press, 2004, p.20.
④ Roger Bastide, *The African Religions of Brazil: Toward a Sociology of the Interpenetration of Civilizations*, Johns Hopkins Studies in Atlantic History and Culture. Baltimore: Johns Hopkins University Press, 1978, pp.240-259.

呈现,具有稳定性、客观性与现实性,并不断演进。只有社会才具有这样的特性,也只有社会通过有规律的周期性的仪式才使得传统与信仰成为可能。①

哈布瓦赫继承了涂尔干的集体意识观,认为记忆的本质属于社会范畴,从而推翻了博格森关于记忆是一种个人感知流的观点。"记忆是一种社会行为。集体记忆对历史构建十分关键。社会的历史认知也维持着当下的信仰和价值观。"②既然记忆是一种社会建构,个人只有经由某一社会组织或群体才能获取记忆。换句话说,个体通过一定的集体记忆的框架进行回忆,集体记忆又通过个体记忆来实现,共同的身份认同又使得集体记忆不是个体记忆的简单叠加,而使传统与信仰成为可能。但与社会记忆不同,集体记忆没有现存的群体基础,也不受地域或身份的限制,所谓"集体"往往具有自发性。他进而将两种截然不同的集体记忆概念联系在一起——集体记忆是个人在特定的社会文化环境里的有机记忆;集体记忆作为对历史的共同解读或认识产生,即由小型的社会组织或大型的文化群体的互动与交流。这一观点不仅重申了个人记忆依赖社会结构的命题,也与康纳德关注代际记忆异曲同工,承认记忆具有传承和延续的功能。

哈布瓦赫认为集体记忆在现实的不断变化中提供了一个稳定的区域,成为现实与过去、自我与他人之间的桥梁。他进一步将记忆置于社会空间里,认为过去是基于现实的重构,而个人记忆总是依赖于社会框架,因此总是某种程度或形式的集体回忆。③ 因此,记忆具有社会性,即使是属于个人的回忆也是存在于社会性之上的,所以世上不存在游离于社会框架之外的记忆,这个框架是为活在社会中的人服务的,目的

---

① Émile Durkheim, *The Elementary Forms of the Religious Life: A Study in Religious Sociology*, 1915, p. 322, pp. 328-338, p. 350.
② Maurice Halbwachs, *The Collective Memory*, New York: Harper & Row, 1980.
③ Maurice Halbwachs, *The Social Frameworks of Memory* (*Les Cadres Sociaux De La Memoire*), 1925.

是确定并重建他们的记忆。①那么,究竟什么是"社会框架"呢？简言之,社会框架是人通过交流产生共同认识,形成语言、习俗等社会环境里特定的规律、准则与共同回忆。社会框架是不断变化的,游离于其外的个体记忆往往是碎片化的、矛盾的,因此这一框架是个体记忆存在的必要条件。同时,这一框架也决定着我们如何回忆以及回忆什么,因此,所有个体的回忆总是与一定的社会原材料(raw materials)相关联,或是对社会的某种符号或暗示的回应；即使是个人在回忆,也总是以"社会存在"的形式参照我们的社会身份认同而进行的。具体而言,记忆首先是社会中的不同智力运作的结果:"人们是在一定的社会结构中获得记忆,同样的,他们也是在这样的社会结构中回忆或将记忆在地化。"②因此,记忆的不同形式取决于其产生的社会组织,而个体记忆总是根源于一定的社会文化环境。

2. 跨学科的解读

集体记忆不仅与过去相关,也与现实联系。不同的学科对集体记忆的概念有不同的解读,却又相互借鉴交叉。在历史学里,年鉴学派认为记忆的研究缺乏认识论方面的基本构架,争论的焦点集中在历史与记忆的关系。一种观点是历史与记忆截然不同,如罗宾·科林武德(Robin Collingwood)认为,历史是一种有组织带推理的知识,而记忆既无组织性,又不带任何推理或论证。③理查德·霍夫斯塔特(Richard Hofstadter)也认为记忆是个人身份认同的线索,而历史是公众身份认同的表征。④ 与之相对的是认为历史与记忆相辅相承,如埃里克·霍布斯鲍姆认为历史是编辑和重建关于过去的记忆。⑤ 帕特里克·赫顿

---

① Maurice Halbwachs, *On Collective Memory*, trans. Lewis Coser, University of Chicago Press, 1992, p. 38.
② Maurice Halbwachs, *On Collective Memory*, trans. Lewis Coser, University of Chicago Press, 1992, p. 38.
③ Robin George Collingwood, T. M. Knox. *The Idea of History*. 1946, p. 8.
④ Richard Hofstadter, *The Progressive Historians: Turner, Beard, Parrington*, 1968, p. 3.
⑤ Eric Hobsbawm, *On History*, London: Weidenfeld & Nicolson, 1997, pp. 24-25.

(Patrick Hutton)则提出"历史是记忆的艺术"的观点。①

若深入集体记忆与历史记忆的区别,哈布瓦赫通过记忆的社会框架精辟地论述道:"集体记忆需要由生活在特定时空里的特定的群体支持。只有将保存记忆的群体与将这一群体联系在一起的精神纽带区分开,我们才能发掘过去发生的事件与现实的种种联系。"在这样的语境中,历史与记忆互不交叉。历史具有普遍性,充满矛盾与断裂。当传统终结或社会记忆消逝时,历史便产生了。集体记忆则具有特定性,受特定的时空限制,核心是身份形成与认同,强调一致性与连续性。被回忆的事件往往与个体在群体中的自我形象与利益密切相关,因此,参与集体记忆意味着回忆者总是隶属于某一群体。如果说,历史关注过去,那么集体记忆指向这一群体当下的需求与利益,从而具有高度的选择性和重建性。②

虽然哈布瓦赫从社会学的角度解释记忆的集体性,与历史学的认知有所不同,但无可否认的是,"集体记忆"的概念从以下三个方面开拓了历史研究的新领域:

一、纪念活动、历史意象、仪式等公众纪念成为历史的一部分,这种公众历史开始促使人们思索历史的价值;

二、除年鉴学派外,关于记忆的讨论主要集中在口述历史与亲历者讲述的价值上。人们开始关注历史事实与口述历史之间的差异,口述访谈所谓历史证据的价值在于亲历或目击历史事件的普通人是如何理解他们的经历的,这一过程本身就值得做深入历史分析。③

三、记忆作为与过去相关的活动,是集体生活与身份认同的表

---

① Patrick Hutton, *History as an Art of Memory*, Burlington, Vt.; Hanover N. H.: University of Vermont; University Press of New England, 1993.

② Susan Crane, "Writing the Individual Back into Collective Memory", *American Historical Review*, vol. 102, no. 5, 1997, pp. 1372-1385.

③ 譬如:Alessandro Portelli, *The Death of Luigi Trastulli, and Other Stories: Form and Meaning in Oral History*, Suny Series in Oral and Public History. Albany, N. Y.: State University of New York Press, 1991, p. 26。

征,体现了相应的社区与其拥有的集体记忆保持着鲜活的联系。同时,也只有在这样的群体环境中,个人才能回忆并表述个体的记忆,这一互动的过程也需要作历史分析。

集体记忆的概念源自社会学,其理论探索在社会学领域得到最长足的发展。首先,关于记忆与身份认同。由于我们的记忆在方式与程度上均受社会环境的影响,记忆的社会性意味着回忆不是亲历事件的简单叠加,处于一定的社会关系会影响或决定我们如何解释所属群体或社区所经历的事件。社会生平记忆(sociobiographical memory)往往能解释因群体身份所产生的某种自豪感、成就感、耻辱感、伤痛感等情绪,哪怕这些情绪在个体进入这一社群之前就已经存在。因此,集体记忆实质上代表一个记忆的群体,它不只是个体记忆的叠加,更多的,它将个体记忆整合于一个"共同体"所有的"共同的过去",这样隶属于这一群体的每个人都是其中的一部分。同时,集体记忆又不是简单的"集体共享的个体记忆",而是"共同纪念"。① 在一定的社会里,社会思潮或信仰具有双重特征。一方面,它们代表着社会的共同回忆或传统,另一方面,它们也与来自现实的事实密切相关。同时,它们也不是抽象的,而是有质地的、三维的、可触摸的并与现实相关的存在②,譬如,书面或口头的传承(如口述历史);各种物质文化,包括各种物件、视觉形象、博物馆、纪念碑、建筑以及各种纪念仪式(周年纪念);不同种类的**记忆场所**(sites of memory)——这些都是集体记忆的表现形式。

哈布瓦赫对包括家族、宗教和阶级等群体记忆的认识其实是继承了涂尔干试图扩展社会联系(solidarity)的范畴,并区别于马克思主义的所谓"意识"(consciousness)即阶级的不同。记忆是一种有机整合的力量,它超越了个人与政党的利益,将集体的联系性或身份认同传递给后代,它关注社会各阶层的需求。当自下而上时,记忆成为反对权威、

---

① Eviatar Zerubavel,"Social Memories: Steps to a Sociology of the Past", *Qualitative Sociology*, vol.19, no.3, 1996, p.283.
② Robin Wagner-Pacifici,"Memories in the Making: The Shapes of Things That Went", *Qualitative* Sociology, vol.19, no.3, 1996, p.302.

争取身份认同的手段。同时,它带有代际连续性与某种特有的社会身份认同。也正因为如此,记忆与现实息息相关。重要的是,集体记忆将时间的因素引入现代性(modernity),这为我们在城市空间里探索现代性与历史感(sense of history)打开了窗口。

  心理学对记忆的解释多集中在个体层面,这与心理学的学科传统相关。在研究方法上,则采用控制性实验的方式。实验心理学侧重社会记忆的"回忆"功能;研究大脑对创伤事件的反应与对普通事件的反应有哪些不同。① 但是,约翰·萨顿(John Sutton)提出的"分布式记忆"(distributed memory)本质上体现了心理学与社会学即网络方式与传统的人种志方法的交叉。② 如果将记忆视作个体心理认知与外在世界之间的互动,那么集体记忆则可以看作"公开获取的各种符号"(publicly available symbols)。以纪念碑或纪念馆为例,当参观纪念馆时,人们会有意识或无意识地受到各种"符号"的影响,因此,纪念馆可以有效地影响参观者作为一个"记忆群体"的记忆,这其实是一种社会关系互动的视野,即连接个体的心理认知与影响这些认知的更为广阔的社会背景,旨在理解集体与个人对共同的过去的"共享"。③ 从与环境互动的心理学角度来看,记忆总是"积极地借助环境里的各种标识进行回忆"④,

---

  ① Kurt Danziger, *Making the Mind: A History of Memory*, Cambridge: Cambridge University Press, 2008. John D. Greenwood, *The Disappearance of the Social in American Psychology*, Cambridge: Cambridge University Press, 2009.

  ② John Sutton, *Philosophy and Memory Traces: Descarts to Connectionism*, Cambridge: Cambridge University Press, 1998.
  ——, "Constructive Memory and Distributed Cognition: Towards an Interdisciplinary Framework." Boicho Kokinov, William Hirst, ed. *Constructive Memory*. Sofia: New Bulgarian University, 2003, pp. 290-303.
  ——, "Distributed Cognition: Domains and Dimensions." *Pragmatics and Cognition*, vol. 14, no. 2, 2006, pp. 295-347.

  ③ Alin Coman, Adam D. Brown, Jonathan Koppel, and William Hirst, "Collective Memory from a Psychological Perspective", *International Journal of Politics, Culture, and Society*, vol. 22, no. 2, 2009, p. 128 & 139.

  ④ L. S. Vygotskiĭ and Michael Cole, *Mind in Society: The Development of Higher Psychological Processes*, Cambridge: Harvard University Press, 1978, pp. 38-39 & pp. 50-51.

记忆的各种意象(images)在这一过程中根据精神过程按序排列①,形成某种共享的记忆,即集体记忆。

连续性与社会再生产过程是人类学一直关注的课题,因此在集体记忆研究方面,人类学者引入现实主义视角,强调过去的"流动性",我们与过去的关系因这种流动性而随机组合。除社会的连续性与传递性之外,人类学还关注现实如何在时间的流逝中对过去进行重新演绎、改变与保存,而记忆是进入"文化传承性"的关键。②首先,文化组织的多样性,以及前工业和工业社会对时间的不同解读;其次,引入介质理论,即记忆总是通过一定的媒介呈现、传播与互动;再次,通过口述文化探索"集体记忆",这里,口述传统指的是有文化的社会里文化通过口述方式传承。③ 记忆与经验各异,遗忘的作用、语言和手势等的衍生使用,都是一种不断创造的连续的过程。即使在最简单的社会组织里,这一过程也往往呈螺旋式而不是积累渐进式地发展。

可见,集体记忆的概念在跨学科语境中呈多样性和复杂性,充满思辨的活力,往往打破学科之间的壁垒,并与现实紧密结合。这里,我们将集体记忆的概念置于跨学科语境里,探索其空间表述与实物呈现:集体记忆是如何通过一系列的载体或符号被建构并不断演变的?

3. 空间表述与实物呈现

若将集体记忆理解为在一定的社会文化语境下建立和传播关于某种共同的过去的知识,那么它总是依附于一定的媒介,而媒介不是中立地承载关于过去的信息,而是积极地解读过去的事件与人物信息、文化价值、共同的身份认同等,所以在某种意义上,媒介也在创建集体记忆。

---

① George Herbert Mead, Arthur Edward Murphy, *The Philosophy of the Present*, Chicago: Open Court, 1932, pp.235-240.

② David Berliner,"Social Thought & Commentary: The Abuses of Memory: Reflections on the Memory Boom in Anthropology", *Anthropological Quarterly*, vol.78, no.1, 2005, pp.197-211.

③ Jack Goody,"Memory in Oral and Literate Traditions", Patricia Fara, Karalyn Patterson, *Memory*, The Darwin College Lectures, Cambridge, U.K.; New York: Cambridge University Press, 1998, pp.73-77, 90-94.

关于媒介的文化意义,斯比利·弗拉梅尔(Sybille Framer)指出,媒介不仅仅简单地传达信息,还影响着我们思维、认知、记忆和交流的过程。"媒介特质"影响着我们与世界的关系。①

集体记忆作为媒介具有三种主要功能——存储(store)、传播(circulate)与暗示(cue):②

功能	存储	传播	暗示
	存储文化/集体记忆的内容	传播文化/集体记忆的内容	激发文化/集体回忆
媒介类型	发送者/接收者;符号代码;交际的媒介——既是回忆的媒介又是回忆的内容	发送者/接收者;符号代码;交际的媒介——大众传媒	不一定具有信息理论里的发送或接收者、符号代码,即不一定是介质——与周围的媒介关联并随之发展
研究方向	伦理、准则与档案的研究	记忆与大众传媒或大众文化的关系	记忆场所及各种实物文化

存储功能跨越时间,传播功能跨越空间,但笔者认同哈罗德·伊尼斯(Harold A. Innis)的观点,时间与空间不是区分这些功能的唯一标准③,尤其是一些经典的具有存储功能的媒介,譬如纪念碑或史诗,不仅存储它们编码的某种版本的过去,还具有传播功能。因此,有效的存储媒介往往既是集体记忆的媒介也是其实质内容,也就是说它们既存储记忆,而本身又被回忆。换言之,成功的记忆媒介往往同时具备以上三种功能,尤其是暗示功能,能激活集体回忆的特定场所或景观,这些地方往往衍生记忆的共同体,并与特定的历史叙事相关联。④ 这里,记

---

① Astrid Erll, *Memory in Culture*, Palgrave Macmillan Memory Studies. New York: Palgrave Macmillan, 2011, p.114.
② Astrid Erll, *Memory in Culture*, Palgrave Macmillan Memory Studies. New York: Palgrave Macmillan, 2011, p.129, 笔者在"研究方向"上作了延伸。
③ Harold A. Innis, *The Bias of Communication*, Toronto: University of Toronto Press, 1951.
④ Pierre Nora, "Reasons for the Current Upsurge in Memory", *Transit*, vol.22, 2002, pp.1-8.

忆媒介既不是信息的发送者,也没有符号编码,起作用的往往是社会认同、伦理与道德准则,即与媒介相关的叙事,譬如口述历史、历史编纂或小说等影响甚至决定着暗示功能的有效性。

这里我无意严格区分集体记忆的这三种媒介功能,而是选择了对"记忆场所"这一空间概念作进一步探索。"每一种集体记忆总是在一定的空间里展开。"[1]空间是一种社会建构,由意义、情感、故事等重新定位,具有时间和社会维度。需要指出的是,"**公众的记忆**"(the memory of publics)和"**记忆的公众性**"(the publicness of memory)是两个不同的概念。[2]"公众的记忆"的前提是"公众"的存在,而且公众具备回忆的能力。不同的个体通过不同的方式回忆,但在公众空间里,存在高于个体认知的集体认知,因此集体记忆不是个体记忆的简单叠加,它受一系列因素的影响,包括回忆与遗忘之间的博弈;公众的一部分对记忆实施权力,而另一部分则进行抵抗;公众接受记忆的责任或赦免等,相应地体现在回忆与遗忘、权力与抵抗、责任与赦免之间的矛盾上。而"记忆的公众性"则强调存在与消逝、重复与变化、强权与不稳定等,表明空间是一种社会建构,这里,空间不仅是实体的,也是想象的存在,如任曼(Ernest Reman)所言,"如果说,民族代表着灵魂,意味着一种精神的原则,那么这种原则包括两个核心要素:过去与现在"。[3]

无论是对过去的"共同记忆",还是对现实的"共同认可",都是不断积累与演进的历程。所谓的"遗产"或"传统"代表着某种想象的共同体。同样的,纪念日、周年纪念以及各种纪念仪式与事件都让公众记忆视觉化、空间化、实体化,通过某种固定、永久的形式讲述某一社群的

---

[1] Maurice Halbwachs, *The Collective Memory*, New York: Harper & Row, 1980, p.140. 关于公众记忆与地域关系的实证研究:Hague Cliff, "Planning and Place Identity", Hague Cliff, Paul Jenkins, *Place Identity, Participation and Planning*, London; New York: Routledge, 2005. John C. Walsh, James William Opp, *Placing Memory and Remembering Place in Canada*, Vancouver: UBC Press, 2010。

[2] Kendall R. Phillips, *Framing Public Memory*, Rhetoric, Culture, and Social Critique. University of Alabama Press, 2004, pp.4-11.

[3] Ernest Reman, "What Is a Nation?" Homi K. Bhabha, *Nation and Narration*, London; New York: Routledge, 1990.

集体身份认同,这也许就是纪念碑或纪念空间的力量。如历史遗址,包括战争遗址、集中营、暗杀或大屠杀现场等都是对与之相关的历史事件进行再生产的场所,这一过程充分体现了历史是文化地景的优势,这些空间成为人们联系过去的有形纽带,华盛顿的越南战争纪念馆便是很好的证明。①

集体记忆是如何被翻译、解构和重建的?这是集体记忆的空间表述与实物呈现最核心的问题。权力的纷争如何决定社会选择记住什么、遗忘什么——这一过程赋予集体记忆深度与强度,不同文化层面的叠加,在本质上是所有权的问题,即谁拥有集体记忆?谁拥有公共空间?在一定空间里的各种物质元素(建筑符号)共同构成记忆媒介。各种制度化性表征、文本系统、意象和仪式等均是历史变迁过程中的稳定文化媒介,其内涵往往启示着在一定的历史条件下,一定的社会群体是如何解释并构建历史的。

4. 集体怀旧与多重地域感知

将公众记忆置入城市空间就是城市记忆,而城市记忆的各种元素也是在一定的媒介里得以存储、整合、重组、保护和传播的,动态地体现了城市历史文化的内在逻辑与发展规律。斯宾格勒(Oswold Spengler)曾谈及文化没落和文明崛起的标志是"市镇"的消失和"城市"的诞生:市镇依附于大地,依托于血缘,它与居住者之间有一种内在的恒定的联系,它是原始古朴的村落,是贯穿亲情和维护心灵安全的地方,是人类可以依托的家,而城市则是严格遵循等价交换的商业精神,没有对传统、对宗教、对血缘的敬畏,现代性对人造成身心分裂,既充满对家的渴望和追寻,又永远处在边缘状态,是城市中的异乡人,对家园、归属、身份等问题无法释然。② 因此,城市是集体记忆与现代性剧烈冲突的公

---

① Robin Wagner-Pacifici, "Memories in the Making: The Shapes of Things That Went", *Qualitative Sociology*, vol.19, no.3, 1996, p.301 & pp.306-307.

② 斯宾格勒:《西方的没落:世界历史的透视》,齐世荣、田农等译,北京:商务印书馆,1995年。

共空间,如伊丽莎白·威尔逊(Elizabeth Wilson)所言:"当我们回到曾经生活过的城市,尤其是阔别很多年的城市,我们更明显的意识到时间的流逝,那些凝固的城市建筑便是最有力的见证。我们在空间的重构中几乎能触摸怀旧。"① 现代城市总是充满了流动性、多变性、进取精神,城市空间也注定是激进和反叛的,空间的各种实体表征,如建筑、景观、遗址、历史街区等也总在快速改变,历史的原真性似乎被打碎。

可追溯到18世纪的启蒙运动的现代性与传统始终相悖,强调理性、进步、批判。它从语义上与过去相对立,矛盾、批判、模棱两可及对时间本质的反思均构成现代性的关键词体系,它既充满对现实的激情,也渴望着另一种时间感。② 如果说现代化指的是代表产业化和技术化进程的社会实践和政府策略,那现代性则是其状态和结果。波德莱尔(Charles Baudelaire)颇有诗意地写道:"现代性转瞬即逝,与艺术中永恒和不变的那一部分不同,它总是希望捕捉那短暂的、激情四射的、充满变化的瞬间,这就是现代性或现代经验。"③ 康纳德在研究记忆的社会性时,对现代性的解释十分精辟,即现代性从本质上否认生命是由显著事件循环而组成的结构,因此不可重复;现代性的核心是经济发展,是由资本主义市场经济带来的社会的巨大转型。④ 类似的,安德尔斯·海森(Andreas Huyssen)也认为高度现代性(high modernity)对进取和发展坚信不疑。我们之所以回望历史,正是因为未来无法提供过去曾给予我们的东西,这也是历史的终极关怀。⑤

渴望回到过去,并对历史的或熟悉的地方充满依恋和怀想,其实源

---

① Elizabeth Wilson, *The Lost Time Café*, Virago, 1997, p.128.
② Raymond Williams, *Keyword: A Vocabulary of Culture and Society*, Flamingo ed. London: Fontana Paperbacks, 1983, p.22.
③ Charles Baudelaire, *Baudelaire as a Literary Critic*, University Park: Pennsylvania State University Press, 1964, p.40.
④ Paul Connerton, *How Societies Remember*, Themes in the Social Sciences. Cambridge England; New York: Cambridge University Press, 1989, p.64.
⑤ Andreas Huyssen, *Present Pasts: Urban Palimpsests and the Politics of Memory*, Cultural Memory in the Present. Stanford, Calif.: Stanford University Press, 2003, pp.36-37.

于对未来的不确定,而集体怀旧,对过去的依恋和情感,往往衍生出独特的"地方感"或"在家感"①,让我们产生保护历史的愿望与冲动。这与现实不可避免地充满矛盾:这些情感依恋是否与当下的生活有直接的关联?历史的真实性和相关性是否重要?我们又应如何进行相应的空间解读?想要回答这些问题,我们有必要谈及与记忆相关的一个重要的概念——怀旧。

从词源上,怀旧(nostalgia)由两个希腊语词根组成。Nostos,回家和作为返回家乡时的神秘仪式一部分的歌曲,它与印欧语系中的词根nes相关,意思是返回光明与生命。Algia,痛苦地向往。瑞士医生约翰尼斯·霍夫尔(Johannes Hofer)在1688年提出"怀旧"一词,并将之定义为"因为返回故土的强烈愿望而产生的悲伤和忧郁症状"。② 他对在异乡的瑞士雇佣兵进行观察分析,论述了两种形式的"怀旧":一种是不停地思念家乡,因此精神萎靡地四处游荡;另一种厌恶异乡的习俗和行为,并对日常对话产生距离感,出现食欲不振、梦魇、忧郁、失眠等症状,而一旦涉及家乡的人与事,则兴高彩烈,判若两人。③

德文中的 *Heimweh/Schweizerkrankheit*,法文中的 *Mal du pays*,西班牙文中的 *Malatia del pais* 都指生理上的一种疾病,多半与移民和战争相关。移民(无论是被迫移民,如难民等,还是自愿移民,如劳工等)都有怀旧的普遍经历,而且容易出现神经紊乱等病症,譬如,因经济窘迫而被迫到英国的移民患有"移民精神病";参加拿破仑战争的士兵常常逃离现实进入自制的封闭的思乡空间;为避免政治迫害的难民,到美国留学的学生等,常常表现出一系列类似的症状,如精神的痛苦和不适、烦躁不安、寂寞、失去兴趣或雄心、对故土的思念、失落无助、昏迷、梦

---

① 关于地域感知和依恋,参见:Edward Relph, *Place and Placelessness*, London: Pion, 1976. Yi-Fu Tuan. *Space and Place: The Perspective of Experience*. Minneapolis: University of Minnesota Press, 1977. Yi-Fu Tuan, *Topophilia: A Study of Environmental Perception, Attitudes, and Values*, New York: Columbia University Press, 1990。

② Johannes Hofer, "Medical Dissertation on Nostalgia", Transl. Carolyn Kiser Anspach, *Bulletin of the History of Medicine* 1934, no. 2, 1688, pp. 376-391.

③ A. Martin, "Nostalgia", *American Journal of Psychoanalysis*, vol. 14, no. 1, 1954, p. 93.

幻、甚至自杀企图等。① 由于其病理学及与雇佣兵经历相关的起源,"怀旧"常常被用来描述这些病理症状。② 18—19 世纪,关于怀旧的研究频繁的出现在医学类的教科书和研究文献里。③

19 世纪初,怀旧开始被认为是一种忧郁症的变体,具有全球性。"它能连结过去的自我和当下的自我,对过去的正面看法往往能提升现实中自我的价值并建立某种连续性。"④ 最新的心理学研究表明,怀旧具有重要的存在与判断功能,曾经拥有的愉快和珍贵的经历让我们确认生命的意义,因此有规律的怀旧使我们积极面对消极经历甚至死亡。不仅如此,怀旧还更能帮助我们处理好人生的转折点,以刚离开家独立生活或刚开始第一份工作的年轻人为例,他们常常会回想起和家人一起过圣诞节的温暖场景,回想起自己的宠物,或是回想起学校里的朋友。这些怀旧的档案库能给予他们心理和精神的提升或是更强的动力。⑤ 可见,即使在心理学领域,怀旧已渐渐摆脱最初的负面内涵,开始具备一定的正面或至少苦乐参半的意义。

但更多的,自 19 世纪末以来,尤其是 1950 年代以来,怀旧逐渐与病理学、军事学、心理学研究分离,实现所谓的"脱病理学""脱军事学""脱心理学",成为一种情绪体验,一种"情感结构"。除了悲伤与忧郁

---

① D. Flicker, P. Weiss, "Nostalgia and Its Military Implications", *War Medicine*, vol. 4, 1943, pp. 380-387. I. Frost, "Homesickness and Immigrant Psychoses", *Journal of Mental Sciences*, vol. 84, 1938, pp. 801-847. Willis H McCann, "Nostalgia: A Review of the Literature", *Psychological Bulletin*, vol. 38, 1941, pp. 165-182. Alexander Zinchenko, "Nostalgia: Dialogue between Memory and Knowing", *Russian Social Science Review*, vol. 53, no. 1, 2012, p. 70.

② Jean Starobinski, William S Kemp, "The Idea of Nostalgia", *Diogenes*, vol. 14, no. 54, 1966, pp. 81-103.

③ "Nostalgia: A Vanished Disease", *The British Medical Journal*, vol. 1, no. 6014, 1976, p. 857.

④ Constantine Sedikides, Tim Wildschut, Jamie Arndt, and Clay Routledge, "Nostalgia: Past, Present, and Future", *Current Directions in Psychological Science*, vol. 17, no. 5, 2008, p. 306. 另可参阅: Constantine Sedikides, Tim, Wildschut, D. Baden, "Nostalgia: Conceptual Issues and Existential Functions", J. Greenberg, S. Koole, T. Pyszczynski, *Handbook of Experimental Existential Psychology*, New York: Guilford Press, 2004, pp. 200-214。

⑤ John Tierney, "What is Nostalgia Good for? Quite a Bit, Research Shows". *New York Times*, July 8, 2013.

等负面表征，怀旧也能激发对过去的积极情感。因为现实总是不完美的，怀旧的主体往往从过去中发掘并建构某种身份认同，对过去的正面评估恰好能弥补现实的缺失。①一方面，它对无法再拥有或经历的过去充满失落和忧伤，想像着某种形式的神秘回归；另一方面，它也是精神向往的世俗体现，如日常生活的细节和感受等。

在现代社会里，怀旧的传统核心所指，即"思乡"，已失去其最初的涵义。人们由于职业、居住地的转换或流动，使得"家"不再是某个具体的形式上的存在，即某所房子或某个地域，而是在这种高速流动的社会中重新获得定位。"家"具有实体和精神双重意义，它既是伊甸园里时间与空间的完美结合体②，象征着与自然、上帝、诗意的亲密空间，又代表着抽象与精神的意指。而离开家，或"无家之感"也具有超验主义（transcendental homelessness），"世界很大，却处处似家。仰望星空，我们发现生命有无限可能，每种可能都是历险，却又自成一体。勇于探索的灵魂如同闪烁的繁星，激情四溢，亘古不变"。③这似乎是一种对世界文化的乡愁。

现代意义上的怀旧主要包括三层涵义：向往并希望回到过去的某种情形或事件；由书籍、电影、建筑等实物媒介所激发的回归过去的情感；思念家乡。具体而言，首先，怀旧总是把过去作为想象未来的原材料，在过去、现实与未来中定位，这是一种极为重要的体验。因为怀旧不仅是暂时逃避现实，或将过去凝固，而是激发我们以一定的方式回忆过去，并在这一过程中赋予过往和当下以意义。其次，怀旧还是自身和他人之间的一种情结，它给予我们某种连续感。④可见，怀旧也是一种历史情感，过去是怀旧最主要的客体。它与"进步"一样，取决于现代时间概念所特有的不可重复性与不可逆转性，是对不断收缩的空间的

---

① Stuart Tannock, "Nostalgia Critique", *Cultural Studies*, vol. 9, no. 3, 1995, p. 454.
② Svetlana Boym, *The Future of Nostalgia*, New York: Basic Books, 2001, pp. 8, 10.
③ Georg Lukacs, *The Theory of the Novel*, Anna Bostock, trans. 1916; reprint, Cambridge, MA: MIT Press, 1968, p. 29.
④ Janelle Wilson, *Nostalgia: Sanctuary of Meaning*, Lewisburg: Bucknell University Press, 2005, p. 7 & 19.

体验与向往。它远远超越了个体心理范畴,既是对根的激情和向往①,也是对另一种时间——如我们的童年,或我们放慢节奏的梦想等——的思念与感受②,更是对某种空间存在的追寻。譬如,尽管"家"的表现形态不同,从最初的纯自然属性,到人与时空的和谐共处,再到以童年为代表的不再拥有的美,"思乡"始终是怀旧的核心。只是从以自然为特性的田园或以血缘为根基的乡村在现代化进程中转向城市,现代怀旧的空间发生了根本性变化。最后,怀旧发生在一定的社会关系中,特定的情景中,具有社会意义,包括个体怀旧和集体怀旧。前者指在个体身份认同的断裂中建立某种连续,后者即集体身份认同产生的一部分,是对断裂的或由焦虑而产生的事件的共同反应,它同样力图恢复某种集体身份的连续性。因此怀旧是由衔接、转型及断裂衍生的情感,而社会的急速转型往往滋生怀旧。③

斯维拉娜·博依姆(Svetlana Boym)提出修复式怀旧(restorative nostalgia)和反思式怀旧(reflective nostalgia)两种形式。④修复式怀旧侧重"返乡"(nostos),并希望重建失去的家园,填补断裂的记忆。"修复"意味着回到原先的状态,而过去的价值在于服务现在,所以过去的传统不应随着时间的流逝而褪色,相反,它应该在现实中保持永远的活力。传统代表着凝聚力和连续性,越是强调历史的连续性和传统的价值观念,所呈现的历史越是不完整的(选择的结果),于是所谓的民族主义(nationalism)实际是假想的传统(invented tradition)建立在由权力结构决定和约束的集体身份认同之上,而这种身份认同衍生的文化亲密感(cultural intimacy)和国家记忆(national memory)也只是某种人为的怀旧,修复正是为了现实和未来的利益而包装过去。反思式怀旧则

---

① Simone Weil, *The Need for Roots: Prelude to a Declaration of Duties Towards Mankind*, London: Routledge & Paul, 1952.
② Svetlana Boym, *The Future of Nostalgia*, New York: Basic Books, 2001, pp. 41-42.
③ Fred Davis, *Yearning for Yesterday: A Sociology of Nostalgia*, New York: Free Press, 1979, p. 173.
④ Svetlana Boym, *The Future of Nostalgia*, New York: Basic Books, 2001, p. 49.

侧重向往和失落的"痛苦"(algia),强调回忆和反思的过程。这一过程更强调历史与个体的时间概念,即过去的不可逆转性和人生的有限性。"反思"意味着一种新的灵活性,它的目的不是要保持或恢复某个固定的过去或绝对的真实,而是对历史和时间流逝的默想。

如果说修复式怀旧激发的是国家或民族的历史和未来,那反思式怀旧更多是关于个人和文化记忆,两者在叙事方式和身份解读上大相径庭,却都借用相似的参照框架。记忆和象征的激发点与实体呈现,能连接个体与公众领域,因为这些空间里的表征和呈现共同构成一个批判的框架,使得个体关注总是在一定的政治与社会构建中发生和变化。两种形式的怀旧一旦进入集体层面,则与集体记忆紧密联系,而反思式怀旧更是与集体记忆相互渗透,因此,集体怀旧在本质上是集体记忆的一部分。

集体怀旧是过去的符号象征在一定历史文化语境中引起的很多人共同的怀旧,具有社会性和公众性,并主张保护或修复历史,从而恢复一种社会历史的连续性。与公众记忆类似,它连接时空,有相应的空间体现。博依姆指出"空间"对怀旧极为关键,因为"家"或"故土"原本就是空间的概念。她写道:"如果修复式怀旧旨在重新建构家或故土的种种象征性符号和礼仪,以从空间上征服时间,那反思式怀旧则在珍视那些记忆的碎片,将时间的维度注入(记忆)的空间。"[1]

为什么选择一些记忆而放逐另一些记忆?记忆与遗忘之间的演绎一旦以实物方式呈现,这些实物又会反过来影响我们对过去的解读,激活我们的记忆,并建立文化传承的能力。这是一个不断博弈的过程,能激发或遏制对历史的想象,也从精神和文化上重新审视过去、现在和未来。对同一段历史的不同解释使得这一过程充满政治斗争和情感纷争,所以历史场所的意义随之不断改变,是利益相关各方妥协的结果,而所谓的地域感知也不是整齐划一的,而是多重与多元的。史蒂芬·莱格(Stephen Legg)根据博依姆的两种形式的怀旧提出两种相应的怀

---

[1] Svetlana Boym, *The Future of Nostalgia*, New York: Basic Books, 2001, p.49.

旧空间,即修复式空间与反思式空间。① 在修复式空间里,消除、抹去或遗忘是一种常用的空间策略;而重建也是另一种形式的遗忘。

5. 怀旧、记忆与城市公众历史

集体记忆连接过去和现在,连接实物世界和文化、社会、个人和社区的价值,并通过集体形成的社会认知框架审视历史。这在城市空间层面上体现为城市精神的构建和持续。集体记忆为我们提供线索,与城市景观产生共鸣;而这种共鸣衍生的历史感又让我们在特定的历史环境中产生特有的地域感知,从而将我们个人的经历与记忆和城市环境联接。集体记忆、怀旧与现代性在城市空间的交织和冲突,成为城市历史保护的悖论。一方面,城市是现代性的集中体现,所以它不断扩张并符合进取的内在逻辑;另一方面,怀旧认为过去是一种想象的资源,本质上趋于保守,希望能保留城市的历史建筑、景观、普通人的居所、文化遗址等一系列怀旧的客体,延续公众记忆。

关于集体记忆对城市历史保护的意义,不同的学科从不同的角度作了大量的理论与实证研究。②下面三个方面供读者作进一步思索。

---

① Stephen Legg,"Memory and Nostalgia",*Cultural Geographies*, vol.11, no.1, 2004, pp.99-107
② 关于集体记忆与城市的研究,从城市研究(规划学、城市学)的角度,参见:Christine Boyer, *The City of Collective Memory: Its Historical Imagery and Architectural Entertainments*, Cambridge, Mass.: MIT Press, 1994. Dolores Hayden, *The Power of Place: Urban Landscapes as Public History*, Cambridge, Mass.: MIT Press, 1995. Brian Ladd, *The Ghosts of Berlin Confronting German History in the Urban Landscape*, Chicago, Ill.: University of Chicago Press, 1997. Mark Crinson, *Urban Memory: History and Amnesia in the Modern City*, London; New York: Routledge, 2005. Jennifer A Jordan, *Structures of Memory: Understanding Urban Change in Berlin and Beyond*, Cultural Memory in the Present. Stanford: Stanford University Press, 2006。从(城市)地理学角度,参见:Jonathan Boyarin, *Remapping Memory the Politics of Timespace*, Minneapolis, Minn.: University of Minnesota Press, 1994. Kenneth Foote, Maoz Azaryahu, "Toward a Geography of Memory: Geographical Dimensions of Public Memory and Commemoration", *Journal of Political & Military Sociology*, vol.35, no.1, 2007, pp.125-144。从历史保护学的角度,参见:Diane Barthel, *Historic Preservation: Collective Memory and Historical Identity*, New Brunswick, N.J.: Rutgers University Press, 1996. David Lowenthal, *The Past Is a Foreign Country*, Cambridge Cambridgeshire; New York: Cambridge University Press, 1985. Barbara Kirshenblatt-Gimblett, *Destination Culture: Tourism, Museums, and Heritage*, Berkeley: University of California Press, 1998. Rudy(转下页)

一、瓦尔特·本雅明(Walter Benjamin)认为城市空间的各种元素相互渗透,在濒临消逝的城市里这种渗透性(porosity)往往能引发一种过去与现在交融的情感①,这就是怀旧。与本雅明的渗透性类似,迪洛蕾丝·海登认为地域的力量存在于蕴含公众记忆的城市景观中,而城市历史保护则是发掘、保护、维系这些记忆。②皮埃尔·诺拉(Pierre Nora)笔下的"真实的记忆场所"(lieux de memoire)也是充满怀旧情感的场所。③与传统怀旧不同的是,现代城市的怀旧空间可以与主体分离,被商业化和市场化。当城市为未来而包装过去时,城市扩张的逻辑便不再是现代性而是怀旧。④问题的关键在于主张进取和变革的现代城市如何变成怀旧的场所。在城市化进程中,怀旧作为疗伤和修复的手段原本是为了"保护历史",但当历史保护与旅游开发携手时,城市渐渐失去了集体怀旧和公众记忆的真实空间。⑤因此,历史保护对"地方感"的解读和维护也许与城市扩张并没有两样。

(接上页) Koshar, *From Monuments to Traces Artifacts of German Memory*, *1870-1990*, Berkeley: University of California Press, 2000. Steven C Dubin, *Displays of Power: Memory and Amnesia in the American Museum*, New York: New York University Press, 1999. Susan A. Crane, *Museums and Memory*, Cultural Sitings. Stanford: Stanford University Press, 2000. Didier Maleuvre, *Museum Memories History*, *Technology*, *Art*, Stanford, Calif.: Stanford University Press, 1999. Eleni Bastea, *Memory and Architecture*, Albuquerque: University of New Mexico Press, 2004. Gavriel David Rosenfeld, *Munich and Memory: Architecture*, *Monuments*, *and the Legacy of the Third Reich*, Weimar and Now. Berkeley: University of California Press, 2000. James Edward Young, *The Texture of Memory: Holocaust Memorials and Meaning*, New Haven: Yale University Press, 1993. James Edward Young, *At Memory's Edge*: *After-Images of the Holocaust in Contemporary Art and Architecture*, New Haven: Yale University Press, 2000 等。

① Walter Benjamin, Peter Demetz, *Reflections: Essays*, *Aphorisms*, *Autobiographical Writings*, New York: Schocken Books, 1986, p.166.

② Dolores Hayden, *The Power of Place: Urban Landscapes as Public History*, Cambridge, Mass.: MIT Press, 1995.

③ Pierre Nora, "Between Memory and History: Les Lieux De Mémoire", *Representations*, no.26, 1989, pp.7-24.

④ 关于现代性与怀旧,参见:Sylviane Agacinski, *Time Passing: Modernity and Nostalgia*, European Perspectives. New York: Columbia University Press, 2003. Arjun Appadurai, *Modernity at Large: Cultural Dimensions of Globalization*, Public Worlds. Minneapolis: University of Minnesota Press, 1996。

⑤ Margaret Farrar, "Amnesia, Nostalgia, and the Politics of Place Memory", *Political Research Quarterly*, vol.4, no.4, 2011, pp.723-735.

二、历史的原真性在现代性中冰释,但是历史保护依然是求真实践,是一种回归。与传统的宏大历史叙事不同,集体记忆有时所传达的是日常化、民间化甚至边缘化的历史情感,这与历史知识的民主化进程同步,倾听少数族群、被边缘化或弱势群体的声音,带有解放性质。因此,与之对应的空间表述也是民间的、日常的与草根的,这生动地表现为各种形式——对官方历史的批判;发掘被压抑、被边缘化或未被关注的历史;寻根运动;家族历史与谱系学;各种纪念性的事件;博物馆的兴起;档案的公众意义和角色;"文化遗产"保护等——本质上都是试图与过去建立某种纪念性的联系,加强无论是真实的、还是想象的归宿感与认同感。

三、在城市空间里,记忆与遗忘不可避免地交织在一起。当修复某一种版本的历史时,其实意味着抹去另一种历史,而哪些建筑遗产应该被保留或以什么样的方式保留的问题其实反映了政治权力与文化霸权。① 北美如纽约、芝加哥、波士顿、多伦多、旧金山等主要城市的少数族群街区集中体现了各种文化的纷争与权利的妥协。空间的所有权往往成为焦点:谁的历史、谁的记忆是我们要保护的? 而"局内人"与"局外人"对同一空间的解读有时也会大相径庭。譬如,规划师认为混乱、肮脏的小巷,随意加建的遮雨棚,建筑立面的彩色涂鸦等亟需清理或取缔,而当地居民却视之为最珍贵的记忆需要保留和传承。② 这涉及在保护规划中如何聆听各种声音,解读不同的记忆,平衡意见纷争,让历史真正回归公众。

---

① Rudy Koshar, *Germany's Transient Pasts: Preservation and National Memory in the Twentieth Century*, Chapel Hill: University of North Carolina Press, 1998. Rudy Koshar, *From Monuments to Traces: Artifacts of German Memory*, 1870-1990, Weimar and Now. Berkeley: University of California Press, 2000.

② Na Li, *Kensington Market: Collective Memory, Public History, and Toronto's Urban Landscape*, University of Toronto Press, 2015.

三 普通人的历史感知

集体记忆与历史感知密不可分,不过,至今很少有历史学家真正关注"公众",进入"公众"的思维和情感,更谈不上唤起其内心常驻的想象的空间,"思入"所研究的受众。这也许是为什么公众史学研究少有引人入胜之作,大多数学者依然停留在权威所建构的智识体系中,以看似高深的语言在自我囿于中论辩"公众史学"。"自1870—1880年代历史离开公众领域进入学院时,史学实践者们笃信他们能以客观科学的态度解释历史。而在一个世纪后,不少史学家离开学院回归公众领域,重新与现实世界对话,他们竟然无法就这一学科(公众史学)的核心概念达成一致。"[1]殊不知,公众正在用他们的语言书写另一种历史,通过丰富多彩的路径感知历史。无论对象还是方式,历史研究在学院内外都呈现出截然不同的态势。

1. 公众与他们的过去[2]

在公众史学蓬勃发展的近四分之一个世纪里,美国、欧洲部分国家、澳大利亚、加拿大先后进行了关于公众的历史感知的全国性调研。1990年代末,美国学术界开始出现关于公众历史感知与历史记忆的研究,开始关注过去是如何对公众呈现并为公众认知的,同时开始意识到这一领域的研究空白。因此,乔治梅森大学(George Mason University)的罗伊·罗森维格(Roy Rosenzweig)和印第安纳大学(Indiana University)的戴维·泰伦在斯本德尔基金会(Spender Foundation)和国家人文基金(National Endowment for the Humanities)的资助下,组织了关于美

---

[1] Phyllis Lefflerand Joseph Brent, *Public and Academic History: A Philosophy and Paradigm*, Malabar, Fla.: R. E. Krieger, 1990, p.28.

[2] 这里,"过去"指的是从久远的过去到新近的过去所发生的事,包括个人、家庭与国家的过去。人们认为"历史"更抽象、遥远、正式并带有学术色彩,而"过去"则更具体、随意并多少与自己相关。

国人的历史感知的全国性问卷调查。该项目于 1991 年至 1994 年组织问卷专家意见组,对问卷初稿提建议并进行前期测试。1994 年至 1997 年印第安纳大学问卷调查中心(Center for Survey Research)开始全国随机抽样,总共获取到 808 个全国性样本。① 受访人接受了关于过去或历史在个人生活中的不同意义的电话问卷调查。② 1998 年,罗伊和戴维基于这次问卷调查出版了在美国历史学界引起巨大反响的《过去的呈现:美国生活中的大众历史》(*The Presence of the Past: Popular Uses of History in American Life*)。③

大约同一时期,随着苏联解体,欧盟其他各国开始走近,欧洲一些国家也开始关注人们的集体记忆和历史感知如何随着政治格局巨变而发生文化转型。两位历史教育学者——博根高等教育学院的马基·安德维克(Magne Angvik, Bergen College of Higher Education)和汉堡大学的博德·博瑞斯(Bodo von Borries, University of Hamburg)——组织了三十多名历史学家、社会科学研究者和心理学者于 1991 年开始在欧洲 25 个国家、以色列和巴勒斯坦就欧洲青少年的历史感知和政治态度进行全国问卷调查,并于 1994—1995 年,对年龄大多在 14—15 岁的约 32000 名学生和约 1250 位教师中进行问卷调查。1997 年,这项研究的成果以《青年与历史:关于欧洲青少年的历史意识与政治态度的问卷调查比较研究》(*Youth and History: A Comparative European Survey on Historical Consciousness and Political Attitudes among Adolescents*)为题出版。④

受美国问卷调查的影响,悉尼科技大学的"澳大利亚公众史学中心"(Australian Centre for Public History, University of Technology at Sydney)

---

① 除此之外,该研究还对非裔美国人、墨西哥裔美国人和原住民做了单独抽样,以对比白种美国人的历史感知。详细数据可见:http://chum.gmu.edu/survey。

② 三年内共获得约 85 万字的访谈逐字稿。

③ Roy Rosenzweig and David p. Thelen, *The Presence of the Past: Popular Uses of History in American Life*, New York: Columbia University Press, 1998.

④ MagneAngvik and Bodo von Borries, eds, *Youth and History: A Comparative European Survey on Historical Consciousness and Political Attitudes among Adolescents*, Hamburg: Körber-Stiftung, 1997.

于 1998 年启动了"澳大利亚人与过去"(Australians and the Past)项目,希望了解澳大利亚人在 21 世纪初期的历史意识,该项目旨在搜集与这一课题相关的定量与定性的数据。① 近年来,澳大利亚人积极参与一系列与过去相关的活动,开始形成一种对过去的强烈的"所有权"或"归宿感",通过深入了解这些实践和人们对此的态度,研究它们是如何产生集体效应,进而影响大部分澳大利亚人对历史的认知。② 该项目的主持人保罗·阿什顿(Paul Ashton)与宝拉·汉密尔顿(Paula Hamilton)获得澳大利亚科研委员会(Australian Research Council)资助,于 1998 年开始前期问卷测试,接着于 1999 年至 2002 年进行全国抽样,收集了 350 份电话访谈③和 150 份面对面访谈资料。2003 年,《澳大利亚文化历史》(*Australian Cultural History*)出版特刊,公布了这项研究。2010 年,保罗和宝拉出版了基于这项问卷调查项目的专著《历史在十字路口:澳大利亚人与过去》(*History at the Crossroads: Australians and the Past*)。④

加拿大也于 2006 年启动了"加拿大人与他们的过去"(Canadians and Their Pasts)项目,研究普通加拿大人的历史感知以及公众对"过去"的认知与使用。⑤ 该项目得到加拿大国家社会科学与人文研究基金(Social Sciences and Humanities Research Council, SSHRC)和社区—大学联盟研究基金(Community-University Research Alliance, CURA)的资助,并充分借鉴了美国和澳大利亚调研的经验教训,不仅拥有更广泛的公众参与,而且在研究过程中与公众史学的研究者和实践者紧密合作,合作伙伴和形式都呈多元态势。问卷调查依然是该项研究的核心,

---

① 笔者于 2014 年 11—12 月在该中心任访问研究员,与保罗·阿什顿和宝拉·汉密尔顿主持的"澳大利亚与过去"项目核心团队进行了深入探讨。宝拉是最初启发我开始"中国人与过去"项目的人,她和保罗为该项目提供了很多宝贵经验与建议。
② 与中国类似,公众史学的活动和实践远远走在理论探索的前面。
③ 包括 199 名女性和 151 名男性。
④ *Australian Cultural History*, no. 23, 2003, pp 43-52. Paul Ashton and Paula Hamilton, *History at the Crossroads: Australians and the Past*, 1st ed. Ultimo, N. S. W.: Halstead Press, 2010.
⑤ Margaret Conrad, Jocelyn Létourneau, and David Northrup, "Canadians and Their Pasts: An Exploration in Historical Consciousness", *The Public Historian*, vol. 31, no. 1, 2009, pp. 15-34.

但在形式与内容上,问卷更短,并根据加拿大的国情有所调整;在理论探索方面则更多受到欧洲学者如耶尔恩·吕森、皮埃尔·诺拉、皮特·李(Peter Lee)和詹姆斯·瓦茨(James Wertsch)的影响。① 2013年,基于这项研究成果的专著《加拿大人与他们的过去》(*Canadians and Their Pasts*)问世。②

过去25年里的这一系列的全国性调研有以下相似之处。

(一) 背景与目的

1990年代末,北美与欧洲学术界开始出现关于公众历史感知和历史记忆的研究,因此这一系列问卷调查项目的初衷是了解历史知识的受众,关注过去如何被呈现并为公众所认知,进而缩短历史学术界与公众的距离。实际上,1960—1970年代,美国一些职业历史学家就开始关注公众在历史叙事中的声音以及历史学家与公众之间的关系,试图弥合职业历史学家与公众的鸿沟。如罗伊和戴维所言,他们试图通过选取有代表性的美国人的视角获取公众历史感知,不仅仅是为早已存在的所谓的"历史之争"或"文化之争"多提供一个视角,而是希望"主动"地了解公众对"过去"的热情。③ 在1970年代的美国,政治环境趋于保守,关于历史的性质与呈现方式往往引发激烈的辩论,美国航空博物馆展出美国二战时投放原子弹的飞机便是一例,罗伊和戴维的研究

---

① Jörn Rüsen, *Studies in Metahistory*, Pretoria, South Africa: Human Sciences Research Council, 1993. *History: Narration, Interpretation, Orientation*, New York: Berghahn Books, 2005. Jörn Rüsen, *Western Historical Thinking: An Intercultural Debate*, New York: Bergahn Books, 2002. "Historical Consciousness: Narrative Structure, Moral Function, and Ontologentic Development", in *Theorizing Historical Consciousness*, ed. Peter Seixas, Toronto: University of Toronto Press, 2004, pp. 63, 85-86. Pierre Nora, "Les lieux de mémoire", *Represen-tations*, vol. 26, 1989. Peter Lee, "Understanding History." Peter Seixas, *Theorizing Historical Consciousness*, Toronto: University of Toronto Press, 2004, p. 129, 64-68. James Wertsch, *Voices of Collective Remembering*, New York: Columbia University Press, 2002.

② Margaret Conrad, Gerald Friesen, Jocelyn Létourneau, D. A. Muise, Peter C. Seixas, David A. Northrup, Kadriye Ercikan, and Pasts Collective (Project). *Canadians and Their Pasts*. University of Toronto Press, 2013.

③ Roy Rosenzweig and David P. Thelen, *The Presence of the Past: Popular Uses of History in American Life*, New York: Columbia University Press, 1998, p. 4.

直接挑战了职业权威,因此在当时颇具争议。

若深入更宏大的历史背景,则必须追溯"公众"史学或"人民"史学的起源。在 1960 年代,"过去"成为权力纷争与政治动员的导火索,历史学家意识到仅仅将历史内容民主化,譬如发掘被边缘化的社群如非裔美国人、工人、移民、女性、同性恋等的声音是远远不够的,还需要在实践中与公众携手,让他们持续参与到历史知识的生产和传播中。因此,一些富有远见、学识与责任感的职业历史学家开始在博物馆、州立人文研究机构、历史电影、社群口述历史项目、行业工会的历史课堂中合作。不过,在将公众转化为合作伙伴方面,学术界似乎并没有成功:学者们对普通人如何认识和使用历史依然知之甚少,尤其是历史在普通人的生活中占有怎样的地位,发挥着怎样的作用,或普通人的声音、观点、想法与专业人士所谓的"历史"之间有怎样的距离。直到罗伊和戴维的项目之前,这一系列的问题都没有得到回答,很少有学者认为应该关注历史在普通人生活中扮演的角色,以及这些意识或感知如何影响历史知识的产生,更没有关于这一课题的研究。职业历史学家对普通人如何将个人经验融入历史对话,以及他们的史观知之甚少。历史解读若要超越精英或领袖阶层,则需要倾听公众的声音,于是美国的这项研究对美国人各阶层代表取样进行调研,了解普通人对过去的认知、使用、经历的多重途径和方式。

这与约同一时期在英国兴起的"历史工作坊"运动遥相呼应。英国历史学家拉斐尔·萨缪尔从历史编纂角度分析适用于历史书写的"原材料"的性质,并论述了个人经历与记忆在这一书写过程中的有效性,社会历史记忆就是公众历史。因此,历史不是历史学家的专利或特权,也不是后现代主义所指的"历史学家的发现",而是一种社会形式的知识。①这一开放与包容的历史观深刻地影响了英国 1970—1980 年代的社区口述历史,也启发了欧洲国家关于历史感知与意识的调研项目。

---

① Raphael Samuel, *Theatres of Memory*, London; New York: Verso, 1994, p.8.

澳大利亚的研究则基本参照美国的问卷形式与内容,旨在了解:历史在社会文化中的角色;历史学家作为历史(过去)的专业解释者所承担的责任;谁拥有历史;谁应该参与历史解读与传播过程,以及历史教育体系存在的缺陷等一系列问题。澳大利亚学术界普遍认为正式的课堂历史教育以及官方认可的关于过去的叙述是普通人获取历史知识的主要途径,因此人们只需被动地接受或参与。事实却与之相悖,人们对公众历史的场所,如纪念碑、历史主题公园、博物馆、影视节目等,以及一系列公众历史活动与实践,如历史重演、家族历史、社区/社群历史、自传和口述历史等十分热衷,这些都成为文化记忆的社会表征。公众对历史的热情与日俱增,他们通过各种方式与历史对话,参与到历史解读、生产与传播中,这不仅表现在个人和家庭等私人空间,也凸显在公众领域,尤其是政治辩论和大众文化。

职业历史学家在公众领域的"失语"并不能完全解释人们对"过去"的热情,这与全球化背景下,技术进步带来的对文化身份认同、话语权、机构转型的种种挑战有着千丝万缕的联系。美国、澳大利亚和欧洲的"历史之争"也促使加拿大的职业历史学家反思公众对"过去"的认识和使用,学术界出现了关于集体记忆与历史感知的文章,探讨历史教科书的内容、历史遗址的内容、身份认同的政治性、历史的真实性等问题。

(二)主要研究方法:问卷调查

上述各国的研究均将问卷调查这一非历史学传统方法作为主要研究方法。为保证数据的有效性,实现项目的初衷,这一系列项目均与专业调研机构或公司合作:美国的调研通过印第安纳大学调查研究中心(Center for Survey Research)进行;澳大利亚的调研与在悉尼的一家专业调研公司 MRA 合作;加拿大的调研则利用约克大学的社会研究机构(The Institute for Social Research)及该机构在蒙特利尔的合作伙伴杰林科里公司(Jolicoeur & Associés)。如果说欧洲的研究为之后关于欧洲人的历史意识的类似研究提供了高水平的基准,北美和澳大利亚的项目也均严格按照问卷调查的步骤与标准执行,收集全国性随机样本,提供了有效的具有可比性的数据。

在内容和形式上，欧洲的调研共有 280 个预先编码的问题（pre-coded questions），主要涉及如何评价历史研究与教学、决定历史感知的不同层面和结构、分析欧洲的青少年对历史的解释和政治态度。具体问题包括"历史对你意味着什么？""你相信哪种历史呈现方式？"等，学生们的回答对深入了解历史、线性知识、过去的解释、历史同情或共鸣、关于过去、现在和未来的概念很有帮助。同时，该项目也帮助建立起在历史教学和研究领域的跨学科、跨国界的平台。1997 年该项目成果公布，得到历史学家、教育工作者和政界人士的关注。

美国的问卷调查与欧洲的研究有不少相似之处，譬如，公众参与解读历史、历史信息来源的可靠性、不同过去的重要性等问题。问卷由六大部分组成：与过去相关的活动、关于过去信息的可信度、在一定场所与过去相关联的程度、不同版本过去的重要性和个人信息，其中开放式问题约占 1/3，采用探测询问技巧，进行长度约 30 分钟的访谈，旨在通过实例或进一步解释深入了解公众如何与过去对话、历史信息来源的可靠性、过去的多样性等。

澳大利亚的研究以美国的问卷为参照模板，涵盖五大领域，即与过去相关的活动、过去的可信度、与过去相关联的程度、与过去相关的场所或地域以及个人信息，但各部分均略有调整。一是关注人们参与"过去"的种种活动的原因和动机；二是在可信度方面，关注人们如何评估历史信息（这背后的逻辑是人们具备对各种历史信息进行鉴别、分类、评判的能力），对这些历史信息鉴别和评判的依据，如是否和怎样受到各种媒体的影响等，以及与之相关的历史真实性和准确性；三是更重视"场所"或"地域"如何影响人们的历史感知；四是关注职业历史学家与公众在历史认知和方法上的差异：什么是历史实践？历史的形式、历史变迁对人们历史感知的改变或影响。

加拿大的项目则基于语言和地域差异，问卷设计作了相应调整：共设有 70—75 个问题，其中包括 11 个开放式问题，分为七个部分：对过去的兴趣、与过去相关的活动、对过去的认知、关于过去信息的可信度、不同过去的重要性、关于过去的意识和个人信息。

(三) 研究结果

这一系列研究结果无一例外地表明,公众在乎历史,关注历史。美国的研究最显著的贡献在于历史受众分析,认为公众对历史充满激情和兴趣,并具备思辨能力,否定了"公众对历史漠不关心"的论断。《过去的呈现》受到职业历史学家与公众历史学家尤其是博物馆人与历史遗址管理者的广泛欢迎,为如何与历史的多元受众对话与合作提供了重要指导。如迈克尔·弗里西所言:"(这项研究)开辟了文化之争的新领域。历史在家庭、社区、国家和人性各层面将我们联系在一起,让我们在对话中产生共鸣;也告诉我们历史是如何成为普通人生活中亲切、熟悉、不可或缺而且不断演进的一部分。"①

但是,更大的挑战在于用什么样的语言和方式与这样的"受众"对话。首先,普通人认为正规的历史教育和职业培训,如课堂历史教学、学术刊物、历史教科书等对他们历史感的形成和培养几乎没有太大作用。相反,他们认为家庭与家族历史、记忆与实物十分重要。历史证据也具有多元性,个人的经历与境遇并非只是个人的、无关紧要的或简单的自娱自乐;它们是社会历史的重要组成,也是当下生活的一部分。其次是对历史和遗产的认识中充满口述历史与文献记录、民间记忆与官方记忆、个人与公共空间的博弈。公众往往从多学科、多文化角度认识一个社区、地域、国家或民族的遗产和历史,因此应该鼓励他们与学者在博物馆、遗址、国家公园等公众历史场所共同讲述和构建历史。而在这一对话中,职业历史学家并非唯一、绝对的权威。问题的焦点在于:历史学家如何在公众参与历史的基础上修改或重建历史研究的问题和解释?如何从象牙塔走向,或严格地讲,回归公众?美国的调研虽然展示了学术界与公众之间的巨大鸿沟,却没有提供有效的解决方案。

澳大利亚的研究不仅展示了澳大利亚人是如何与过去关联的,记忆在澳大利亚如何充满政治色彩,如何与时俱进,还分析了与之相应的

---

① Roy Rosenzweig and David P. Thelen, *The Presence of the Past: Popular Uses of History in American Life*, New York: Columbia University Press, 1998, pp.190-191.

实物文化(material culture)如历史物件和建筑环境等,同时希望发现为历史学家和教育者所忽略的、在公众的历史感知中极为重要的具体因素,因此这项研究对大众文化和历史认知的研究范围比美国更宽。除了一般性调研,澳大利亚的研究更关注公众历史的各个实践领域如博物馆、历史遗址、档案馆,以及媒体从业人员、原住民、农村人口等人群①,对公众史学场所的认识和民族主义的解构也更为深入。

与美国相似,在澳大利亚,"公众对历史漠不关心"的论断也十分流行,但数据表明公众对过去表现出极大的兴趣,很多人在研究过去,譬如家人参战的历史、家庭与家族历史、居住的房屋建筑的历史、历史物件的故事等,很多人也在写日记、族谱,搜集老照片、旧明信片、旧报纸上的各种文章、剪贴集、宝物箱等:历史由细节组成,而历史的碎片竟如此珍贵。个人通过搜集家人的口述历史、誊写日记、在公众场所摄影留念等方式发现过去不再是随机的、不相关的、遥远的存在,而是与个人的身份认同和家族传统息息相关,因此家庭是人们认识与探索过去最重要的场所。

另外,现代历史文化不再是简单的历史知识的传输,它意味着更复杂的认知和使用。譬如,在学校学习历史与观看关于过去的电视节目有着完全不同的目的,这不仅仅是内容的差异,更多是背景与动机的差异。当然,这并不意味着为娱乐或为获取信息而使用历史一定非此即彼。事实是,大部分人在他们的一生中通过各种途径形成自己的"史观",在这中间往往轻松娱乐与严肃求知并重。与之相关的是过去的文学与媒体呈现,包括历史题材的文学作品、纪录片、电视、电影等,并逐渐实现文本向视觉和实物转型。人们希望更直接地接触历史、触摸历史或沉浸于"过去"的体验中。这包括看似矛盾的两大趋势,一方面,人们在亲历的过去中寻找自我;另一方面,人们沉浸在与自身经历

---

① 关于澳大利的研究结果以及与美国研究的比较,参见:Paula Hamilton and Paul Ashton,"At Home with the Past: Initial Findings from the Survey",和 Jannelle Warren-Findley,"History in the New Worlds: Surveys and Results in the United States and Australia",*Australian Cultural History*,vol. 23,2003,pp. 5-30,pp. 43-52。

毫不相关的过去中。

与美国和澳大利亚的研究结果类似,加拿大人认为历史可以让自我在一定的时空定位,因此历史是有用的,他们积极寻求将个人经历与一定历史背景联系在一起的信息。他们通过各种途径积极参与到与过去相关的活动中,而与家庭相关的活动仍占首要地位。很多加拿大人积极地保存祖传宝物、制作剪贴集、写日记、写家谱、参观与家族历史相关的地方或场所。虽然加拿大人普遍认为不同过去的重要性不一样,但家庭的过去依然是最重要的,而且他们从更广阔的历史语境中去认识家庭或家族的过去。不过,大部分受访者并不认为家族的故事完全可靠,他们更愿意去博物馆、历史遗址和相关历史书籍中寻求更为准确的信息。博物馆和历史遗址是人们认知过去的重要途径,因为实物文化是可感知的过去,人们可以触摸历史。他们也意识到过去是复杂多样的,关于同一历史事件的发展往往有不同的解释,这似乎与学术界认为公众对过去只是被动消费并容易轻信的论断相悖。目前,加拿大的学术界仍在对问卷调查的结果进行分析。尽管公众的历史意识与参与历史的热情无需置疑,但这种历史感知将如何演变还是未知数。2007年,加拿大战争博物馆关于第二次世界大战中加拿大轰炸德国城市的解读激发了新一轮的历史之争,也对公众历史学家提出了新的挑战。①

2."中国人与过去"②

美国、澳大利亚和加拿大的研究结果之所以存在上述相似之处,部分源于这三个国家都曾经是英国的殖民地,英文都是官方语言,都是法制与民主社会,都是以多元文化著称的移民社会,而同时又都经历过开

---

① Margaret Conrad, Jocelyn Létourneau, and David Northrup, "Canadians and Their Pasts: An Exploration in Historical Consciousness", *The Public Historian*, vol. 31, no. 1, 2009, pp. 15-34.
② 该项目与美国旧金山大学管理学院(School of Management, University of San Francisco)合作,问卷方法、设计、数据采集与模块分析等各环节力求严格遵循问卷调查的原则与程序,以保证研究的有效性。

拓者与原住民之间的矛盾与冲突。另外，从全球范围看，这三个国家，与参与调研的欧洲部分国家一样，都属于发达国家，其国民拥有一系列的机构与制度保障去探索过去。尽管不同的机构在呈现历史时矛盾在所难免，但总的来说，这些机构还是得到公众的普遍认可和尊敬，而大部分的公众也认为它们在公众领域以何种方式呈现何种历史具有实际的影响力。那么，这些研究对探索普通中国人的历史感知有什么借鉴意义呢？

在今天的中国，历史似乎无处不在：亲历者的声音和情感在历史解读中不可替代，历史的场景也在这些叙事中得以生动地再现；公众以怀旧的情感倾听历史的声音，述说身边的历史；不同形式的媒体不仅为公众提供了获取历史信息的多种渠道，而且通过强有力的视觉冲击深刻地影响着公众的历史感知。公众从来不认为自己是"局外人"，相反，他们以主人翁的态度，用第一人称与历史直接对话；他们相信直觉，没有理论或学科的束缚，讲述发生在自己身边的故事，并将"过去"生动地植入现实生活；他们积极发掘隐藏或未曾被讲述的故事，他们关心宏大历史不屑于关注的种种细节，譬如，发掘、记录、撰写家族历史就充分展现了家庭与家族依然是最初和最后的历史传承。

同时，过去也是多样的，与现实生活息息相关，而对过去的认知与解读也不断发展。人们将过去的种种活动与经历内化为生命体验的一部分，外化为不同的纪念活动、仪式等个人或集体的诉求，试图弄懂"活着的意义"，而个人境遇的叠加就是鲜活的社会民间历史与记忆。李陀在《七十年代》中写道："人的'此刻'总是在此刻消失，活着的感觉、尊严和意义，其实都是在'此刻'之后过去的记忆里才能明白和证明。在这个意义上，记忆是一个很简单的事情，我们不能不记忆。"不仅如此，"为什么某一种历史记忆会得到呵护和保护，而另一种记忆就被压抑或者放逐？历史记忆领域从来就不平静，无论是要唤醒一个历史记忆，还是要认真对待和坚持一种历史记忆，都不是一件容易的事。

在很多时候,那需要特殊的品质和勇气"。① 定宜庄教授则是少有的具备这种"品质和勇气"的学者,她将历史与记忆具体化,在《老北京人的口述历史》中写道:"(有关北京胡同的著作)很少注意到生活在胡同里那成千上万活生生的普通人,注意到普通老百姓在这个特定城市中生活的记忆与感受。而实际上,正是这些人的生活、生命,才构成了一个城市的灵魂与神韵,是研究一个城市不可或缺的核心内容。"②的确,普通人的生命历程、体验、情感、梦想与记忆很少进入我们职业训练的范畴。宏大历史关心的是转型与巨变,求证的是规律与动因,书写的是权力塔尖的少数人的故事,正因为如此,经过提炼和总结的所谓"历史经验教训"显得有些单薄。

问题是,这些激情飞扬的历史是"好"的历史吗?激情之下是否有理性的思索?历史教育应该扮演怎样的角色?职业历史学家在公众的历史意识或感知的形成和构建中是否发挥了预期的作用?"中国人与过去"项目通过质性与量性数据回答这些问题,探索普通人的历史感知。该项目借鉴了别国研究的经验,也汲取其教训与不足。首先,该项目采用了问卷访谈(interview survey)的基本方法。该方法要求一组具有相似背景(如大学本科以上学生)的采访人在接受同样的采访技能训练之后,来到特定的调研现场。同时引入民族志方法、口述历史访谈等质性方法深入分析其动机与情感(history style probing)。与以前的研究相比,该项目更重视"场所"或"地域"的作用,将"公众历史场所或地域"单独列出,深入分析在博物馆、历史遗址、历史街区/村镇/城市、纪念碑、档案馆等公众历史场所,公众参与的具体活动与态度,旨在为历史保护提供新的数据和思路,进而从公众角度评估对场所的保护是否成功。其次,项目采用了新媒体和数字叙事方法。再次,与本地历史机构合作。③ 初步结果显示:

---

① 北岛、李陀:《七十年代》,上海:生活·读书·新知三联书店,2009 年,第 6 页。
② 定宜庄:《老北京人的口述历史》,北京:中国社会科学出版社,2009 年,第 2 页。
③ 在 425 个核心样本的基础上,补充了 30 个台湾子样本、40 个少数民族子样本,以及来自与重庆中国三峡博物馆合作的"博物馆与公众:城市景观与记忆"项目的 85 个子样本。

一、与过去相关的活动:最常见的寻找身份认同的方式是通过影像记录过去,观看历史影视节目(包括纪录片),参加家庭聚会或其他形式的聚会。这不足为奇,因为包括电影、录像和电视节目在内的大众媒介是普罗大众日常生活中不可分割的一部分。同时,集体回忆和个人回忆往往在对过去的怀旧"消费"中重叠,而参与公众、周年纪念或历史保护组织等公共活动则是次等重要的。

二、关于过去信息来源的可信程度:档案馆、博物馆、历史遗址或纪念碑、个人或亲历者的描述等都被认为是迄今为止最可靠的历史来源。大多数受访者表示,历史物件比人的解释更加可靠,因为人们会基于不同的动机、价值观和背景对事件做出不同的解释。家庭故事排名也相对靠前,但原因有所不同,因为家庭故事的亲切感营造了一种自然的可信度。这类似于个人或亲历者的描述,大多数受访者将"动机"与"结果"混淆了:事实上,某人没有说谎的动机并不代表他们不会说谎,或者他们的解释就一定可信。当然,政客和媒体人士的排名最低也在意料之中。

三、在特定场合与过去相关联的程度:参观历史博物馆、历史遗址或纪念碑、历史街区或城市,在人们建立与过去的关联程度方面排名最高。大多数受访者表示,参与这些活动是一种直接的、真实的历史体验,有一种强烈的参与感或"身临其境"之感。这些活动,特别是在原址重建的博物馆、融入"活态历史"的街区、历史重演等,大大缩短了人们与过去的距离。

四、过去的多样性:中国的过去和家庭的过去的排名最高。事实上,大多数受访者认为国家历史与家族历史密不可分。爱国主义、忠诚、骄傲、"五千年的历史"等词汇出现频率很高,显示了普通人对源远流长的中国历史文化充满真诚的自豪感。

五、公众历史场所或地域:"你在过去 12 个月里参观过公众历史的场所或地域吗?"大多数受访者对这个问题做出了肯定回答。基于此,问卷提出了七个子问题,以及两个基于某一特定历史场所的开放式问题。① 这一部分采取了面对面的深度口述历史访谈。虽然耗费大量人力,但极具价值。口述访谈的文本分析渗透着大量的信息和洞见,体现了受访者对某一特定的历史场所或地域对历史的解释、呈现与传播的批判性认知。

尽管与欧美各国的历史文化传统不同,"中国人与过去"项目的数据也还有待进一步分析,但初步的结果给我们明确的启示:**历史开始,自下而上转向公众**。当记忆、遗产与身份认同难分彼此,当过去、现在与未来的界限日益模糊,当大量民间史料得以发掘与运用,知识建构的模式与权威均受到挑战。

譬如,口述历史以多样的形式、平实的语言为公众提供了参与历史生产、解释与传播的渠道,因而颇具吸引力。长久以来,口述历史一直在收集和传播中国传统文化与历史中发挥着不可替代的作用。即使在今天,很多少数民族文化也没有文字记载,而仅仅依靠口传心授。但是,近年来,口述历史的盛行和身份认同感的削弱似乎发生了碰撞。人们通过追溯对个人、家庭和国家的历史与记忆来寻觅新的认同感和解释权,而媒体技术的发展无疑加速了这一进程。除了官方形式的传播和保护,口述历史本身富有浓厚的平民主义色彩,在家族中代代相传,在本地社区亦广为流行。大多数口述历史项目由私募基金赞助,不以盈利为目的,吸引着技术娴熟、视觉敏锐的年轻一代。"家春秋——大学生口述历史计划"与"全国青少年历史记录大赛"是其中的典型案例。同时,口述历史也促使人们重新思索某些被忽略、被一笔带过或有争议的历史。这类研究一方面补充了官方的、专业的研究,另一方面又巧妙规避、挑战,甚至彻底推翻官方与职业的权威。近年来兴起的关于文革的口述历史研究通过亲历者的声音挑战非黑即白的历史论断,生动地展示了历史的复杂性与多样性。

又如,遗产已经变成了一个流行语,从一种热情发展为一种产业。博物馆、历史遗址、纪念碑、纪念馆、历史街区与历史城市数量激增,都

---

① 重庆市区的主要遗址、遗迹、博物馆、纪念碑和历史街区等。

表明人们对过去的热情。作为一种公共设施，博物馆伴随着国家建设的脚步共同发展，博物馆兴建近来已经成为中国的普遍现象。1949年，全国只有 25 座博物馆。很多博物馆在文革期间被烧毁，馆藏也相继流失。1978 年改革开放以来，城市化进程加快，中国兴起了博物馆建设的热潮。几乎每个省会城市都开始建设新馆，或者翻新已有的旧馆。从 2010 年起，全国人民代表大会已经把博物馆数量增长作为一个指标，加入到连续两个"五年计划"当中。个人和专业艺术品收藏家通常能享受政府为他们提供的优惠地产政策以建设私人博物馆或艺术馆。尽管那些富有的收藏家通常以此来展示自己的财富，创办动机各不相同，且大多缺乏策展技能，但私人博物馆依然迅速发展，体现出一种与传统博物馆不同的力量与热情。大多数的私人博物馆是艺术馆、文化博物馆或画廊，也有少数具有创新精神的历史类博物馆，如位于成都市郊安仁古镇的建川博物馆便体现了私人收藏与历史的公众呈现之结合。毫无疑问，博物馆人正面临人们日益增长的对过去的需求与热情。

在城市层面，很多城市都在争创"历史城市"，着眼于历史遗址、遗迹的商业开发。以 2004 年开始的红色旅游为例。革命遗址遗迹、爱国主义教育和旅游融为一体。公众可以到这些经典的红色革命场所，重新体验他们的个人经历。通过参与诸如唱红歌、现场表演、回忆餐等各种活动，旅游参观变成了集体怀旧。翻新的江西井冈山革命遗址是这类红色遗址旅游的代表。与 1960 年代至 1970 年代文革期间故意毁坏历史建筑，以及 1980 年代至 1990 年代以"现代化"名义大规模拆除历史建筑、破坏自然环境相比，中国正在重燃对远古的热情、对往昔的渴望。由此可见，实物文化，如公众历史场所，对公众认知和了解历史十分重要。这些地域空间亦是历史的叙事空间，拥有不同的修辞逻辑，潜移默化地影响普通人的历史感知，引导他们有历史意识地反思。

我们看到，家庭成为生产、制作历史的重要场所，亲密地影响着普通人的历史感知。家族史以及谱系学可以说是史学实践、历史想象与历史认识的民主化进程之重要组成。① 不同的学科——历史学、社会学、人类学、文化地理学等——对家族史的研究各有侧重：历史学关注家族史与国家历史建构的关系、后殖民时代的身份认同问题，认为家族史是"自下而上"的公众历史，具有挑战传统的社会叙事的潜能；文化与人类地理学则从故乡、家园、归属感与文化身份的角度研究家族史；生命史写作领域的关注点集中在家族、宗谱的研究与其文化表征的关系；社会人类学重视亲属关系以及不同文化群体的代际传承的研究；社会学则关注寻根的社会动因。随着网络资源与数据技术的变革，"公众"与"历史"的概念也发生着变化，与之相应的"空间"随之改变，由历史想象而激发的公众历史空间（public historical space）大大扩展了传统的以宗族制度为中心的家族史研究。维系地缘关系的移民会馆、维系血缘关系的宗族祠堂，以及通常存放于祠堂的族谱依然是重要的线索。来自家庭的口传心授、视觉资料与各类实物都讲述着"个人"的历史如何成为"公众"历史的一部分，也值得深入研究。②

同时，公众对体制和职业的权威抱着尊敬的态度，并期待着专业人士能更多地介入、帮助、协调。历史学家和历史教育家面临着具有审辩思维的"公众"。历史之赓续、传统之稳固，并将之体制化，服务于现实和未来。如果说传统中国文化中，学校是传授历史知识、影响历史感知、建构公民身份认同的主要场所，现在学校的历史教育很大程度上没有实现这一目标。通过死记硬背预设的理论和数字而获取的历史知识

---

① 在中国的语境中，家庭指的是以血缘近亲为主题，建立在婚姻、供养以及收养关系基础上的同居共财的生活共同体。家族则是血缘关系系统，包括家庭中的小宗族，也包括由若干家庭的小宗族构成的大家庭，即宗族。参见王玉波：《启动、中断、复兴——中国家庭、家族史研究述评》，《历史研究》1993 年第 2 期，第 175—184 页。

② 关于家族史与谱系学研究，参见：Richard White, *Remembering Ahanagran: Storytelling in a Family's Past*, New York: Hill and Wang, 1998. Alex Haley, *Root: The Saga of an American Family*, Da Capo Press, 2016. Hilda Kean, *London Stories: Personal Lives, Public Histories*, Rivers Oram Press, 2004. Gerome De Groots, "On Genealogy", *The Public Historan*, vol. 37, no. 3, 2015, pp.102-127. Sally J. Morgan, "My Father's Photographs: the Visual as Public History", & Tim Brennan, "History, Family, History", Hilda Kean, Paul Martin, and Sally J. Morgan, eds, *Seeing History: Public History in Britain Now*, London: Francis Boutle, 2000.

往往"无趣、匮乏、毫不相关"。

　　更深层的启发则是:过去是多样的,与现实生活息息相关,而对过去的认知与解读也不断发展。历史的"公众转向"扩展了历史研究的范畴与历史解释的维度,同时提出了新的问题,或为老问题提供了新解释、新角度与新方法。首先,公众史学挑战权威与精英史观,反对历史的过分职业化,并倡导具有政治意识的以社区为主导的历史。的确,公众史学的起源基于这些动因,但正因为它以有效的方式影响广泛的受众,它也是一种集体身份认同、实现与重建的手段。在这个意义上,公众史学不是简单的将历史大众化、作为娱乐方式、作为宣传手段。我们应该试图发现学院历史、媒体、历史机构(如博物馆等)以及大众文化之间的关系。其次,研习历史理应激情与理性并重,但过去并不是泾渭分明,也不只是提供固有的经验。卢德米拉说得好,过去让我们冥想、思索与沉淀。①

---

　　① Ludmilla J. Jordanova, *History in Practice*, London, New York: Arnold; Oxford University Press, 2000, p.149.

第三章　历史的呈现、解读与传播

进入21世纪，新媒体迅速发展，历史知识的载体和传播平台日益多元化，公众对于历史内容的需求也急剧上升。传统媒体也试图以新的方式提供历史内容，影响公众的历史感知。随着媒介的变革对史学生态的冲击，历史与媒体的关系成为公众史学研究的重要课题。媒体技术的变革意味着信息与史料的民主化，这深刻地影响着历史生产、解读与传播的方式。

媒体变革首先意味着公众有机会接触、阅读史料与档案，意味着历史在公众领域以不同方式得以呈现，也意味着公众有机会参与历史的建构与书写。历史在公众领域如何通过不同媒体得以被建构、解读和传播？不同的媒体如何影响公众的历史感知？媒体本身的及时性、现实性与历史的传承性、稳定性之间存在怎样的关联？在历史教育中，如何解读和教授"视觉素养"？**"媒体与历史"**一节将探讨以上这些问题。

作为历史学的方法之一，口述历史古已有之。英国历史学家保罗·汤姆逊认为口述历史的作用在于给我们一个机会，把历史恢复为普通人的历史，并与现实相关。可见，口述历史具有与更广范围的公众连接的敏感性，能激活公众对历史的感知，唤起共同记忆的空间，仅仅将之视为一种方法或技艺是不够的。口述历史与公众史学在学科起源、记忆研究、呈现方式和研究方法等方面拥有共同关注点。本章**"口述历史"**一节将系统阐释这些共同点。

当口述历史走向公众，新的伦理问题产生。这里，我引入**"公众口述历史"**的概念："如果历史认知要超越文本，我们必须将历史还给它的生产者。如果历史不只是局限在课堂,也不囿于少数人的经典之作,那么,历史的实践者必须找到一种方式与公众分享他们的激情,这就是公众口述历史。"①真正意义上的公众口述历史指的是口述历史在公众领域的产生、解释和传播。与仅为个人、家庭或学者研究所用的口述历史相比,公众口述历史在生产、解释与传播各阶段都涉及不同的利益相关者,历史学家秉承的求真的职业伦理与各种利益之间往往冲突不断,因此需要在纯学院的口述历史研究遵循的伦理目标和准则基础上增加新的议题。"伦理道德"则将进一步论述公众史学的两大基本伦理准则。

一 媒体与历史

历史在公众领域如何通过不同媒体得以建构、解读和传播? 不同的媒体如何影响公众的历史感知? 媒体本身的及时性、现实性与历史的传承性、稳定性之间存在怎样的关联? 视听媒体如何影响公众的历史感知? 在历史教育中,如何解读和教授"视觉素养"?

1."媒介本身是一种讯息"

1960年代,原创媒介思想家马歇尔·麦克卢汉(Marshall McLuhan)提出传播技术的变革能改变某一社会思维和感知的结构;引入一种新的传播形式将提高信息传输的能力,最终将改变某一社会的"感知率"(sense ratio)。② 他将"感知率"定义为某一社会使用不同媒介改变认知方式的效率③,"技术的影响往往不是发生在观念层面,而是稳

---

① David K. Dunaway,"Public Oral History: Reflections on Educating Citizen-Historians", Barry Lanman and Laura M. Wending, *Preparing the Next Generation of Oral historians: An Anthology of Oral History Education*, Lanham, Md.: Altamira Press, 2006.
② 所谓的"感知率"在历史学中即是"历史感知"。
③ 可参看:Marshall McLuhan, *Understanding Media; the Extensions of Man*, 1964, p.226. Garth S. Jowett, "Mass Media, History, and the Development of Communications Research", John E. O'Connor, and American Historical Association. Institutional Services Program. *Image as Artifact: The Historical Analysis of Film and Television*, 1990, pp.224-246。

定地、潜移默化地改变某一社会的认知方式"。①因此,受到影响的是社会的整体价值观和精神观,而一种新的技术的产生也是对某一人群的"社会手术",这不仅改变着人们的生活习惯,还影响着人们思维和评价的模式。② 虽然马歇尔·麦克卢汉的"技术至上论"在半个世纪后仍颇有争议,但无可否认的是,技术的变革已经导致了全新的"媒介生态"(media ecology)的出现,历史在这一新的生态环境中的建构、解读和传播方式已经超越了传统的历史表征。

尽管媒体与我们的生活如此接近,似乎无处不在,但在论述其与历史的关系之前,我认为有必要厘清"the media"(媒体)的内涵。该词源于其拉丁词根"medium"(媒介)。自19世纪以来,媒体最传统的意义是一种"中介",指一种技术手段或文化体制,一种影响或传播信息与事物的途径、系统、方法或手段,包括电视、收音机、因特网、留声机、电话等技术媒介,也包括诸如书籍、报纸等在内的文化媒介。其次,媒体也是一种艺术表达的物质形式或技术手段。这暗示对信息作符号编码,经过编码的客体与编码的过程包括物质形式和符号体系,带有社会涵义。媒体的第三个意义是为某一事物提供运作或发展、繁荣的条件或环境,通常用于广播、报刊、印刷或广告行业。③

19世纪中叶,媒介的内涵发生转变,除了"中介""手段"及行业内涵,媒介本身成为一种讯息(the medium is the message)。④ 这一转型可追溯至19世纪末人文科学领域开始出现的"语言转向"。瑞士语言学家费迪南德·索绪尔(Ferdinand de Saussure)提出的符号学理论最终结出了我们熟悉的解构主义和后结构主义之果。根据这一理论,"能指"(signifers)与"所指"(siginfieds)通过符号获取意义,"能指"是表述

---

① Marshall McLuhan, *Understanding Media; the Extensions of Man*, 1964, p.33.
② Ibid., pp.68-71.
③ 本文在涉及媒介的集合涵义如各种媒介的总称或具体的传播方式如收音机、电视、电影等时使用"媒体"。Raymond Williams, *Keywords: A Vocabulary of Culture and Society*, Flamingo ed. London: Fontana Paperbacks, 1983, pp.203-204.
④ 在这一层面,"媒体"与"媒介"常常交叉使用。

的形式,而"所指"是表述的内容,两者之间的关系是相对的、随意的。通过符号学分析这种意指关系(signification)实质上是在这些符号的不同关系中发掘其声音或语义的价值。这首先意味着叙事的单元可以按发音的顺序,将不同的声音作为一个单元,代表某一概念。① 媒介从一种简单的、中立的、不偏不倚的传播工具,到涉及感知的技术层面,如书面或文字、听觉、视觉媒介等信息传播途径。其次,媒体研究从美学、哲学和诗学中分离出来,这一分离表明阳春白雪与下里巴人,社会精英与普通百姓之间的藩篱消失。媒介影响、控制着人的行为方式,一种媒介的内容可以成为另一种媒介的形式。

与费迪南德·索绪尔不同,查尔斯·桑德斯·皮尔斯(Charles Sanders Peirce)将符号定义为"任何界定、解释某一事物的东西,因此具有无限性、反复性(ad infinitum)"②,可分为象征(symbols)、标志(indices)和图符(icons),因此,叙事单元开始扩展。当文字不再是历史表征的唯一媒介,媒介的变革如何与历史相关?玛丽-劳拉·瑞安(Marie-Laure Ryan)认为在"叙事媒介"(narrative medium)中,我们需要关注:一、什么样的信息可以通过叙事得以传播,这些信息如何得以呈现或体验?二、不同特质的组合,这些特质主要来自五个方面:所涉及的感官;感官路径的不同侧重点;时空的延伸;技术支持和符号的实物表征;文化的角色,生产或传播方式与文化角色。③

由于引入"**叙事媒介**"的概念,变革不仅仅是历史知识传播方式的改变,而是媒介在历史知识的生产和解释中的作用和意义。例如,视觉与听觉媒介的独特性使其在历史的**表征**(representations)④、**象征**(sym-

---

① Ferdinand de Saussure, Charles Bally, Albert Sechehaye, Albert Reidlinger, and Roy Harris, *Course in General Linguistics*, London: Duckworth, 1983, p.102.
② Charles Sanders Perice. Collected Papers, vol.3, Ed. C. Hartshorn, P. Weiss and A. Burkes. Cambridge: Harvard University Press, 1931-1958, p.303.
③ Marie-Laure Ryan, *Narrative across Media: The Languages of Storytelling*, Frontiers of Narrative, Lincoln: University of Nebraska Press, 2004, p.19.
④ Representation 在中文中可译为"表征""表现""表述"等。本文在抽象意义讨论时使用"表征",涉及具体应用时使用"表现",这一区分供读者参考。

bolizations)与历史知识的生产中扮演着不同的角色;视听语言如何影响历史感知,这不仅仅是智力的感知,还包括人们对历史的心理、情感、直觉感受和体验。如果说书面文化"缺乏某种自发性、随意性以及口述情形中的互动性"①,使得专家与公众之间产生鸿沟,那么,**移动图像**(moving images)作为一种实物(artifact)可以深刻地影响人们交流的方式。对历史学而言,这意味着不同的媒介对历史叙事和历史表征产生着潜移默化的影响,也意味着学术的历史感知与公众的历史感知存有区别。(**见下图**)

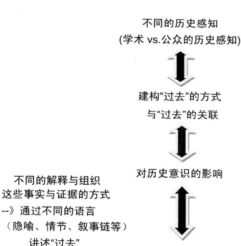

2. 历史叙事、表征与感知

叙事为我们理解真实的历史事件提供了怎样的洞见? 海登·怀特(Hayden White)开创性地提出"讲故事"(storytelling)在关于过去的知

---

① Ann Rigney, "When the Monograph Is no. Longer the Medium: Historical Narrative in the Online Age", *History & Theory*, vol. 49, no. 4, 2010, p. 104

识生产中的力量。①他认为"真实"的历史故事与历史事件之间并无本质差别,人具备赋予经验以意义的特殊能力,而历史话语的建构正是这种能力的体现。因为历史本身就是一系列真实故事的聚合,历史学家的责任在于将这些故事转化为叙事。② 人生命的意义往往与故事的情节发展类似,有开端、发展、高潮与结局,有不同类型的情节,如准情节、平行情节、失败的情节等,这些情节相互交织演绎,共同构成和谐的叙事流。③ 利科(Ricoeur)则更为精辟地论述道,历史的情节化(historiographical emplotment),是一种诗意行为,属于康德倡导的富有创意的想象,而不是复制式的或是文学式的想象,与之对应的也应该是富有诗意与创造性的叙事媒介,而不是百科全书式的呈现。

我们关注媒介,强调历史叙事的诗意性,并不意味着放弃探索历史的真实性。如王明珂教授所说:"无论是在新的、旧的、现代的、后现代的研究取向之下,历史事实是一位历史学家永恒的追求。"④不过,传统历史学家往往拒绝讲述关于过去的故事,或拒绝通过故事的开端、发展、高潮和结局来讲述历史,他们不对"现实"叙事,因为所谓的"现实"似乎能自成一体,无需解释或论证。在赋予真实的历史事件"故事"的形式时,叙事遇到了真正的挑战。这意味着在浩如烟海的历史文献中发掘故事:谁的动因得以实现?期望得以成就?如何在和谐的叙事中井然有序地呈现历史事件?叙事的文化功能本质上带有心理学的冲

---

① 可参考:Paul Ricoeur, Kathleen McLaughlin, David Pellauer, *Time and Narrative*, *Volume* 1, Chicago: University of Chicago Press,1984. Roland Barthes, Stephen Heath, *Image*, *Music*, *Text*, New York: Hill and Wang, 1978. Alon Confino, " Narrative Form and Historical Sensation: On Saul Friedländer's the Years of Extermination", *History & Theory*, vol. 48, no. 3, 2009, pp. 199-219. David Carr, "Narrative and the Real World-an Argument for Continuity", *History and Theory*, vol. 25, no. 2, 1986, pp. 117-131. David Carr, *Time, Narrative, and History*, Studies in Phenomenology and Existential Philosophy,Bloomington: Indiana University Press, 1986. Arthur C. Danto,"Narrative Sentences", *History and Theory*, vol. 2, no. 2, 1962, pp. 146-179. Hayden White, *The Content of the Form: Narrative Discourse and Historical Representation*, Baltimore: John Hopkins University Press, 1987.
② Ibid. , pp. 169-184 , p. 173.
③ 主要叙事话语类型包括神秘型、历史型和虚构型。
④ 王明珂:《历史事实、历史记忆与历史心性》,《历史研究》2001 年第 5 期,第 173 页。

动,需要想象,需要可能性,而这与历史学家讲述真实、客观的事实似乎矛盾重重。

年鉴学派的经典之作,费尔南德·布罗代尔(Fernand Braudel)的《菲力普二世时代的地中海和地中海世界》(*The Mediterranean and the Mediterranean World in the Age of Philip II*)不只是理性的认知和解释,还带有极强的形而上学的成分。他的著名暗喻来自地中海本身,将传统历史置于"浮于表面的种种不安和焦虑"中,暗示着历史环境(histoire évènementielle)的表层之上那些短暂、急速与不安的变化,这些变化是个人"依照各自生命的节奏所感受的、描述的、亲身经历的事件,转瞬即逝"。表层的动荡一旦消失,个人不得而知的是更深层的、缓缓流动的社会历史的洪流,是那些代表着集体和国家的经济与文化力量。这处于第二层的洪流暗示着某种更深层的、近乎静止的人与环境的历史,代表着气候、海洋、土壤和农业的"地理时间"。[①]这实则体现了想象力在探寻真理过程中扮演着举足轻重的角色。可见,叙事既是一种话语模式,一种言谈的方式,也是由这种话语模式产生的结果。当这种话语模式用于表现真实事件,结果是一种有特殊语法结构与修辞风格的历史叙事,真实的事件可以产生富于想象力的话语结构。[②]

虽然海登·怀特关于历史叙事的洞见体现了对真理、事实、秩序和完美的渴望的另一种途径,但此时,他的历史叙事和想象的"分析单元"还局限于文本,属于典型的19世纪叙事模式,将历史信息转化为某种特定的历史事实往往需要桥梁,需要某种形式的表征,但这种表现形式只是服务于内容,因此是中立的、客观的。(见下图)

1988年,海登·怀特扩展了历史叙事的"分析单元",提出"图像史

[①] David Carr, "Narrative Explanation and Its Malcontents", *History and Theory* vol. 47, 2008, pp. 19-30.

[②] Hayden White, *The Content of the Form: Narrative Discourse and Historical Representation*, Baltimore: John Hopkins University Press, 1987, p. 57.

信息/事实（Information/Facts）

历史事实（Historical Facts）
可核实与论证

历史现实性：真实性、秩序性、完整性
(Historical Reality: true, order, and full)

叙事（讲故事）
Narratives (storytelling)

历史表征：真实与想像
(Historical Representation: real & imaginative)

历史意识的建构

学"（Historiophoty）的概念。① 如果说"书面史学"（Historiography）通过口述形象与书面语言来表现历史，那么图像史学则是通过视觉形象（visual images）与影视话语（filmic discourse）来表现历史。② 这一概念的假设来自对史料甄别和评判标准的扩展。书面史学固然很重要，但是，图像史学运用不同的史料，因此需要不同的评判标准，譬如，如何筛选史料来呈现历史事件，如何判断历史细节的真实性，如何评价所谓的

---

① Hayden White,"Historiography and Historiophoty", *The American Historical Review*, vol. 93, no. 5, 1988, p. 1193, p. 1197.

② 笔者赞成张广智教授的观点：台湾学者周樑楷教授将 Historiophoty 译为"影视史学"其实是改变了这一术语的原有内涵。见张广智：《影视史学——亲近公众的史学新领域》，《人民日报》2016 年 2 月 22 日，第 14 版。

"历史意义"等。同时,图像史学能激发不同的历史感知①,这体现在电影能让我们欣赏、解读物质环境,倾听不同的声音,感受强烈的情感;或直接描述历史的种种细节与场景,将视觉和情感史料放在历史表征的首位,无形中影响、改变着我们对过去的感知。

图像与声音对某些历史现象、场景、景观、氛围,或错综复杂的历史事件与细节,如各类战争、大规模的人群、人物的心理情感,或是芸芸众生像的描绘等,具有独特的表现力量。R. C. 拉克(R. C. Raack)论述了图像与声音的独特优势。图像的力量在于它能同时影响人的大脑和身体,能有效地传递并强化信息。一系列静止的画面在观众眼前闪过,使其在头脑中记录这一动作,形成视觉场景,加上机械和电子技术与声音合成,能改变人脑对二维场景的认知。②图像还能改变叙事结构,进而改变历史信息。在影视媒体中,形式和内容不可分割,其魅力在于不同元素和技术的合成,能颠覆观众原有的思索与冥想的空间。移动图像的形式和结构极大地影响着它所传达的内容,如故事信息的范围和深度、角色的功能、情节的构成、时间的呈现结构,都影响着观众对影视信息的解读。③声音技术的发展使得无声电影成为历史。同期声具有真实性、在场性、情感渲染力和说服力。无论是来自电影中人物或故事场景的声音(diegetic),还是来自屏幕或画外音(nondiegetic),对话、音乐与音效等组合传达了声音和文字的情感效果。④

---

① Hayden White,"Historiography and Historiophoty", *The American Historical Review*, vol. 93, no. 5, 1988, pp. 1197-1199.

② 可参考:Robert Rosenstone,"History in Images/History in Words: Reflections on the Possibility of Really Putting History onto Film", *The American Historical Review*, vol. 93, no. 5, 1988, pp. 1173-1185. I. C. Jarvie, "Seeing through Movies", *Philosophy of the Social Sciences*, vol. 8, no. 4, 1978, pp. 374-397. R. C. Raack, "Historiography as Cinematography: A Prolegomenon to Film Work for Historians", *Journal of Contemporary History*, vol. 18, no. 3, 1983, pp. 411-438.

③ 电影图像和电视图像的视觉呈现有所区别,电视的屏幕较小,无法像电影(尤其是宽银幕)一样呈现大规模的全景和长镜头。见:R. C. Raack, "Historiography as Cinematography: A Prolegomenon to Film Work for Historians. " *Journal of Contemporary History*, vol. 18, no. 3, 1983, p. 418。

④ Ibid., pp. 418-419.

如果认为视听媒介仅仅是补充或辅助文本,就还没有充分探索图像和声音作为历史话语表征媒介所发挥的作用。事实是,视听媒介具有极大的史学研究潜力,尤其是多重历史感知与"浸入式"的体验,为历史意识的形成与历史知识的传播提供了新的可能性。①每一个时代生产的视觉、口述和文本史料在数量上没有太大差别。"'过去的事实'包含自然界的消长变化,个人与各种生物的社会生活细节,以及环境与生物间大大小小的互动关系……我们以文字记录保存的'史料',只是这些'过去事实'中很小的一部分。它们是一些被选择、组织,甚至被改变与虚构的'过去'。因此,一篇文字史料不能被简化为'客观史实'的载体;准确地说,它们是在人们各种主观情感、偏见,以及社会权力关系下的社会记忆的产物。"②但有些历史信息,尤其是场景和氛围,则只能通过视觉图像来传达,于是图像成为还原历史事件的场景和氛围的基础。

然而,当书面历史表达转化为视听历史时,历史信息是否得以有效保留,或是否有可能被保留?叙事是否与严谨的历史分析相互矛盾?通过视听媒介来表现历史是否能充分地传达对复杂的历史事件所作的批判性分析?是否具备历史思维的批判性?情感性、感官性是否意味着准确性、真实性的缺失?"讲故事"的优势是否意味着现实主义表征的丧失?对细节真实性的理解往往取决于对史料的筛选、压缩或扩展,以及对"历史意义"的理解,以戏剧性的方式表现历史的确意味着某种程度的妥协,但是经过筛选后呈现的视觉资料并不意味着"劣等"历史。与文本表述一样,就同一个历史题材,有短小精悍之作,也有鸿篇巨作,篇幅的长短往往取决于不同的研究目标,所使用的史料的多少,以及如何实现最有力的论证。③我认为,每种媒介都具有不同的优势,

---

① Hayden White,"Historiography and Historiophoty",*The American Historical Review*,vol. 93,no. 5,1988,pp. 1193-1194.
② 王明珂:《历史事实、历史记忆与历史心性》,《历史研究》2001 年第 5 期,第 139 页。
③ Hayden White,"Historiography and Historiophoty",*The American Historical Review*,vol. 93,no. 5,1988,p. 1178.

媒介的更新已经超越了传统的历史表征，它们相互作用，以不同方式影响我们的历史意识。

那么，什么是历史意识呢？汉斯-格奥尔格·伽达默尔（Hans-Georg Gadamer）将历史意识与"传统"联系在一起，他认为历史意识是当今时代文化发展的一种具体形式，历史性存在于当下的一切事物中，所有的观念只是相对的，因此"传统"毫无意义。彼得·诺维克（Peter Novick）从历史意识区别于记忆的角度来界定历史意识，他认为前者侧重于事件的历史性，后者与时间的流逝无关。但是阿莫斯·富肯斯坦则认为历史感知与集体记忆都有助于加深历史认知："历史意识起源于现实存在的史料；历史解释的对象未曾完全明确。倘若不与作为历史解释的来源或信息矛盾，每一种解释都能让我们更深入地认识历史。"这一开放的观点将历史意识与记忆、感知、想象等联系在一起，成为我们探索不同的媒体如何积极地影响个人与集体的历史意识的起点。

吕森进一步探索了历史意识与道德价值的关系，认为历史意识具有道德指向性，过去的经验对现实具有指导性，历史意识对道德-伦理意识十分重要。[1] 创建历史意识的过程也是形成道德、价值和伦理判断的过程，均与现实息息相关。这是历史意识的实际功能层面，即赋予现实以时间导向，视历史记忆为动因，对行动具有指导意义。这就是为什么国家总是在或新近或久远的过去中寻找对现实的指导，并预测未来，民族的自强和发展都在这其间了。[2]

海登·怀特的"历史想象"侧重于历史、艺术、科学和哲学之间的紧密关联，相互渗透，而历史意识使得历史学家在艺术与科学之间协

---

[1] JörnRüsen,"Historical Consciousness: Narrative Structure, Moral Function, and Ontogenetic Development",Peter C. Seixas,*Theorizing Historical Consciousness*,Toronto: University of Toronto Press, 2004.

[2] Geoffrey M. White,"Disney's Pearl Harbor: National Memory at the Movies",*The Public Historian*, vol. 24, no. 4, 2002, pp. 97-115.

调。①历史表征区别于其他形式的表征在于它表现的是真实的事件,是关于现实世界的知识。想象力以不同的方式作用于历史学家的感知,如罗宾·科林武德所言,历史学家的任务是带着同情心进入早已死去的人的头脑或意识,真正了解某一历史事件背后的价值与信念,也许这些价值和信念与历史学家所处的时代大相径庭,而历史学家也未必对此都持赞成态度,但他依然应该从历史的角度,从历史亲历者的心智中,寻找并还原真实、客观的历史,这与物理科学所秉承的"客观性"不尽相同。②想象力往往发生在历史研究的最后阶段,即历史学家需要将研究所发现的成果以叙事的形式呈现时,因此,当传播媒介形式发生变化,当文字不再是唯一的话语或叙事媒介时,当视听媒介提供了更多样的形式时,想象力会发挥更大的作用。例如,当代的历史电影(H-Film)代表了一种新型的社会典型话语,强调或揭示当代社会的历史感知,通过不同的镜头处理、叠加、蒙太奇、倒序、特技等,改写了当代基于文字的学术性历史话语。③

可见,历史通过视听媒介呈现与通过书面文字呈现相比,各有千秋,两者并不矛盾。问题的关键是如何充分利用不同媒介的不同优势,分析不同形式的史料如何承载历史信息,如何融视觉元素于历史分析的结构,如何为历史表征提供新的可能性。④传统媒体如收音机、电视和电影等本质上是一种媒介,体现着社会与文化价值,影响着公众的历史感知。而媒介形式的变革,尤其是新媒体的出现,彻底突破了传统的历史表征,创造性地影响并重构公众的历史感知。

---

① Hayden White,"The Burden of History", *History and Theory*, vol. 5, no. 2, 1966, pp. 111-134, esp. p. 125.
② R. G. Collingwood, *The Idea of History*, Oxford and New York, 1956, part 5, section 2 and 4.
③ Vivian Sobchack,"The Insistent Fringe: Moving Images and Historical Consciousness", *History & Theory*, vol. 36, no. 4, 1997, pp. 8-9.
④ Hayden White, *Tropics of Discourse*, Johns Hopkins University Press, 1986, pp. 81-120.

3. 分析框架

如何对图像史学进行分析呢？利奥波德·冯·兰克（Leopold Von Ranke）所言的"过去即真实发生的事件"（"the past as it really happens"）于任何形式的媒介来说都过于理想，因为任何媒介都试图支持或反对某种观点，而事实上，任何形式的历史生产都是基于对史料的选择，进而构成了某种解释，也建构了某种历史观点。从这一角度，视觉图像以一种不同的方式进行论证，难点在于理解图像如何通过隐含的视觉与听觉元素进行论证和解释。目前视听媒介的功能似乎还只是局限于历史知识的普及化，还没有实现历史知识的建构、历史的写作和历史感知的形成，而影视作品作为文化实物的史学价值也还没有被充分发掘。[1]

图像史学的目的是激发、教育和影响公众，通过精心剪接的声音和图像资料来陈述某一历史观点并进行论证，或是描述过去的某一个方面[2]，这体现在不同的史料和表现形式，不同的风格、语言、组织架构、呈现模式、分析结构和评判标准。[3]可见，图像史学需要与书面史学不同的分析、解读方式，这主要指历史事件的表现方式、动因、过程如何通过视觉形象所特有的语言——词汇、语法和句法，即一种与常规的文本分析不同的话语模式——得以解读。同时，还需要与历史对话不同的规则。由于使用不同的媒介，图像史学需要不同的分析框架和评判标准。[4]在搜集关于移动图像文本的内容、生产和传播相关信息的基础上，对其作历史分析可以从以下四个方面着手：**（见下图）**

---

[1] Marie-Laure Ryan, *Narrative as Virtual Reality: Immersion and Interactivity in Literature and Electronic Media*, Parallax. 2001.

[2] Tristram Hunt, "How Does Television Enhance History", David Cannadine, ed. *History and the Media*, Basingstoke: Palgrave Macmillan, 2007, pp. 88-102.

[3] Davis Natalie Zemon, "Movie or Monograph? A Historian/Filmmaker's Perspective", *The Public Historian*, vol. 25, no. 3, 2003, pp. 45-48.

[4] Robert Rosenstone, "The Reel Joan of Arc: Reflections on the Theory and Practice of the Historical Film", *The Public Historian*, vol. 25, no. 3, 2003, p. 72.

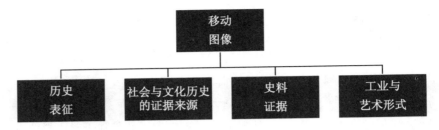

移动图像作为一种历史表征；

移动图像作为社会与文化历史的证据来源；①

现实剧作为史料证据；②

移动图像的历史作为一种工业与艺术形式。

在上述框架里,移动图像作为一种实物,我们对之进行**实物文化分析**(material cultural analysis),包括内容(content)、生产(production)和接收(reception)三个方面③,而贯穿这三个方面的问题是历史的真实性。海登·怀特认为将事实通过各种方式巧妙组合是一个充满诗意的过程。④各种元素的组合也不可避免地重构历史；任何形式的媒介都处于过去与现实之间,只能最大限度地接近已经消逝的历史。⑤那么,电影式的、比喻式的、象征性的真实性与文本的真实性,有何区别,如何比较,或是否具有可比性？

4. 跨越不同媒体的公众历史

基于上述框架,我们进一步从听觉和视觉两方面分析历史如何通过不同媒体呈现,形成公众历史,而不同媒体的独特优势又是如何影响

---

① 影视图像为社会、文化的价值研究提供了丰富的史料,自第一次世界大战以来经历了心理学、美学与意识形态/文化的三次范式转型。

② 从影视语言和图像剪接中获取具体的史料。电影具有记录过去的特殊优势。

③ John E O'Connor. American Historical Association. Institutional Services Program. *Image as Artifact: The Historical Analysis of Film and Television*, 1990, pp.6-9.

④ Hayden White, *Tropics of Discourse*, Johns Hopkins University Press, pp.121-130.

⑤ Robert Rosenstone, *Revisioning History: Film and the Construction of a New Past*, Princeton Studies in Culture/Power/History. 1995, pp.209-213.

历史的建构、解读和传播,进而影响公众的历史意识。

(一) 听觉媒体

与听觉相关的"回声记忆"(echoic memory)指的是听觉信息得以储存的最初几秒钟,能在短时间内再生产、并产生记忆的能力。心理学研究表明人脑储存声音的时间长于储存图像的时间,这直接影响人们对历史的心理体验。① 这里,我们需要对"声音历史"(aural history)和"听觉历史"(auditory history)作进一步辨析。"声音历史"主要指耳朵听见的历史,通常属于个人行为;而"听觉历史"则与公众相关,包括听者(auditors)与听众(audience),指历史融入声音的元素,尤其是倾听个人和集体关于过去的声音,以及这些声音如何与他们对话,影响他们对历史的感知、认识与评价,或是人们如何不断重组声音以创造适合人居的环境等。同时,"听觉历史"还巧妙地表达了将历史的声音呈现给当代听众的意愿。②

基于口述历史的播音节目

20 世纪初期,基于口述历史档案的广播节目开始出现。历史学家希望口述历史通过媒体为公众所用,开始与广播节目制作人合作,制作基于口述历史的广播节目。③ 如埃里克·霍布斯鲍姆所言,媒体具有与成千上万的公众交流、对话的潜能,每个人似乎都受到平等的尊重。收音机主要依赖语言和声音实现信息的民主化,具有连接历史与公众的力量,这主要体现在播音节目能更个人化地、更亲密地影响公众,与之产生共鸣。同时,由于收音机主要依赖于声音,收听的人不需要中断正在做的事。节目不受地域限制,能广泛传播。在形式上,收音机也较电影更为灵活;在制作成本上,广播节目远较影片制作成本廉价。直到

---

① Karin Bijsterveld, "Beyond Echoic Memory: Introduction to the Special Issue on Auditory History", *The Public Historian*, vol. 37, no. 4, 2015, p. 8.
② Karin Bijsterveld, "Beyond Echoic Memory: Introduction to the Special Issue on Auditory History", *The Public Historian*, vol. 37, no. 4, 2015, pp. 9-10.
③ David K. Dunaway, "Radio and the Public Use of History", *The Public Historian*, vol. 6, no. 2, 1984, pp. 77-90.

1930年代,历史学家都认为收音机比电影更能实现历史知识的民主化。美国早期的广播节目,如《历史之精彩篇章》(History Highlights)和《时光穿梭》(March of Time),或使用访谈与特效剪接的手段,加深听众对历史的认识;或采用实地访谈与历史文本交叉结合的形式;或侧重如何连接原本孤立的、偏远的社区与他们的传统等。① 虽然媒体人与历史学家使用不同的方法,肩负着不同的使命,但对声音和语言的共同关注凸显当时收音机作为知识传播的媒介,与口述历史结合的独特优势。自然地,收音机比印刷媒介更受到历史学家的青睐。

口述历史与感官记忆

声音能引发受访人未曾讲述的记忆与故事,能营造更为丰满的叙事空间。②同时,声音总是发生在特定的地域,这种具体性往往能丰富口述历史的实践,开放式的问答能引发并深入个人或集体记忆。**启发策略**(elicitation strategy)——使用提示符而不是直接提问的方式——极大地丰富、扩展了口述和其他形式的历史,也促使我们思索如何在公众空间表现听觉历史,以及如何呈现不同形式的声音景观。口述历史能帮助公众历史学家认识过去的声音对亲历者的意义,成为公众史学项目的重要方法之一。有的口述历史学家认为,信息在"普通的谈话艺术"中得以提炼③,这一观点忽略了听觉启发的技术性。与传统的问答式口述形式相比,启发策略能弥补或丰富口述历史实践,实现更有效地倾听,促进研究者与受访人之间的交流、亲密的分享,或深入的体验。

同时,开放式的启发策略还通过讲故事的方式引发回忆,使得研究者和受访者与环境互动,进而得出一种与传统的问答方式不同的口述历史。譬如,感官记忆(sensory memory)关注如何有意识地使用声音激

---

① Ian R. Tyrrell, *Historians in Public: The Practice of American History, 1890-1970*, University Of Chicago Press, 2005, p.79.

② 这里的声音指除了音乐之外的声音,即非音乐声音。Anna Harris, "Eliciting Sound Memories", *The Public Historian*, vol.37, no.4, 2015, pp.14-31.

③ Perry Blatz, "Craftsmanship and Flexibility in Oral History: A Pluralistic Approach to Methodology and Theory", *The Public Historian*, vol.12, no.4, 1990, pp.7-22.

发听觉、视觉、触觉和嗅觉等感官①,这一方法已在人类学研究中普遍使用。又如,通过采访人引导产生的声音(participant-generated sounds),受访者在行走中深入认识某一地域,并通过多重感官记忆引发特定的地域感知。这较传统的口述历史前进了很大一步,真正实现了受访者与研究者共享记忆,共享历史的话语权,并共同建构历史。

虚拟空间里声音与公众的历史意识

自1960年代以来,被边缘化的社会群体开始发声,希望记录、展示或重建自己的历史。以建构精神病人的公众历史为例,传统的医疗史以医生的叙事和技术或药理的突破为中心,而公众史学者关注精神病人的叙事。他们不仅给消声的社会群体发声的机会,还质疑现存的精神病史,以实物、视觉体验辅助参观者,激发富于同情、充满默契地倾听。②声音改变、影响着公众的历史意识、认知和记忆,在不同的公众历史场所扮演着日益重要的角色。

荷兰的海特杜威斯博物馆(Het Dolhuys Museum)被誉为"倾听的博物馆"。该馆通过口述历史和叙事性的录音,让传统精神病历史叙事中被忽略的人有机会讲述自己的历史,展陈的实物都伴有声音的解释。播音的治疗功效开始挑战体制化的环境。欧美一些医院的广播节目希望通过声音改善医院的氛围,满足精神病人倾诉的愿望,还通过心理与病理治疗的现场录制,提供参与的空间和多重视角,为有争议的历史课题提供论辩的空间。

更为普遍的是声音技术在历史博物馆展陈中的应用。③譬如,虚拟的**声音景观**(Virtual Soundscapes™)通过双声道立体声制作三维映象,这样声学专家能对在某一特定场合录制的声音进行矫正,实现空间的

---

① Anna Harris,"Eliciting Sound Memories",*The Public Historian*, vol. 37, no. 4, 2015. p. 18.
② Carolyn Birdsall, Manon Parry and Viktoria Tkaczyk,"Listening to the Mind: Tracing the Auditory History of Mental Illness in Archives and Exhibitions",*The Public Historian*, vol. 37, no. 4, 2015, pp. 47-72, esp. p. 49, 59.
③ Karin Bijsterveld,"Ears-on Exhibitions: Sound in the History Museum",*The Public Historian*, vol. 37, no. 4, 2015, pp. 73-90.

回响,并保留有启发功能的声音元素,从而使录制的声音环境与真实的环境在虚拟中实现共鸣,在虚拟的环境里给听众一种真实的感受。① 以荷兰阿姆斯特丹博物馆(Amsterdam Museum)"城市过去的声音景观"(soundscapes of the urban past)展览为例。该展览选择了阿姆斯特丹大坝在1895年和1935年的两个下午的声音场景为核心。② 19世纪末,由于高速的城市化进程和人口密度的增长,阿姆斯特丹的声音景观也随之改变;1930年代中期,由于机动车的普及和关于街道噪音的公众舆论日益高涨,城市空间的声音景观又有所不同——因此,这两个时间节点颇具代表性。阿兰·科尔宾(Alain Corbin)曾说,历史学家不应只是传达关于某一过去的声音,还应该关注当代人如何倾听这些声音。③为了激发人们对这两个历史时刻的回忆,该展览还选取了2012年的某个下午作比较,解释阿姆斯特丹的声音景观的变迁,以及对公众意味着什么。

位于美国马萨诸塞州洛厄尔市的博特织布博物馆(Boott Cotton Museum)也采用了类似的声音启发策略,整个一层楼用于安放一个正在运作的织布机,演示如何织布,让参观者身临其境。在历史场景再现中,实现对过去的多重感官体验。④又如,位于比利时依泊尔的弗林德斯战争博物馆(Flinders Field Museum at Ieper)在博物馆展陈中巧妙地融入了声音的元素,观众能在特定的空间里"倾听"第一次世界大战的种种场景,在博物馆这一特定的空间里,真实地体验战争的声音。

随着数字媒体的出现,在很多城市里,**"城市行走"**——融口述历史、声音档案、音乐等元素为一体,在没有存留物质实体的环境中重构

---

① 参见网址:www.hmmh.com/soundscape.html
② 自19世纪以来保存较为完整的建筑,有完整的文献档案。
③ Alain Corbin, *Time, Desire and Horror: Towards a History of the Senses*, Cambridge, UK: Polity Press, 1995.
④ 关于多重感官的博物馆或感官的博物馆学,参见:Nina Sobol Levent, Alvaro Pascual-Leone, and Simon Lacey, *The Multisensory Museum: Cross-Disciplinary Perspectives on Touch, Sound, Smell, Memory, and Space*, 2014. David Howes, ed, "Special Issue: Sensory Musicology", *The Senses and Society*, vol. 9, no. 3, 2014.

历史——日益流行。① 过去的声音能激发公众对城市历史的不同感知。在城市空间里,多元与多维的声音景观也增强了历史解释的力量。② 艾米丽·汤普森(Emily Thompson)生动地论述了建筑声学家们如何影响了20世纪的美国城市:混响空间,代表着经济的落后、低效、无组织纪律、吵杂;在街道层面,机动车的轰鸣带来的各种杂音如何影响了美国的城市形象与城市化进程。

(二)视觉媒体

自无声电影的时代结束,移动图像与声音结合,共同影响公众的"感知率",诚如马歇尔·麦克卢汉所言:"两种媒介交汇的时刻,是可以发现真相和给人启示的时刻,由此而产生新的媒介形式,新的感知方式。"③

电视

英国历史学家西蒙·尚玛(Simon Schama)制作的《英国的历史》(*A History of Britain*)可谓电视历史的经典之作。该片共16集,时间跨度从公元前2000年至2001年,通过一系列图像,生动地讲述英国历史。该片通过国王和皇后、宫廷贵族、革命者与独裁者、牧师与异教徒、普通农民、士兵、奴隶、工人等从远古到现今英国的芸芸众生像,借助一系列精心挑选的地域、景观与声音,以一种特殊的方式,从一个特殊的视角,来记录、呈现英国历史。譬如,观众可以听见威尔士人、爱尔兰人和苏格兰人说的不同英文,可以鉴别英格兰的各个区域略微不同的口音,这些方言的细微差别都讲述着不同的历史。又如,过去存留的遗址、遗迹也以不同的方式与观众对话:如今空旷的教堂墙壁、房屋的壁炉、花园等,采用画外音、图像、叙事人的评论与重构等结合的方式,让

---

① 参见网址:www.soundmap.co.uk. 数字技术在城市空间的使用已成为目前美国公众史学的重要课题,在2016年的美国公众史学年会上,关于城市空间的数字历史项目的探讨十分活跃。参见:www.ncph.org

② 可参考:Emily Ann Thompson, *The Soundscape of Modernity: Architectural Acoustics and the Culture of Listening in America*, 1900-1933, Cambridge, Mass.: MIT Press, 2002, p.1。

③ Marshall McLuhan, *Understanding Media*; *the Extensions of Man*, 1964, p.63.

历史细节复活。当然,我们可以质疑某些评述的细节或叙事的情节,但是通过戏剧性的技术处理,通过关注历史的细节,通过讲述生动的故事,该片为富于想象力的观众提供了宽广的思索空间。① 该片如何突破文本局限,产生富有吸引力的公众历史? 西蒙·尚玛谈及了四个要素——即时性(immediacy)、移情(empathy)、道德论辩(moral engagement)与诗意(poetic connexion)。②

一、及时性:让史料在节目的叙事结构中占有一席之地,让历史的声音自然地融入每一集的叙事流,这通常由主持人控制。选取的声音有时来自某一特定的史料,如历史人物的信件和家书,有时通过吸引视觉的注释和引用,这不仅有助于建构叙事结构的严谨性和真实性,也传递着主持人的权威性。这里,主持人是观众的同路人,他解释、回溯历史事件,也评论某一历史物件的意义,还维系着对过去的情感和心理的传承。主持人还常常邀请、激发观众尽情的想象,如第三集里的黑斯廷斯之役(the battle of Hasting)和贝克特之死(the death of Becket),通过切出剪接(cutaway edits)等技术手段,呈现出河边落叶飞舞与闪电雷鸣的景象,营造出一种山雨欲来风满楼的氛围,带给观众一种即时共享的空间与情感体验。

二、移情:想象式移情,使用现代的重构技术将历史拉回现实。节目中的军事场景,如罗马军队的前行、海盗与盎格鲁-撒克逊人的决斗等,往往旨在激发某种情感与想象的空间。该片采用了黑白图像,或经过调整的色彩和语调,或通过为图像着色、使用摄影机的方式(如手持、远近),增加影片的戏剧性或真实性。我们知道,手持摄影机的手法通常在拍摄新闻类型的纪录片时采用,能让历史场景活力盎然。这里,声音与图像的结合,产生了巨大的影响力。如在第二集里,旋转的英国地图暗示了旅途的路线,向观众展示了诺曼底人征服英格兰的时

---

① Justin Champion, "Seeing the Past: Simon Schama's 'a History of Britain' and Public History", *History Workshop Journal*, vol. 56, no. 1, 2003, pp. 153-174, esp. p. 172.
② Ibid., p. 159.

代,英国由此从斯堪的纳维亚半岛扩张至欧洲大陆。

三、道德论辩:与文本历史的争辩不同,《英国的历史》将有争议的历史主题巧妙地融入叙事情节,通过事例论证哲理。于是,历史不是简单地呈现"在什么时间发生了什么事件",而是某一事件"为什么会发生和它的历史意义"。电视通过图像来论证与解释,鼓励观众思索某一领袖或国王的道德角色、建国的历程、宗教权力与少数族群权力的纷争等,这种现代意义的重构、旁白和评论有效地补充着图像论证。

四、诗意的联接,即历史的诗性。该片大量使用"神奇的"(magic)、"魅力无穷的"(glamour)、"迷人的"(enchantment)等充满感官体验的形容词,试图帮助观众建立一个由图像、色彩与声音交相辉映的历史空间。历史不再是简单地复制"过去",而是激发观众冥想,回忆那些已经消逝的历史。[1]

由此可见,电视历史需要档案、照片、亲历者的回忆,历史事件的重构,极有天赋的解说;同时,还需要精彩的叙事。[2]事实是,自希罗多德开始,历史便是叙事,是讲故事,优秀的历史学家不仅与同行交流,而且十分懂得并善于与公众交流。通过《英国的历史》,西蒙·尚玛还大胆地提出,图像以另一种方式叙述、论证,并推翻了传统历史研究的下列假设:

一、只有文本记载的历史才是真正的历史;

二、只有文本才能作严肃的论证,图像无法传达严肃的意义并进行论证,因此,图像必须依附于文本,最多为书面历史锦上添花而已;

三、只有职业历史学家享有历史的话语权;

四、应该由职业历史学家根据是否忠实于文本来评价电视历史。

---

[1] Wollen, Peter, *Signs and Meaning in the Cinema*, Cinema One, New and enl, Bloomington: Indiana University Press, 1972.

[2] Taylor Downing, "Bringing the Past to the Small Screen", David Cannadine, ed. *History and the Media*, Basingstoke: Palgrave Macmillan, 2007, pp.7-19.

在这一过程中,视觉策略绝不仅仅是一种噱头,而是试图激发论辩,并由此衍生叙事流,产生首尾呼应、具有叙事弧的视觉故事。电视历史通过评论和视觉形象的结合得以完美地展现。这样的历史有自己的信念,有一套独特的方式再现过去,而不只是将文本历史搬上屏幕。①

移动图像作为认知的媒介力量十分强大,能建构优美而严谨的叙事。制片人与历史学家基于历史研究,发挥讲述过去故事的能力,洞悉深刻的历史经验,这其实是对口述传统和历史表演的一种回归。在知识走向民主化的进程中,电视历史能激发观众就历史问题进行激烈的论辩,在历史意识的形成中扮演着重要的角色。②

电影

历史电影可分为纪录片和剧情片两大类。历史纪录片体现了历史的艺术性与科学性之间的矛盾。首先,批判性的叙事场景应该基于史料,历史场景的呈现不应该改变时间序列,但通过某些具体片段,尤其是一些短小精悍的插曲穿梭于不同的历史篇章之间,却能生动地再现某一特定的历史时刻。这些插曲虽然打破了时间序列,却起到了渲染的效果,极富感染力。其次,纪录片能提供多种观点,综合多重视角。毫无疑问,电影与书籍不同,无法在较短的时间内承载大量的历史信息,但文字无法透彻地还原历史经验与场景、心理与情感,而这恰恰是影视媒体的优势。③

电影脚本通常采用第一人称叙事,结合真实的音乐,伴随着专家或学者的解释和评论,并在传统的自上而下的历史叙事中融入自下而上的历史,借不同学科的方法之长,更全面、深入、严谨地剖析某一历史观

---

① Simon Schama, "Television and the Trouble with History", David Cannadine, ed. *History and the Media*, Basingstoke: Palgrave Macmillan, 2007, pp. 25, 32-33.

② Tristram Hunt, "How Does Television Enhance History", David Cannadine, ed. *History and the Media*, Basingstoke: Palgrave Macmillan, 2007, pp. 90-91, 95-96.

③ David Thelen, "The Movie Maker as Historian: Conversation with Ken Burns", *The Journal of American History*. 1994, pp. 1032-1033.

点。历史学家如何参与纪录片制作？通常而言，历史学家应该对最初的制片主题和谋篇布局提建议；评审提议，如美国国家人文基金的申请书通常要求历史纪录片具有严谨的学术构架；在粗剪、精剪的各个阶段，他们需要查阅并提取第一人称的档案资料；批评对某一主题的过分强调，或对某一主题关注不够，从而提高影片的质量等。

以美国历史纪录片制作人肯·伯恩斯(Ken Burns)的纪录片《美国内战》(*Civil War*)为例。该片之所以成功，是因为它容纳了关于内战起源的一系列相互矛盾、充满争议的情感与观点，并在充满感情地叙事中呈现这些矛盾；因为它的讨论超越了简单的历史事实，引导观众思索更深远的问题，如内战如何发生，或为什么发生；因为它充分调动了观众的情绪和想象力，让公众享有解读历史的权力(而不是简单地告诉公众应该如何思考历史)，并对普通人在战争中的经历感同身受，让今天的观众能积极思索，更深入地了解这段历史，能真实地回到历史的场景。所有这些，都从不同侧面满足了公众对这段历史的热情，除了传统的军事历史所关注的社会与政治变革如何改变了一个国家，公众还希望了解为什么葛底斯堡之战意义攸关。

更重要的是，公众渴望与过去发生真正的联系，而公众史学者具备与"公众"分享历史的责任：在学术领域之外亦能宣称其所坚持的理念之终极目标与价值，肯·伯恩斯的纪录片完美地体现了这一职业理念。他认为，电影能记录错综复杂的历史情节，容纳不同的甚至颇具争议的历史观点，是一种"情感考古学"(emotional archaeology)，即史料、年代、事件，甚至是历史的学术层面如解释、观点等与公众发生某种联系。在力求准确传达历史事实及其学术价值时，历史纪录片还能超越一致历史(consensus history)，发掘并演绎公众与过去的某种情感的联系。[①] 当然，在融真实的历史事件于影视叙事时，历史的艺术性与诗性往往与历史的真实性与客观性冲突。历史纪录片应该有不同的评判标准，但

[①] Thomas Cripps, "Historical Truth: An Interview with Ken Burns", *American Historical Review*, 1995, pp. 741-764, esp. p. 746.

任何形式的历史都需要注明史料来源,需要解释第二手史料,需要重视新的或不同的历史解读,这样才能创作出具有历史批判性的场景。对于具有历史知识和素养的普通公众而言,肯·伯恩斯的纪录片影响着他们的历史感知,这不仅是对具体历史事件的认识,还关于对"什么是历史"的体验和反思。他的制片公司(Florentine Films)除了制作纪录片,还涉及电影配音、音响制品、附属的书籍、导游手册、基于网络的教学活动等,大大缩短了电影制作与历史教育之间的距离。①

另一类历史电影是剧情片(featured films)。与美国公众史学大约同一时期出现的"新史学电影"(New History Films)由美国历史学家罗伯特·罗森斯通(Robert Rosenstone)提出并实践,其目的、内容和形式均突破了传统历史电影的范式。"新史学电影"的重点不再是公众娱乐或赢利,而在于了解过去。1960—1970年代,长期被边缘化的社会群体往往亟需寻求与历史的联系,如后殖民时代的国家,政局长期动荡不安的国家,经历过战争的国家,或少数族裔、不同性取向的群体等,希望能创建可代代相传的遗产,而以现实主义为主导的传统电影已无法满足这样的集体智力与精神的追求。②

"新史学电影"通常具备三个要素:一、假设:视觉媒体是一种合理的生产、解释和传播历史的途径,通过过去的各种实物资料、印迹(traces)来表现、解释并建构历史;二、方法:影视历史是一种独特的记录、表现过去的方式,有自己的一套规则;三、内容:严肃地处理过去与现实的关系,而不只是传统的图像与评论结合的形式。可见,"新史学电影"不再仅停留于传播历史,还通过视听媒介创建或解构历史。在这里,电影不仅为有争议的历史提供了新的展示空间,还侧重通过故事讲述过去,而故事的意义也因媒体的不同而超越了现实主义,进而再现

---

① Vivien Ellen Rose, Julie Corley, "A Trademark Approach to the Past: Ken Burns, the Historical Profession, and Assessing Popular Presentations of the Past", *The Public Historian*, vol. 25, no. 3, 2003, pp. 49-59, 50-51.

② Robert Rosenstone, *Revisioning History: Film and the Construction of a New Past*, Princeton Studies in Culture/Power/History. 1995, p. 5.

历史。①因此,"新史学电影"改变了传统的"现实主义"的各种表现模式与风格,以更多元的呈现方式,混合不同风格表现历史。于是,纪录片与故事片的边界开始模糊。②

"新史学电影"还提供了一种新的视角,以新的方式影响公众的历史感知。这类电影将历史视为一种想象,一种远见(vision)。这主要体现在三个方面:首先,质疑宏大历史叙事结构和某些历史细节,挑战既成的历史事实或结论。通过屏幕受到质疑的观点可大可小,可以是少数族群在某一单一民族环境中的故事,或是整体文化或文明的某些约定俗成的假设。其次,对历史的认知、展望与想象受到媒介的影响。电影可以视作一种想象的历史,但又不只是想象;它还通过移动的图像、语言和声音等反映过去复杂的经验。从技术层面考虑,不同的镜头、摄影机的角度、不同片段的对比,如黑白、彩色与着色、清晰与模糊等;亦或是声音的元素,如音乐、对话、解说或画外音等,从不同程度强调、质疑或挑战某种历史观点。再次,传统电影遵循这样纯粹的"现实主义"的表现逻辑,通过摄影机的位置、连续剪接、灯光与动作效果、叙事等手法,试图"真实"地反映历史。"新史学电影"倡导超现实主义、拼贴艺术、表现主义、神秘主义与后现代主义,并挑战自 18 世纪以来占统治地位的理性主义历史话语体系,通过视觉媒体独特的优势创造了一种独特的历史,即对历史的再展望、再想象。③

由此可见,"新史学电影"以"一种戏剧或表演形式,通过舞台或屏幕呈现过去的图像和声音。这样的历史独具魅力,能与公众实现多层

---

① Ibid., pp. 8-11.
② Hitler: A Film from Germany, Hiroshima Mon Amour (France), Night of the Shooting Stars (Italy), Memories of Underdevelopment (Cuba); Repentance (Soviet Union), The Home and the World (India), Eijanaika (Japan), Walker, Mississippi Burning, and etc. Robert Rosenstone, *Revisioning History: Film and the Construction of a New Past*, Princeton Studies in Culture/Power/History. 1995.
③ Robert Rosenstone, *Revisioning History: Film and the Construction of a New Past*, Princeton Studies in Culture/Power/History. 1995, pp. 8-11.

面的交流,不只是历史事实的展现,还是一种充满诗意和隐喻的交流"。① 如弗兰克·安克斯密特(Frank R. Ankersmit)所言,历史的隐喻层面,或各种视觉隐喻(visual metaphors),最终比其文学或事实层面更有力。类似地,戴维·哈伦(David Harlen)也指出学院历史通常受学科限制,用特定的语言和视角来撰写历史,进而形成学术的历史感知;而电影则通过将过去打碎,融入现实,让更多的人了解过去,更多地发掘历史事件和人物与现实生活的关联,其结果是公众历史感知的形成。因此在图像史学里,我们探寻的是象征或隐喻的真实,而不是表面或静止的真实(literal truth),这需要我们懂得影视语言,懂得视听媒介是如何通过不同的"语言"讲述历史,如何解构历史纷繁复杂的细节,如何论证某一历史观点。

戏剧

尽管影视作品以不同的方式讲述、记录、论证历史,但基本仍停留在如何通过声音与移动图像有效地表现历史,而历史剧则超越了这一范畴。它通过虚拟的历史环境,创造"浸入式"的体验,极大地缩短了观众与历史的距离。当观众在剧院里被带回历史的场景,他们对历史事件的认知、体验和感受被彻底改变了。

以加拿大的维恩·泰斯恩(Vern Theissen)制作的历史剧《维米山——一场加拿大的战争》(Vimy, a Canadian Battle)为例。②该剧以真实的历史事件为背景,讲述的是第一次世界大战时期,加拿大远征军于1917年4月9日至12日攻占维米山,四支加拿大军队与英国军队协同作战,约10000加拿大人在战争中伤亡。维米山之役对英法联军是失败的,但对加拿大而言却是一场胜利。在加拿大战争博物馆的展陈中有这样的描述:维米山的胜利意味着加拿大开始走出英国的护翼,开始实现真正意义上的独立。关于这场战争,不仅有纪录片——《维米

---

① Robert Rosenstone,"The Reel Joan of Arc: Reflections on the Theory and Practice of the Historical Film",*The Public Historian*, vol. 25, no. 3, 2003, pp. 61-77, esp. pp. 65, 69-70.

② David Dean,"Theatre: A Neglected Site of Public History?" *The Public Historian*, vol. 34, no. 3, 2012, pp. 21-39.

山之战》(*The Battle of Vimy Ridge*)和《维米山：天堂至地狱》(*Vimy Ridge: Heave to Hell*)，还有儿童读本、图画小说、遗产手册和位于阿拉斯(Arras)的维米山纪念碑等多种视觉呈现。

即使在共享的"维米山"集体经验中，每个人也有不同的体验，也讲述着不同的故事。因此，《维米山——一场加拿大的战争》成为记忆之剧。每一个角色都经历倒叙，巧妙地融合了战争发生之前的生活、战争时的经历和战争结束后的回忆。战争带来了民族团结与认同，也引发了种种纷争，于是，公众纪念成为另一种表现国家记忆和身份认同的方式。①关于该剧的公众调查显示，约75%的观众认为《维米山》的制作实现了尽可能的历史真实。②我们看到，历史剧具有连接公众与历史事件的更直接的能力。舞台上的角色通过多重感官的方式，实现历史场景再现，并在表演中不断调整与观众的距离，主动地影响着观众对历史事件的认知和体验，进而引发出一种截然不同的历史感知。③

(三) 历史重演

什么是历史重演？历史重演包括活态历史博物馆、技术性的历史重构与各种怀旧玩具(如锡制人像、立体模型、建筑模型等)、文学作品、电影、图片、游戏、电视节目、游行庆典等形式，存在于社会与网络的各类历史表演。与个人经验、社会关系与日常生活相关，是对过去的某种猜测性的解释。④ 历史重演融合听觉、视觉媒介，成为当下颇为流行的一种公众史学形式。

对过去的表演性与情感性理解一直是历史思维的一部分。历史重

---

① David Dean, "Theatre: A Neglected Site of Public History?" *The Public Historian*, vol. 34, no. 3, 2012, pp. 27-32.

② "对您而言，该剧在多大程度上忠实于历史细节？"参与公众调查问卷的回馈是75%。David Dean, "Theatre: A Neglected Site of Public History?" *The Public Historian*, vol. 34, no. 3, 2012, p. 27.

③ 关于过去与现在的距离对理解历史事件的影响，参见：Mark Salber Philips, "Distance and Historical Representation", *History Workshop Journal*, vol. 57, 2004, pp. 123-141。

④ Vanessa Agnew, "History's Affective Turn: Historical Reenactment and Its Work in the Present", *Rethinking History*, vol. 11, no. 3, 2007, pp. 299-312.

演是情感史学的一种形式,即视"情感"为对象与目标的历史表征,并以此引发个体的生理与心理体验,这一过程中事件、过程或结构的重要性落到其次。关于日常生活与社会交流互动的证据成为归纳历史经验的证据。同时,再现某个特定的历史场景往往打破时空限制,重视情感体验与认同,挑战历史的连续性。更为激进的看法是:所有的大众历史都是基于"再现",即通过身体和情感再讲述过去的故事,历史不过是现实中的人们对过去的一系列叙事的集合。历史小说对过去进行表演性的解释,试图还原历史场景;博物馆通过藏品讲述某种特定版本的历史;各种对"过去"的解读,不管是职业的历史、业余的历史,还是虚构的历史,本质上是对过去的再现。历史在这里成为一种基于过去的表演。[1]这一观点的假设是,历史是可以被控制并加以管理的,换言之,历史可以被重构、被拉近,可以通过各种感官体验被重新解释。在这一过程中,历史变得可感可知,生动活泼,成为现在不可分割的一部分。杰罗姆·德·格罗特(Jerome De Groot)说得好:历史重演是当代参与历史的某种暗喻(tropes),或用拉斐尔·萨缪尔的话:"可以触摸的历史,是当代的历史参与的重要形式,表明感官体验对历史感知的重要性。"[2]参与暗示着主动性,历史重演者既是演员也是受众,具有解放性与民主性,具有官方或学术历史里缺失的历史互动性。

历史重演主要分为两大类:一类是通过第一人称解读历史,历史重演者穿着历史人物的服饰,在重建的博物馆、遗址等场所再现历史场景,殖民地威廉斯堡遗址(Colonial Williamsburg)、斯特布里奇历史村庄(Old Sturbridge Village)、普利茅斯种植园(Plimoth Planation)、康纳草原遗址(Conner Prairie)等均是历史重演与体验的经典之作,引发了公众发自内心的、充满动感与激情的感官体验。除此之外,在美国的博物

---

[1] Jerome de Groot, "Affect and empathy: re-enactment and performance as/in history", *Rethinking History*, vol. 15, no. 4, 2011, p. 594.

[2] Jerome De Groot, *Consuming History: Historians and Heritage in Contemporary Popular Culture*, Hoboken: Taylor & Francis, 2008, pp. 104-106.

馆和历史遗址,还有相当数量的"活态历史"项目①,例如,博物馆剧院、融表演于遗产解读,或在博物馆语境中表演技能等。另一种类型的历史重演是一些对某段历史有特殊热情的志愿者参与重演这段历史,在美国最著名的就是美国内战史重现。这类重演通常更侧重于服饰、武器等的真实性,历史的场景或解读落在其次。②

罗宾·科林武德、爱德华·汤普森(Edward Thompson)、米歇尔·德赛杜(Michel de Certeau)、戴维·洛文塔尔等历史学家或直接或间接地谈及历史重演作为历史研究的方法之一,深刻地影响着公众的历史感知,为历史认识的深化提供了新的可能性。然而,这方面的理论探索与实证研究还十分匮乏。

(四)"视觉素养"(Visual Literacy)的培养

传统的历史学家认为,影视媒体的不足之处首先在于观众没有充分的时间分析、理解移动的图像,而文本则能让读者有机会反复阅读,深入思考。强烈的情感回应往往缺乏批判性思维,观众只能被动地接受影视信息。"戏剧性的效果可能使得叙事者与叙事形式分离,使得观众忘记影视作品是创造性解释的产物,而不是事实本身。"其次,媒介的形式可能与历史学的职业诉求相悖。历史学家查尔斯·蒂利(Charles Tilly)和爱德华·汤普森认为"过去"归根结底是不同阶层斗争和夺权的过程,阶级关系的演变和权力的种种纷争对建构历史十分

---

① 可参考:Association for Living History Farms and Agricultural Museums (ALHFAM) (http://www.alhfam.org).

② 参见 https://acws.co.uk/index.php. 关于历史重演,参见:Iain McCalman, Paul A. Pickering, ed. *Historical Reenactment: From Realism to the Affective Turn*, Basingstoke, Palgrave Macmillan, 2010. Vanessa Agnew, Jonathan Lamb, ed. *Settler and Creole reenactment*, Basingstoke, Palgrave Macmillan, 2009. Anthony Jackson, Jenny Kidd, ed. *Performing heritage: Research, practice and innovation in museum theatre and live interpretation*, Manchester University Press, 2010。

Rebecca Schneider, *Performing remains: Art and war in times of theatrical reenactment*, London and New York, Routledge, 2011. 美国内战史重现:https://acws.co.uk/index.php;内战重演:http://www.cwreenactors.com/index.php, https://recollections.biz/blog/top-historical-reenactment-societies/, https://recollections.biz/blog/top-historical-reenactment-societies/. Tony Horwitz. *Confederates in the Attic: Dispatches from the Unfinished Civil War*, Vintage Books, New York, 1998.

重要,这需要批判性地理解历史事件亲历者往往充满矛盾的视角,而影视作品无助于观众理解有争议的历史。

但是,历史学家也日益接受影视媒体的优势,尤其是关于社会史的新研究领域,社会关系改变的过程,包括与过去相关的重大社会、政治问题,以及使用怎样的视觉语言来描述这些变化的过程。①早在1980年代,纽约大学的丹尼尔·沃克维茨(Daniel J. Walkowitz)教授便提出"视觉历史"的概念,并论述了历史如何影响电影制作,以及历史学家如何参与影片制作的每一个环节。②过去的30多年里,媒体的变革深刻地影响着史学生态,历史在不同媒体的呈现与传播愈加多元。在这个读图的时代,"视觉素养"——对视觉语言、技巧和技术如何影响观众的思想和行为的理解,譬如,结构手法、制作技术和影响观众的能力——开始成为历史教育的重要组成部分。③

目前,在美国的公众史学项目里,有12所学校专设"历史与媒体"方向,将视觉素养与技能纳入课程④,主要包括:电影分析和纪录片的艺术,培养视觉、声音、编辑的语言和美学背景;电影脚本的写作训练,培养综合视觉、声音和编辑历史信息等为一体的写作技能;历史重演,通过抽象的描述、场景设计、物质分析、手势和对话等进行历史复原;网页设计,针对公众需求,打破线性历史信息的处理方式;媒体设计和生产,懂得其过程、技术、研究和写作的技能,相关资源和团队建设等;实

---

① 1980年代关于历史与媒体的研究仍处于萌芽阶段,但其中不乏真知灼见。可参阅:Harold M Foster, *The New Literacy: The Language of Film and Television*, 1979. John E. O'Connor, Martin A. Jackson, *Teaching History with Film*, Discussions on Teaching. 1974. Robert Brent Toplin, "The Filmmaker as Historian", *The American Historical Review*, vol.93, no.5, 1988, pp.1210-1227。

② Daniel J. Walkowitz, "Visual History: The Craft of the Historian-Filmmaker", *The Public Historian*, vol.7, no.1, 1985, pp.52-64.

③ "视觉语言"包括:一组镜头包含的元素(时长、景宽、摄影机的角度、摄影机的运动、灯光、色彩、景深、透镜特点、聚焦方式、放映速度、库存电影胶片)和剪接技术等,例如,镜头:电影最基本的元素,可长可短,未经编辑;场景;续列/集。以及影像合成和剪接技术,包括淡入、淡出、溶接(dissolve)、划接(wipe)、剪切(cut):如跳接(jump-cut)、切入(cut-in)、交叉剪切(cross-cut)、旁跳(cut-away)、粗剪(rough-cut)等。

④ 数据来源:www.ncph.org

地项目。①美国的《激进历史评论》最近刊登了一组关于"9·11"事件的包括图片、漫画、电影、电视等不同视觉呈现的文章,这一专栏集中分析了这些视觉资料所激发的公众反应,以及公众对"9·11"事件的认知和回忆等,这对我们如何使用视觉资料培养学生的"视觉语言"有所启发。②

具体到课堂教学,如何使用移动图像资料?如何教授图像史学?欧美的历史课堂侧重诸如自我与他者、阶级与政治、殖民主义与文化、性别与国家等历史课题,相关的图像、声音资料档案也较为完善,例如,某一年代的历史照片、历史遗址与景观的场景、已去世的人留下的遗言、在世的人讲述的声音、与之相伴的音乐等。③在美国天主教大学,劳拉·梅奥尔教授(Laura E. Nym Mayhall)采用讲座、研讨与看电影的方式,将英国电影作为原始材料,讲授20世纪英国电影产业的发展,包括影片的制作、发行、上映等流程,通过每一阶段的经典影片,学生了解了电影作为一种艺术形式和传播媒介的历史,包括电影的风格与类型,以及制片人的角色如何创造了电影美学。该课程还以时间发展与主题讨论结合的形式,探索国家主体和英国的民族身份之间的关系,电影与所产生的历史环境之间的关系,以及1920—1930年代兴起的记录片所关注的问题如何在第二次世界大战时期拍摄的剧情片中得以延续等。④在美国加州大学河滨分校,雷切尔·格林沃德教授(Rachel T. Green-

---

① 可参考:Christine Compston, Steeves Kathleen Anderson, "Public Historians and Public Television: Collaborating on 'Where in Time Is Carmen Sandiego?'" *The Public Historian*, vol. 22, no. 4, 2000, pp. 19-28. Gerald Herman, "Creating the Twenty-First-Century 'Historian for All Seasons'", *The Public Historian*, vol. 25, no. 3, 2003, pp. 93-102。

② Riegler Thomas, "9·11 on the Screen", *Radical History Review*, no. 111, 2011 pp. 155-65. Kent. Worcester, "New York City, 9·11, and Comics", *Radical History Review*, no. 111, 2011, pp. 139-154. Jaclyn Kirouac-Fram, "The Most Disturbing Aspects", no. 111, 2011, pp. 131-137. James Stone, "Enjoying 9·11", *Radical History Review*, no. 111, 2011, pp. 167-174.

③ Ian Christopher Fletcher, "Film and History", *Radical History Review*, no. 83, 2002, pp. 173-174.

④ Laura E. Nym Mayhall, "Teaching British Cinema History as Cultural History", *Radical History Review*, no. 83, 2002, pp. 193-197.

wald)通过两部历史纪录片深入探讨种族主义这一主题。一部是模拟纪录片《一封没有文字的信》(A letter without Words),该片讲述了16世纪的法国人不幸被居住在巴西海岸的图彼拿巴(Tupinamba)部落俘虏,被误认为是部落的敌人葡萄牙人,于是面临被作为部落食物的厄运。在长达八个月的时间里,部落希望将他同化入自己的文化,他的命运也因此被改变。另一部是真实的纪录片《我的迷人的法裔小人儿》(How Tasty Was My Little Frenchman)。该片讲述的是一个犹太裔德国人的家庭身份与命运的跌宕起伏。通过艾拉·罗文兹(Ella Lewenz)的孙女丽莎·罗文兹(Lisa Lewenz)在20世纪初的寻根之旅,该片讨论了他在纳粹时期被剥夺的德国人身份,1940—1950年代在美国丧失的犹太人身份,以及1960—1970年代对这一决定的重新反思。格林沃德的课程包括介绍基本的影视语言,如何通过这些语言将电影作为原始资料进行分析,并对影片制作过程有基本了解,如何通过电影重构历史,以及电影所表述的历史与书面历史的区别。[1]上述教学案例各有侧重,均可作为培养学生的"视觉素养"的他山之石。

二 口述历史

自1970年代末公众史学在美国诞生起,与口述历史的对话便已开始。当时,距1966年口述历史协会(Oral History Association)首届年会已有近15年,而口述历史当时正在经历第二次范式转变,即通过后实证主义方法研究记忆及主观性。[2] 美国口述历史协会第一任主席路易斯·斯塔尔(Louis Starr)认为,"口述历史的功能超越研究方法,但

---

[1] 可参考:Mona L. Siegel, "Germinal: Teaching About Class and Industrial Capitalism through Film", *Radical History Review*, no. 83, 2002, pp. 180-185. Rachel T. Greenwald, "Models of Identity Exploration in Film: A Letter without Words and How Tasty Was My Little Frenchman", *Radical History Review*, no. 83, 2002, pp. 175-179。

[2] Alistair Thomson, "Four Paradigm Transformations in Oral History", *Oral History Review*, vol. 34, no. 1, 2007, p. 50.

它尚不是一门学科"。① 这看似谦卑的观点实则颇有深意，它开启了口述历史与其他学科合作的广阔空间与无限可能。紧接着，美国口述历史学家恩尼德·道格拉斯（Enid H. Douglass）在 1980 年颇有远见地提出口述历史学家应该参与公众史学的发展。② 所以，口述历史学家也参加了 1980 年在宾州匹兹堡（Pittsburg）举行的首届全国公众史学年会，见证了这一历史学分支的萌芽。③ 而对当时刚刚起步的公众史学而言，口述历史还只是潜在的合作伙伴，道格拉斯只是粗略地勾画了两个学科的合作可能，提出了模糊的跨学科合作期许，她还没有在当时预测到这两个领域的实质对话与合作。

1976 年，美国加州大学圣塔芭芭拉分校率先开始设立公众史学研究生项目，口述历史的基本知识、技能及方法一开始就纳入课程设置，成为公众史学培训的重要组成部分。学生不仅学习口述历史的性质和技能，也涉猎其他媒体技能，并将之作为研究方法运用于团队合作项目和实习项目。④ 而学院之外，口述历史无论在公众还是私人机构历史中都发挥着重大作用，尤其是书面历史文献往往无法反映历史事件的原貌，导致决策失误，于是引入口述历史成为理解决策制定过程的关键。同时，口述历史也让传统史学家走出档案馆，进入公共领域，参与公众历史进程。

十年后，美国历史学家吉·布拉提（Jo Blatti）的《公众史学与口述历史》一文详尽地论述了两个学科的关联，并具体列出其共同点⑤，较

---

① Louis Starr, "Oral History", *Encyclopedia of Library and Information Sciences*, 1977, p. 454. Jo Blatti, "Public History and Oral History", *The Journal of American History*, vol. 77, no. 2, 1990, pp. 615-625.

② Enid H. Douglass, "Oral History and Public History", *Oral History Review*, vol. 8, 1980, pp. 1-5.

③ 这是美国全国公众史学委员会正式成立后的第一次会议。1979 年在加利福尼亚州 Montecito 举行了公众史学的第一次全国性会议，促成了 1980 年春季 NCPH 的成立。

④ 这是美国第一个正式的公众史学项目，但事实上自 1960 年代开始，美国的一些高校历史系便开始设置与公众史学相关的课程。

⑤ Jo Blatti, "Public History and Oral History", *The Journal of American History*, vol. 77, no. 2, 1990, pp. 615-625.

道格拉斯前进了很大一步。公众史学研究的历史范畴较口述历史更广,侧重历史呈现给公众的过程,通常是历史学家与相关领域学者的合作;口述历史则侧重新近发生的历史和亲历者的见证,通常是录音访谈的形式,它更关注回忆的过程,以及通过口头叙事的方式建构历史。但是两个领域在学科起源、记忆研究、历史呈现方式以及历史学研究方法等方面拥有共同关注点,并在实践中以不同方式合作。

1. 共享权威

与传统历史学家享有的学术权威不同,公众史学或是口述历史的"公众性",直接挑战职业历史学家对历史知识的所有权和解释权,如社区历史、民众生活的录影、劳工剧院等,都成为重新定位历史话语权的途径,让普通民众的声音,尤其是被主流历史研究忽略或一笔带过的社会群体的声音,进入历史书写和传播的范畴。① 因此,关于历史的解释要求专业人士与公众对话,这里隐含的假设是话语权应该共享(shared authority),是完成式,即公众或受访者的历史叙事具有合法性和合理性,即某种权力。而更多情况下,话语权共享是一个过程,如弗里西所言:"共享权威不是目的,而是开端,是一个复杂、严谨的社会过程与自我发现的开端。"② 为什么"共享权威"的概念如此重要? 这需要从两门学科的起源谈起。

现代口述史可追溯到 1930 年代的美国,而其第一次范式转型③则是在第二次世界大战之后,记忆成为历史研究的资料来源。1948 年哥伦比亚大学历史系教授阿伦·内文斯(Allen Nelson)成立的口述历史中心是早期口述史发展的里程碑,该中心收集整理现代政治历史资料,

---

① Michael Frisch, *A Shared Authority: Essays on the Craft and Meaning of Oral and Public History*, Suny Series in Oral and Public History, Albany: State University of New York Press, 1990, pp. xxi & xxii.
② Michael Frisch, "Commentary: Sharing Authority: Oral History and the Collaborative Process", *Oral History Review*, vol. 30, no. 1, 2003, p. 112.
③ 关于口述历史的四次范式转型,参见: Alistar Thomson, "Four Paradigm Transformations in Oral History", *Oral History Review*, vol. 34, no. 1, 2007, pp. 49-70。

尤其是罗斯福执政期间访谈资料的整理等,可谓口述历史研究的先驱。尽管这些口述资料弥补了文献的不足,甚至挑战以文献为主要依据的主流研究方法,但这一时期的口述历史关注的仍是社会上层精英的历史,并没有改变历史学的研究焦点。1970 年代,通过后实证主义(post-positivist)方法对记忆和主观性的理解,以及 1980 年代末期,口述历史学家作为采访者和分析家的角色转变①,均是受到以反权威、反现实主义、反功能主义、多元、变化、解构等为关键词体系的后现代主义思潮的影响。②

同一时期,英国社会历史学家保罗·汤普森(Paul Thompson)的拓荒之作《过去的声音:口述历史》真实地记录了工人阶级的历史及社会下层民众的抗争史。③ 他认为口述历史改变了传统历史的内容和历史书写的过程,即通过书写被忽略的社会群体的历史,改变历史关注点,开拓历史研究的新领域,挑战传统的假设和判断。口述历史成为访谈者/研究者反思与受访者/被研究者关系的过程。同时,口述历史的价值争论点在其作为一种研究方法的对话性和参与性,在采访者和受访者以及最终的使用者之间的解释关系,表明历史解释权的共享。

1970 年代末诞生的公众史学的背景与之类似。伴随 1970 年代史学职业危机的是新社会史学的萌生和发展。新史学运动主张自上而下的理论,即将普通民众的历史,包括生活、感情、经验等,作为研究课题,强调普通民众(公众)的文化价值心态等对群体本身及社会的历史发展的影响;他们认为来自社会底层的不同群体有能力形成自己的亚文

---

① 第四次范式转型是 1990 年代末期至 2000 年代初期,数字革命带来的口述历史的变革。

② 1960 年代末兴起的后现代主义冲击了现代主义历史学的范式,在历史学界引起了变革,如语言学的转变、解释的转变、修辞的转变等,彻底改变了传统的历史叙事和传统史学所依据的文献解释。

③ Paul Thompson, *The Voice of the Past: Oral History*, Oxford ; New York: Oxford University Press, 2000. 与 1978 年的第一版相比,2000 年的版本扩展了关于记忆、主观性、心理精神分析等新的视角。

化和非政治行为。① 这与 1960 年代在美国的一系列挑战权威与正统秩序的运动密切相关：史学界开始倡导更具包容性的历史解释，主张将女权主义历史、少数族裔史、非裔美国史、新文化史等纳入史学研究的范畴，历史学渐渐由上至下，回归公众领域。自 1980 年代，实证主义主导的"客观主义史学"②逐渐受到女权主义理论、后现代人类学理论和质性研究的社会学理论的质疑。

一方面，公众拒绝曲高和寡的学院派历史，另一方面又对与现实或自身相关的历史充满极大的热情。这既回应了马克思主义的历史观，即在一定的社会权利结构中，人民创造他们自己的历史，又与美国历史学家卡尔·贝克尔的"人人都是他自己的历史学家"殊途同归。因此，公众史学家的主要职责在于发掘这种潜藏的历史感知，帮助公众发现他们自己的历史，并协助他们理解在认知历史和创造历史的进程中自己所扮演的角色。这样，历史学家和公众才能携手参与到历史的书写中，才能从不同维度重新定义历史话语权。

可见，公众史学和口述历史都试图让历史回归公众，同时又是公众对历史的求真实践。北美和欧洲的公众史学者和口述历史学家都对客观历史的可能性持怀疑态度，而肯定访谈的主观性对真实历史的贡献。

2. 记忆的研究

关于历史与记忆的关系，公众史学与口述历史都认为唤起记忆便是挑战传统历史，而历史研究也在挑战占主流的文化记忆、意识形态等。一方面，记忆就是历史，即将记忆作为非官方的史料来源，挑战权力结构，书写边缘历史；另一方面，历史就是记忆：记忆在追溯历史，纠正历史方面举足轻重，即我们如何回忆及其与现实的关系。③

---

① 陆象淦：《现代历史科学》，四川：重庆出版社，1988 年，第 253 页。
② 即关于史学研究的客观性问题：史学的本质是确定历史事实，或不带偏见地证实历史事实，因此历史研究既不论证，也不提出规律或法则，而只是叙述历史。
③ Alistar Thomson, Michael Frisch, et al,. "The Memory and History Debates: Some International Perspectives", *Oral History*, vol. 22, no. 2, 1994, pp. 36-38.

现代口述历史的起源与第二次世界大战之后的记忆研究密切相关。如前所述,1960 年代兴起了一系列争取权利的运动,如非殖民地化运动、女权运动、民权运动等,口述历史成为历史民主化进程的一部分,这与记忆研究的平民主义殊途同归。

拉斐尔·萨缪尔在《记忆的剧院》中倡导"非官方的知识"、"来自下层的遗产",公众史学作为历史呈现方式的一系列公众领域。① 而首先将公众史学与记忆研究联系起来的是戴维·格拉斯伯格(David Glassberg)。他留意到在公众史学兴起并迅速发展的 1980 年代,美国学术界同时出现了大量的关于公众记忆是如何产生、制度化、传播和被认知的研究,但还没有人将两者联系在一起思索;很少有关于记忆研究的论著使用公众史学家在博物馆、历史遗址、历史机构等的实际经验,而历史保护机构也似乎对关于记忆的学术研究缺乏关注。格拉斯伯格认为记忆研究为公众史学提供了新思路和新途径:公众史学囊括了一系列历史在公众领域的实践,而公众史学家从这些实践中获取的经验,尤其是获取历史原始资料的方法(口述历史便是其中之一)对历史知识的产生和传播,发挥着重大作用。② 公众史学的兴起使记忆研究的重心转为不同版本的公众历史之间的关系,也就是美国人类学家罗伯特·瑞菲德(Robert Redfield)所言的"传统的社会组织"(the social organization of tradition),即对过去的不同认知是如何通过社会的各种机构和媒体交流和传播的。③

不过,记忆的不可靠性与史学追求真实与确凿的原则似乎相悖,对此,公众史学家与口述历史学家并不回避。他们提出记忆的不可靠性也许恰恰是其优势,记忆的主观性提供了历史经验的多重意义,不仅反

---

① Raphael Samuel, *Theatres of Memory*, London; New York: Verso, 1994, pp. 4, 5-11. Robert Redfield, *Peasant Society and Culture: an Anthropological Approach to Civilization*, Chicago: University of Chicago Press, 1956.

② David Glassberg, "Public History and the Study of Memory", *The Public Historian*, vol. 18, no. 2, 1996, pp. 7-8.

③ Robert Redfield, *Peasant Society and Culture: an Anthropological Approach to Civilization*, Chicago: University of Chicago Press, 1956.

映了过去与现在的关系,还反映了记忆与个人身份认同的关系,以及个人记忆与集体记忆的关系。这一观点自 1970 年代末便不断为实践证明。弗里西指出,口述历史提供了一种更为纯粹的历史真实,并进而指出无论是个人记忆、历史记忆,还是代际记忆,都不仅仅是口述历史的资料来源或研究方法,其本身也是研究课题。从这个意义上讲,口述历史成为发掘、评估、连接个人经验与社会语境的强大工具,它回答了过去是如何成为现在的一部分,以及人们如何解释他们的生活及他们身边的世界等一系列问题。① 意大利口述历史学家波特里(Alessandro Portelli) 也有力地回应了关于记忆不可靠的批判,认为口述历史的独特性、访谈者有受访者的关系等都是口述历史的优势。口述历史的口述性、叙事性、主观性,记忆的不同评判标准,以及采访人和受访者之间的关系等都是其优势,这代表着记忆与口述历史研究的第二次范式转型。波特里认为记忆的不可靠性、神秘性、假象甚至误导的成分恰恰引导我们深入历史表象背后的社会史。②

公众史学关注记忆,尤其是在公众空间里产生、经历和传播的记忆,而口述历史的特性又为公众记忆研究提供了有效的路径。口述历史的通俗易懂,使得历史与公众距离缩短;不仅能传达不同观点,容许不同历史解释共存,而且能以更生动有效的方式将历史知识传播给公众。于是,自 1980 年代起,公众史学家和口述历史学家开始在社区历史项目中合作,口述历史作为一种研究方法渐渐广泛地为公众史学家运用。

公众定位和对历史的解读如何影响着个人记忆？个人记忆又是如何在集体空间演绎并与权力结构息息相关呢？博德纳通过深入分析印第安纳州南本德市的斯杜德贝克汽车厂的工人和管理者在 1984 年至

---

① Michael Frisch, *A Shared Authority: Essays on the Craft and Meaning of Oral and Public History*, Suny Series in Oral and Public History. Albany: State University of New York Press, 1990, p.16.

② Alessandro Portelli, *The Death of Luigi Trastulli, and Other Stories: Form and Meaning in Oral History*, Suny Series in Oral and Public History. Albany: State University of New York Press, 1991, p.17.

1985 年的口述历史,论述了记忆的社会构建,以及口述历史所反映的权力与记忆之争。① 譬如,第二次世界大战前,由于相对稳定的政治环境,公司与工会(两大权力机构)合作多于纷争;从第二次世界大战结束到 1963 年工厂关闭,纷争不断,几乎所有人的回忆都与战前的稳定形成鲜明的对照,工人对两大权力机构的立场改变,于是,无序甚至混乱成为对这一时期回忆的主题;从 1963 年到 1980 年代,人们的回忆中有序和无序并存,更多是个人经历的细节,记忆变得更复杂,权力机构的命运似乎不再主导人们的回忆。口述历史反映了历史的亲历者们如何组织记忆和回忆,而不只是发现人们记住了哪些历史。同时,叙事的结构、情节的发展、如何对历史事件赋予意义等都影响着历史的解读。

首先,个人的回忆总是发生在一定的社会环境中,发生在与他人的关系中,因此是一种"社会叙事"(social discourse)②,具有公众性;其次,强势社会群体总是试图影响个人的回忆,进而决定人们回忆的内容。所以,这些口述历史不仅仅提供了亲历者的种种细节,还提供了记忆结构的证据,记忆也因权力结构的更改和社会秩序的改变所导致的时间主题的改变而发生重组。如果说,权力机构试图影响某些历史时期的历史叙事/情节,公众则保留了历史叙事起止的决定权。从某种意义上讲,只有通过口述历史,才能书写公众历史。

3. 公众呈现

所有的历史研究最终都需要以一定的方式表达(expression)或呈现(presentation),而这正是公众史学者与传统史学者最不同之处。传统史学家对其研究成果的受众定位范围通常比较狭窄,受训的方式对其研究成果的表述影响根深蒂固;而公众史学家则是有意识地扩展受

---

① John Bodnar,"Power and Memory in Oral History: Workers and Managers at Studebaker", *The Journal of American History*, vol.75, no.4, 1989, pp.1201-1221.
② 巴特利特(Frederic Bartlett)认为社会决定记忆,成为回忆的参考框架。Frederic Bartlett, *Remembering: A Study in Experimental and Social Psychology*, Cambridge: University Press, 1932, pp.293-297.

众的范围,他们有更多机会去发掘、深化公众的历史意识,也更趋向于从整体上积极地思索历史与现实的关系。

首先是历史的公众呈现①,即历史,尤其是被书面历史所忽略的历史,是如何传递给公众的。其次,我们对历史的理解和回忆如何受到不同呈现方式的影响。换言之,公众历史的不同呈现方式或途径直接影响我们对过去的认知、历史感以及集体记忆的形成。正是口述历史的交流性、协调性、主动性预示了公众史学项目中公众与历史学家之间的关系;在历史呈现方面,容许多重历史视角也启示着各种历史解释方法的整合。②

同时,在将历史的解释传达给公众之时,对历史的解释与构建上,历史学家与公众往往存在分歧,这些分歧在公众史学项目中都凸显出来,主要包括:公众了解哪些历史? 职业历史学家了解哪些历史? 公众和职业历史学家之间的对话在什么程度上影响着彼此对历史的认知? 公众与历史学家的分歧是如何影响公众史学项目的实践的?③

公众史学与口述历史都关注并试图弥补这些分歧。于是每一次访谈都成为访问者与受访人的历史批判标准之间的某种谈判。而且,除了文本之外,口述历史学家开始研究在访谈过程中叙事结构、记忆的应用、历史解释的方式等,这些因素不再是与官方历史相对的通俗易懂的民间历史,也不再是矫正或分辨传统史学的真伪,而是公众寻求真实历史的实践,挖掘另类的历史,讲述未曾被讲述的历史,或是对某一历史事件作多重解读。公众或受访者不只是被动的信息来源或接受者,而是历史的积极参与者和生产者,他们不仅改变了历史研究和撰写的重心,开创了失语的社会群体的历史重建,而且改革了历史解读与传播的途径。

具体而言,公众是如何描述他们的历史和现状的? 这些描述的关

---

① Jill Liddington, Graham Smith,"Crossing Cultures: Oral History and Public History",*Oral History*, vol. 33, no. 1, 2005, p. 30.

② Jo Blatti,"Public History and Oral History",*The Journal of American History*, vol. 77, no. 2, 1990, p. 615.

③ Ibid., pp. 622-623.

节点是如何连接起来的？这些对历史的解读在社区结构里起着怎样的作用？从现象学和认识论的传统出发，公众史学和口述历史的共同关注点，实质是历史学家的历史和公众的历史之间的差距："历史与我们如此接近，无论我们是否是历史学家，它都渗透在我们的日常认知里，并成为我们当下经验的一部分，这就是现象学家所谓的'非主题意识'（non-thematic awareness）。"① 于是，历史叙事和分析的界限变得模糊，即在史料分析里隐藏着叙事成分，而历史叙事里又带有分析。为了弥补这一鸿沟，口述历史和公众史学都邀请公众参与到历史解读中，都赋予了非专业人士构建历史的权利。因此，历史变成历史学家和公众携手的事业。

另一方面，当历史走向公众时，公众史学家或口述历史学家不仅仅是讲述公众想听的故事，历史研究总是带着某种修正主义色彩，不断根据最新的史料和利益在解释和修正历史。尽管卡尔·贝克尔的"人人都是他自己的历史学家"被奉为公众史学的经典，他倡导的实质是历史相对主义，即本地历史或可使用的历史是极其个人的历史，是个人在特定条件下的情感和美学需求，因此没有必要坚持某一立场。而历史透视论则是基于某些历史文献，形成一定的历史观点，因此，美国明尼苏达州历史学会遗址部主管托马斯·伍兹（Thomas Woods）认为公众史学家在历史遗址工作时面临的挑战主要在于协调这两者之间的矛盾。②

公众史学家也不应该为一味迎合公众，回避有争议的历史。以历史遗址为例，历史遗址具有教育和陶冶情操的功能。但它不应该因为每一个受众对历史有不同的认识而改变历史信息，或历史信息的传递方式，更不应该是对历史进行百科全书式的解释。历史遗址应尽可能通过不同方式真实地传递历史，不论历史事实多么纷繁杂乱，充满争

---

① David Carr, *Time, Narrative, and History*, Studies in Phenomenology and Existential Philosophy. Bloomington: Indiana University Press, 1986, p.3.

② Thomas Woods, "The Challenge of Public History", *Oral History Review*, vol.17, no.2, 1989, pp.97-102.

议:只要这些历史呈现能激发公众去思索历史,并引发他们回忆相关的经历和经验。从而有效地实现历史的教育功能。这与口述历史中访谈者如何与完全没有"共鸣"或情感认同的受访者妥协,如何面对有争议的历史,如何真正实现话语权共享等挑战是一致的。①

口述历史的平民性和叙事性使其更易为公众接受。譬如,在博物馆展示里融入亲历者的声音、情绪、感官等,往往能极大地丰富公众的历史体验和认知。作为历史文化机构,博物馆收集、保护、陈列展出历史,其运行的一系列活动均需要三个要素:场地、陈列品、公众。所有的博物馆项目都是在一定的公众空间发生,这一空间,无论大小,都体现着博物馆的建筑元素和风格。美国历史学家托马斯·瑟玛(Thomas Selma)讲述了参与制作"更完美的联邦"(a more perfect union)——日裔美国人和美国宪法——这一网络陈列项目,如何将口述历史融入陈列的详细过程。② 这是美国历史上由于种族歧视导致的公民和政府权力冲突最极端的一个篇章,而1987年在美国国家历史博物馆展出的口述历史资料最终会成为一种公众历史,即使是最不堪回首的痛苦回忆也将与成千上万的公众分享。因此,采访者与受访人之间需要建立高度的信任。在博物馆项目中,口述历史从一开始便注定是公众的历史解读,这一目标也贯穿陈列展出的每一个环节。③ 口述历史在公众空间的呈现也能进一步引发公众记忆,成为公众历史的一部分,在某种程度上,口述历史就是公众记忆。

类似地,口述历史在美国国家公园局的文化记录和历史记忆方面也发挥着重要作用。④ 自1916年成立,国家公园局便肩负着保护历史

---

① Linda Shopes, "Commentary: Sharing Authority", *Oral History Review*, vol. 30, no. 1, 2003, p. 109.

② 参见 http://americanhistory.si.edu/perfectunion/experience

③ Thomas Selma, "Private Memory in a Public Space: Oral History and Museum", Paula Hamilton, Linda Shopes, *Oral History and Public Memories*, Philadelphia: Temple University Press, 2008, pp. 87-102.

④ J. A. McDonnell, "Documenting Cultural and Historical Memory: Oral History in the National Park Service", *Oral History Review*, vol. 30, no. 2, 2003, pp. 99-109.

文化与自然资源并将这些资源呈现给公众的使命。公园的护林人、历史学家、考古学家、人种学家、文化景观专家都运用口述历史来记录公园或遗址的历史、重大事件和重要人物等。当然,由于各公园的规模和文化不同,口述历史也各有千秋,不过很多公园或遗址逐渐在陈列展出和解释性活动中使用口述历史,为历史事件提供不同视角。如美国口述历史学家唐纳德·里奇(Donald Ritch)指出,公众史学家为公众呈现的历史应该是准确、严谨、带批判性并勇于正视有争议的历史。① 这需要在收集分析口述和书面历史文本时,采用互动式的研究方法,学会倾听不同声音并将之融入历史的公众呈现中。

4. 研究方法上的突破

对话性、参与性、叙事性是连接公众史学与口述历史的核心。历史叙事和分析尤为关键:当我们分析访谈资料,并使用这些资料构建历史、解读历史、将这些资料以通俗易懂的方式传达给公众时,我们实际上是以更为宽容和更具人性的方式在书写公众历史。因此在方法上,公众参与是实现这两个学科最终目的不可或缺的组成。② 这里我通过三个以口述历史为核心的公众史学项目来探讨这种合作是如何实现研究方法上的突破的。

"世纪的对话:与公众史学的合作"是英国国家图书馆(British Library)与英国广播公司(British Broadcasting Corporation, BBC)的合作项目,旨在通过普通人的视角与声音记录 20 世纪的英国社会变迁及世纪之交的英国。③ 与 1990 年代英国传播的线性宏大历史叙事手法不同,

---

① Donald Ritchie, "When History Goes Public: Recent Experiences in the United States", *Oral History*, vol. 29, no. 1, 2001, pp. 92-97.
② 关于公众的角色,可参阅:Ronald Grele, "Useful Discoveries: Oral History, Public History, and the Dialectic of Narrative", *The Public Historian*, vol. 13, no. 2, 1991, pp. 61-84. Ronald Grele, "Movement Without Aim: Methodological and Theoretical Problems in Oral History", R. J. Grele, S. Terkel, *Envelopes of Sound: the Art of Oral History*, New York, Praeger., 1991, p. 127。
③ Robert Perks, "The Century Speaks: A Public History Partnership", *Oral History*, vol. 29, no. 2, 2001, pp. 95-105.

"世纪的对话"试图发掘不同年龄段和不同种族背景的人在社区层面上的活着的记忆。访谈主题包括居住的环境、房屋与家、我们是谁、归宿感、犯罪与法、饮食、金钱、休闲、旅游、生死、信仰与恐惧等与普通人生活息息相关的 16 个主题。BBC 在全国的网络决定了口述历史的范围。通过口述历史专业人士、媒体制片人、图书馆及档案馆人士合作,"世纪的对话"最终收集了 6090 份口述资料(包括 5429 份未经剪切的访谈录音),其中部分于 1999 年在 BBC"世纪的对话"系列播出,普通人的历史走向公众空间。在这一过程中,专业人士(历史学家、制片人、媒体人等)不仅发掘出历史信息,还通过蒙太奇等专业手法将口述历史信息编制成节目,呈现给公众。在这里,历史不仅仅是一门学科,更是公众文化的一部分。

在广播影视等传统媒体介入公众史学时,新媒体也在改变我们对口述历史的认识和实践。口述历史重视人与人的关系和共享话语权的伦理精神,数字叙事(digital storytelling)在一定程度上融入了这些理念。加拿大历史学家斯蒂芬·海依(Steven High)在康科迪亚大学的"口述历史与数字叙事中心"主持的"被战争、种族灭绝等摧残的蒙特利尔人的故事"项目便是一例。① 数字叙事通过多媒体讲述自己的故事,经过编辑软件的处理并配以图像和声音资料,建立短小、精悍、信息量丰富的历史叙事,而这些叙事通常极富感情、高度个体化。与处理传统口述历史资料不同,斯蒂芬·海依和他的团队没有进行逐字逐句翻译和转换,而是通过口述历史软件 Stories Matter 将这些资料主题化,并上载到公众数字平台。同时,通过记忆景观、声音之旅和心理构图等将口述历史置于公众空间并真实地与公众交流。

历史充满争议与情感,在灾难性事件发生后,即历史处在破碎、纷争与情感边缘之际,如何记录和解释历史往往是公众史学家面临的挑战。因为一旦权力机构建构了某种历史解读,这种版本的历史便会自

---

① Mary Marshal Clark, "Herodotus Reconsidered: An Oral History of September 11, 2001, in New York City", *Radical History Review*, Issue 111, 2011, pp.79-89.

然地主导公众的历史意识。美国的"9·11"事件公众史学项目则是一个成功的反证①：即通过这一事件的直接见证人，包括目击证人、幸存者、援救人员、志愿者、临近事件现场的人和纽约市的部分居民的声音，主动建构公众记忆和历史，而不是等到官方版本的历史解释通过媒体、政府、各种机构等占主导之后才去挑战或质疑。"9·11"口述历史叙事与记忆工程由哥伦比亚大学口述历史研究中心发起，国家科学基金、洛克菲勒基金和哥伦比亚大学共同赞助，以生命史为主要方法。受访者讲述他们在"9·11"事件发生之前各自的生活经历和故事，然后构建"9·11"事件，以及"9·11"事件之后他们各自身份与价值观的改变，从而了解"9·11"事件是如何在亲历者或见证人的生命中成为历史的。② 2001年起，第一轮访谈约450人，18个月后回访其中215人，引入新的视角，进而分析"9·11"事件的公众影响。到2005年实地访谈结束时，收集到总共约665段超过1000小时的口述历史资料。同时，还有50多位穆斯林和约60位拉美裔人接受访谈，反映了"9·11"事件对少数族裔移民的影响。另外，访谈还涉及纽约市各个行业的专业人士，包括艺术家、公共卫生学家、商人、心理学家、教师、律师、社区服务人士等，探讨他们是如何受到"9·11"事件的影响的。这一项目最显著的发现是，来自不同职业、文化、政治背景的人并不赞成官方对他们经历的描述，即"9·11"事件是恐怖主义对美国的宣战。尽管人们认同这是一场灾难，是人类的悲剧，但并不能与"珍珠港事件"简单类比，也不是恐怖主义在全球蔓延的必然结果。很显然，灾难性历史事件的亲历者的故事比历史学家或任何专家的"分析"更有说服力，他们的声音在若干年后就是公众历史。

综上所述，公众史学与口述历史的共同关注点可归纳为以下九点：

1. 强调历史与公众的关系；2. 以问题或任务为主导；3. 从个

---

① Mary Marshal Clark, "The September 11, 2001, Oral History Narrative and Memory Project: A Final Report", *Journal of American History*, vol. 89, 2002, pp. 569-579.

② Mary Marshal Clark, "Herodotus Reconsidered: An Oral History of September 11, 2001, in New York City", *Radical History Review*, Issue 111, 2011, p. 82.

体角度充满激情地关注历史;4. 进行不同维度的记忆研究;5. 强调历史的公众呈现,尤其是具有争议的历史呈现;6. 重视对话性与参与性;7. 采用历史叙事;8. 欢迎技术变革,倡导新媒体;9. 强调团队合作。

首先,作为史料证据的来源之一或历史信息解读的新视角,口述历史可作为涉及不同学科、时间跨度较大的公众史学项目的方法环节。这里我们需要区别**口述资料**(oral source)、**口述证据**(oral evidence)和**口述历史**(oral history)。口述资料是口述访谈或口述传统的记录,具有随意性,而且范围广。若作为论据支持或反驳某一观点则成为口述证据,和其他形式的论据一样,我们需要对其进行考证,力求准确真实。口述历史从狭义上讲,是历史学家介入的口述访谈,并通过历史学的方法和视角分析和使用访谈资料。美国历史学家罗纳德·格瑞尔(Ronald J. Grele)论称:"与传记不同,与口述传统不同,口述历史是历史学家积极参与的产物,它反映了历史学家的兴趣、研究问题、价值取向等。"①这一以历史学为核心的观点与美国的口述历史传统相关,而在美国以外的英语国家尤其是英国的口述历史发展则是与社区发展密切联系,但无论在哪种语境,历史学的视野在一定程度上提高了口述资料的质量,进而在方法上确保公众史学项目的严谨性和有效性。以历史保护为例,当历史和记忆的延续靠口传心授,当档案或实物资料缺失,口述历史便成为历史保护的不可或缺的第一手资料。在某种意义上,口述历史是一座桥梁,连接美国历史学家戴特·凯勒(D. T. Pitcaithley)所说的空间距离("the spaces between")②,它让普通人有机会讲述自己的故事和记忆,使得原本枯燥单一的历史探索变得更完整,更丰富,也更真实。它也让我们有机会从不同角度去解读历史,尤其是允

---

① Ronald J. Grele,"Private Memories and Public Presentation: The Art of Oral History",R. J. Grele, S. Terkel. *Envelopes of Sound: the Art of Oral History*,New York, Praeger., 1991, pp. 246-247.

② D. T. Pitcaithley,"National Council on Public History President's Annual Address-Barbara Kingsolver and the Challenge of Public History",*The Public Historian*, vol. 21, no. 4, 1999, p. 11.

许不同版本的历史共存①,从而发现被边缘化的历史与记忆,发掘城市历史景观中蕴含的历史。不仅如此,对于公众化的记忆,口述历史使我们能直面城市建筑环境里的情感依恋、对历史解释的分歧与争议甚至是意外的惊喜。城市的建筑实质上是一连串的记忆点,让置身其中的人们对历史充分感知,尽情想象,并由此产生集体的身份认同。

其次,在历史回归公众的过程中,口述历史能帮助我们搜集到丢失的或未被记录的证据,从而让在宏大历史叙事中一度"失语"的社群有机会讲述和构建自己的历史。② 这里,"口述证据"和"口述历史"似乎超越了"方法"的范畴,界限开始变得模糊。"社群"指的是一群有身份认同的人的集合体,具有特定的文化与政治涵义;即使在同一文化里,社群的内涵也与时俱进③,包括各种幸存者社群,如大屠杀、精神疾病、艾滋病等;隐藏或被边缘化的社群,如妇女、少数族群、移民、LGBT 等;城市更新计划中已经或正在消逝的街区和邻里;公司或企业如百年老店等。譬如,由上海师范大学的苏智良教授主持的日军"慰安妇"研究就是一个成功地将口述历史作为重要组成的公众史学项目。纪录片《二十二》的拍摄基于对幸存"慰安妇"的口述访谈,是媒体呈现;建立资料馆、陈列馆、纪念所、博物馆等是实物呈现;公祭仪式则是非物质呈现——这类项目的关键是"社群"是否从一开始就介入,以及最终的研究或实践成果是否回归到"社群",而不同的呈现方式都表明口述历史是实现社会公平、公正与善意的重要途径。

---

① Max Page, Randall Mason, *Giving Preservation a History: Histories of Historic Preservation in the United States*, New York: Routledge, 2004. Robert E. Stipe, *A Richer Heritage: Historic Preservation in the Twenty-First Century*, *The Richard Hampton Jenrette Series in Architecture and the Decorative Arts*, Chapel Hill: University of North Carolina Press, 2003, pp. 384-404.

② community 在中文里有"社区"与"社群"两种译法,本文认为"社区"偏重于空间,"社群"偏重于人性。

③ 在 2014 年 10 月 27—28 日于长沙举行的"图书馆与口述历史及地方文化"第六届信息技术与教育国际学术研讨会上,美国国会参议院历史学者唐纳德·里奇、英国国家图书馆口述历史馆馆长罗伯特·伯克斯(Robert Perks)、中国社会科学院的定宜庄研究员、温州大学的杨祥银教授、新历史合作社的唐建光总编和我就"口述历史对当地社区的重要性"进行了深入探讨。

最后,对现存口述史料进行整理和解读,将之转化为公众可以使用的资源,并鼓励公众参与。现在存放在档案馆、图书馆或其他民间机构的口述资料多数未经整理归类,即使部分经过整理的逐字稿也只是对少数具备一定资历的研究者开放。公众史学者应该针对具体项目或课题,运用历史学的研究技能与方法,对口述资料进行整理、分类、解读,并发掘其中蕴含的"公众"意义,将口述资料转化为公众能使用的"产品"或可利用的资源,如将口述资料作为博物馆陈列展出的一部分,配合文字资料,通过亲历者的声音和图像缩短公众与历史的距离,让观众获得在场的历史感。同时,利用数字媒体构建与公众持续交流的平台,实现图书馆、档案馆、博物馆等文化机构的公众使命。

三 公众口述历史

美国口述历史协会在 1968 年颁布的"目标与准则"(Goals and Guidelines)中,开宗明义地指出口述历史学家的双重角色:"口述历史是收集口头形式的历史信息的一种方法,通常采用录音的形式。由于口述历史学家既是生产者,又是使用者,(协会)认为参与访谈的各方应该力求信息的真实性和实用性。这既是一种机会,也是一种责任。"[1]一方面,口述历史的生产者应该诚实地获取真实的历史信息,应该尊重并保护受访者,另一方面,口述历史的使用者希望访谈能作为历史资料或证据为研究者和普通公众所用,于是伦理问题由此衍生。

通常而言,口述历史的伦理问题涉及研究者(或访谈者)、受访者、主持研究计划的机构(或赞助机构)三方。[2]受访者应该拥有对访谈的所有权和使用权,他有权知道整个口述项目的性质,应该在接受访谈之前就清楚该项目是作为历史档案被存储,仅为学术研究所用,还是为

---

[1] *Oral History Association Goals and Guidelines*, adopted November 25, 1968.
[2] Amelia R. Fry, "Reflections on Ethics", *The Oral History Review*, vol. 3, no. 1, 1975, pp. 16-28.

公众所用。访谈者应该在访谈前尽量全面地收集与访谈相关的资料，力求客观、严谨，启发式（heuristic）访谈正是建立在这样的学术准备之上。真正的启发式访谈应该能围绕研究的核心问题选择受访者。当某一受访者有意无意地提供了不真实、不准确的信息时，访谈者应该能立即鉴别，并能通过一系列访谈提供的信息相互佐证。主持研究计划的机构应该具有长期性和稳定性，以确保访谈的使用和保存。

1972年的"水门事件"引发了口述历史的研究者和实践者围绕伦理问题的积极辩论①，并在温斯布尔德会议（Wingspread Conference）上提出了一套清晰的实践准则②，成为2009年"口述历史一般原则和最佳实践"（General Principles for Oral History & Best Practices for Oral History）的雏形。③总体而言，口述历史的伦理道德主要从法律和个人良知两个方面进行规范。美国的伦理审查委员会（Institutional Review Board）是在以人为研究对象的项目里，对研究对象（或参与者）的权利、利益和人格进行保护的机构，由联邦政府直接管辖。1974年的《国家研究法案》第二条（Title II of the National Research Act）在第45款"公共福利"（Title 45, Public Welfare）以及联邦立法中第46款"以人为调查对象的保护"（Title 46, Protection of Human Subjects）于1981年通过成为法案，这就是通常所说的45 CFR 46。45 CFR 46由政府的健康和人权服务部（Department of Health and Human Service）下属的"以人为调查对象的保护办公室"（Office of Human Research Protection）全面负责，由各州、各高校的审查委员会具体实施。

---

① 1971年，尼克松总统为了记录与手下的谈话和电话内容，下令在白宫办公室里安装窃听系统。"水门事件"发生后，调查委员会要求尼克松交出有关的录音带和文件资料。如果抄本无法通过录音核对，解释有出入便不可避免，但是，录音的参与者并不知道白宫安装窃听系统。那么，公众是否有权获取尼克松总统的访谈录音？口述历史学者是否应该倡导白宫交出录音带，以求获得更真实全面的信息，还是应该尊重受访者的隐私，不公开录音带，分歧的源头就在于口述历史学者的双重角色。

② Oral History Association, "Oral History Evaluation Guidelines: The Wingspread Conference", *Oral History Review*, vol. 8, no. 1, 1980, pp. 6-19.

③ 2009年的口述历史协会颁布的"口述历史一般原则和最佳实践"，参见：www.oralhistory.org.

以活着的/在世的人（living human beings）为研究对象的项目涉及的伦理问题大致包括三个方面：一是充分尊重访谈者对自己言行负责的能力；二是避免或减少对访谈对象造成伤害；三是公平、公正地选择访谈对象。伦理审查委员会通常要求研究者提交"知情同意书"（Consent Forms），即对研究项目的一系列规定：如何进行访谈，受访者明确自己的权利，并要求访谈者和受访者双方签名；以及"法律协议"（Release Forms），即对访谈用于研究、出版等提出具体的要求和限制条件，通常需要访谈者签名。

但是，这些机构和法律保障并不能完全解决口述历史的伦理问题。首先，为尊重个人隐私，伦理审查委员会往往要求访谈匿名，而这与口述历史的本质不符。很多时候，使用访谈者的真实信息对访谈背景和内容理解极为关键。其次，同样出于保护受访者的权益，伦理审查委员会通常要求研究者提交访谈问题，这也与口述历史的方法理念有冲突。与社会学研究使用问卷作为访谈基础不同，口述历史需要个人化和情境化，有时并没有事先预设的一套问题。不过，最大的冲突来自口述历史与历史学本身的职业伦理之间的矛盾。简言之，口述历史需要尊重和保护受访者，历史学需要探索真实、客观的历史。对此，美国历史协会的职业行为标准声明（Statement on Standards of Professional Conduct）规定："历史学家应该意识到自己的各种偏见，应该遵循严谨的方法，对事件进行分析。就口述历史而言，访谈者和受访者都应该在访谈中诚实地记录有长远历史价值的信息，访谈者应该通过有挑战的、带有真知灼见的问题，努力引发富有成效的访谈。"但事实上，口述访谈提供的信息有时未必准确，有时只能部分公开，有时会对他人造成伤害，有时受访者因为各种原因无法进行有效的对话，所有这些都与发掘真实的历史之间发生矛盾。在口述历史走向公众时，这些伦理冲突愈加激烈。

1. 口述历史走向公众

如果说，迈克尔·弗里西在1990年提出的"共享权威"成为口述历史与公众史学对话的基础,口述史学家唐纳德·里奇则明确地指出:"公众史学系统地、有组织地将真实的历史准确地传达给公众,口述历史是实现这一使命的重要工具。口述历史和公众史学运动有着天然的默契,两者都吸引着与传统的历史写作不同的实践者,都关注公众;两者都使用录音或录影,都在课堂和学院之外的博物馆展陈、戏剧表演等中有广泛的应用。"[1]在美国、英国、南非等国出现了一系列针对公众使用口述历史的技能和方法的培训课程,而英国的"口述历史学会"(Oral History Society)开发的关于口述历史的基本方法、实践、理论的课程最为系统,这些课程面向普通公众,将口述历史引入剧院,进行访谈录音、录影及数字化,极大地推动了社区口述历史的发展。自 1994 年起,由英国政府出资的"遗产乐透基金"(Heritage Lottery Fund)开始资助各种类型的口述历史项目,如社区口述历史、残疾人口述历史、少数族裔口述历史、同性恋口述历史等。2009 年,资助金额达到约 9250 万美元。[2]

口述历史具有与更广范围的公众连接的敏感性,能激活公众对历史的感悟和共鸣,我认为仅仅将之视为一种方法或技艺还不够。这里,我需要引入"公众口述历史"的概念。"如果历史认知要超越文本,我们必须将历史还给它的生产者。如果历史不只是局限在课堂,也不囿于少数人的经典之作,那么,历史的实践者必须找到一种方式与公众分享他们的激情,这就是公众口述历史。"[3]在我看来,真正意义上的**公众口述历史**指的是口述历史在公众领域的产生、解释和传播。这一定义上基于公众史学与口述历史在共享话语权、记忆的研究、公众呈现、

---

[1] Donald A. Ritchie, *Doing Oral History: A Practical Guide*, Oxford: Oxford University Press, 2003, p. 42.

[2] Graham Smith, "Toward a Public Oral History", Donald A Ritchie, *The Oxford Handbook of Oral History*, Oxford Handbooks in History. New York: Oxford University Press, 2010, pp. 442-445.

[3] David K. Dunaway. "Public Oral History: Reflections on Educating Citizen-Historians." Barry Lanman and Laura M. Wending. *Preparing the Next Generation of Oral Historians: An Anthology of Oral History Education*. Lanham, Md.: Altamira Press, 2006.

研究方法上的突破,以及两个领域的共同关注点。公众领域具有激进、反叛、制度化等特性;口述历史强调以人为本,带有解放和赋权的使命,倡导被边缘化的、"消声"的社会群体的利益。因此,公众口述历史很难保持绝对的中立和客观。同时,"公众"的定义也在逐渐变化。传统意义上的公众指无名的、被动的大众,而在历史回归公众的时代,公众是积极的、活跃的、往往与主流相悖的,他们能思辨,能批判性地参与到历史的产生、解释和传播中。

因此,公众口述历史可分为三个阶段:一、生产阶段(production):在访谈中"共享权威";二、阐释阶段(interpretation):公众参与历史解读;三、传播阶段(dissemination):借由出版、展陈、表演、音频/视频、网络等一系列方式,尤其在数字时代,这些方式打破了时空界限,具有全球性。

与仅为个人、家庭或学者研究所用的口述历史相比,由于公众口述历史各阶段都涉及不同的利益相关者,历史学家秉承的求真的职业伦理与各种利益之间往往冲突不断,因此需要在纯学院的口述历史研究遵循的伦理目标和准则基础上增加新的议题。

2. 公众口述历史的伦理道德议题

> 历史学家的首要责任是陈述事实,其次是不应该隐瞒事实,也不应该在写作中带有偏见,或诽谤他人。
> ——马库斯·图留斯·西塞罗(Marcus Tullius Cicero),公元前43年

历史的目标在于发掘真实的过去,探索并讲述真实的过去应该成为所有历史学家的基本伦理目标。若不求真,就没有历史,过去就可能被拼凑为政治宣传工具,或成为娱乐方式,或被解释为传统。[1]因此,任何形式的历史都应该是求真的实践,应该诚实地讲述、传播真实的历史,公众口述历史也不例外。尽管绝对真实的历史似乎遥不可及,历史

---

[1] Theodore J. Karamanski, and National Council on Public History (U.S.), *Ethics and Public History: An Anthology*, 1990.

的结论也只是某种可能的真实,但竭尽所能追求真实的历史依然是历史学家的首要责任,历史学家对关于过去的文献和实物的鉴别、筛选和批判依然应该是公众认知过去的基础。①

但是,仅仅探索真理并不能完全成为历史作为一种职业(profession)的伦理根基,仅仅致力于求真的实践也并不能保证我们能实现这一高尚的目标。错误的信息或简单的评判往往会影响我们对历史事件的解释,几乎所有的研究项目都可能由于忽略了某些相关的证据而作出错误的判断或推论,但这并不意味着不道德。同时,历史也是一种公众探询(public inquiry),如林·亨特(Lynn Hunt)等学者指出,历史应该是严谨的求真实践,应该为公众所用。②虽有些理想色彩,但这一论断给我们的启示是,真实的历史不是一个抽象的概念,而是对社会至关重要的德行。历史不只是一种通过一系列方法追求真实的技艺,还需要为社会服务,实现其道德价值,历史的实用性是我们的职业伦理中不可或缺的一部分。③可见,探索真实的历史与公众服务是公众口述历史最基本的两大伦理准则。

然而,公众口述历史涉及公众,与纯学院的研究有本质的区别,因此伦理冲突更为激烈。首先,公众领域的学术研究更直接地影响社会。④纯学院研究重视学科归属,强调学科的理论和方法特性,而在公众领域,学术研究往往与公众政策及进程相关。其次,纯学院研究通常没有直接的商业利益介入,而在公众领域,研究往往带有所有权和商业利益的纷争。再次,纯学院研究缺乏由此导致的政治、社会和经济权力的再分配所带来的影响及后果分析。而在公众领域,某一政策制定也是一

---

① Allan Megill, "Some Aspects of the Ethics of History Writing: Reflections on Edith Wyschogrod's *An Ethics of Remembering*", David, Carr, Thomas R. Flynn, and Rudolf A. Makkreel, *The Ethics of History*, Northwestern University Topics in Historical Philosophy, 2004, p.55.
② Joyce Oldham Appleby, Lynn Avery Hunt, and Margaret C. Jacob, *Telling the Truth about History*, New York: Norton, 1994, p.11.
③ Gerda Lerner, *Why History Matters: Life and Thought*, Oxford University Press, 1997.
④ Theodore J Karamanski, "Reflections on Ethics and the Historical Profession", *The Public Historian*, vol.21, no.3, 1999, pp.127-133.

种政治进程,这意味着由这一政策导致的各种权力再分配的后果将得到明确的分析和评估,而这一分析和评估直接影响着公众历史的产生和发展。① 即使可以通过程序和规则来维系公正(fairness)②,但由于公众口述历史涉及不同利益方,我们是否应该倡导或维护某一方的利益? 譬如,历史学家是否应该参与法庭辩论,为某一方辩护? 在新西兰,公众史学者受雇于政府的文化与遗产部门,参与调查或作为专家证人出席1975年的瓦塔吉特别法庭(Waitangi Tribunal),决定原住民毛利族(Maori)的土地所有权问题。这是否意味着某种潜在的利益妥协或先入为主的偏见? 历史学家是否应该真实地记录并呈现国家或机构历史中那些不光彩的或令人难堪的篇章?

虽然口述历史协会和全国公众史学委员会都有各自的伦理标准和实践准则,但这些标准只能作为基本的行动指南。由于公众口述历史既以"活人"为研究对象,又涉及公众领域,因此它的伦理问题应该放在实际语境中探讨,应该基于不同的情形做符合基本伦理准则的选择。

3. 伦理冲突之一:权力、利益与真实的历史

我必须承认,历史学家因为热爱自己国家而产生某种偏见是人之常情,但他不应该因此而隐瞒事实,不应该故意为国家、朋友或任何利益故意扭曲事实,否则学者和政客便没有区别。③

保罗·汤普森曾精辟地论述道:"所有的历史都取决于其社会目的。"④他认为口述历史可以改变历史的内容和目的,可以改变历史研究的重心,可以开拓历史研究新领域。⑤ 那些非官方的文献、那些普通人的历史往往不容易存留下来;相反,权力阶层却能按自己的意志记录

---

① Theodore J. Karamanski and National Council on Public History (U.S.). *Ethics and Public History: An Anthology*, 1990, p. 17.
② Ibid.
③ *The Histories of Polybius*, Book XVI.
④ Paul Thompson, *The Voice of the Past: Oral History*, Oxford University Press, 2000, p. 1.
⑤ Ibid.

历史。因此,当形形色色的普通人的历史成为历史研究最鲜活的第一手资料,不仅丰富了研究的内容,也拓展了新的研究方向。①口述历史的最大魅力在于揭示历史的多重性、多元性和复杂性,它将对过去的理解与现实联系,这两点恰恰体现了历史的社会目的。由于"社区"(community)属于公众领域,因此,社区口述历史集中体现口述历史学家在公众史学中的贡献。

如前所述,公众口述历史希望能为被边缘化的,甚至"消声"的社会群体伸张正义,希望弱势群体也能撰写自己的历史,希望实现社会公正,这意味着历史学家无形中成为某一群体的代言人,隐含的伦理冲突源于倡导某些社会群体的利益与客观、公正的历史之间的矛盾。如果我们将过去固定为某种程式,我们可能会有选择地发掘、过滤历史信息,会使用符合我们既有认知的史料,设计能得出我们需要答案的访谈问题。同时,为服务客户或雇主的利益,我们可能会有意或无意地预测他们所期望的信息,然后在研究中收集符合这一期望值的史料并进行论证。②

譬如,在评估某一历史街区是否符合国家历史街区的登录标准时,历史学家可能会受某些利益的驱动而影响其按照登录标准进行客观评估。以芝加哥上区(Uptown)的谢里丹公园街区(Sheridan Park district)的登录为例。1985年,由业主组成的"谢里丹公园改善委员会"(Sheridan Park Improvement Association)雇佣公众历史学家,参与论证是否将之登录为历史保护街区。当时,这一街区的房屋建筑已十分衰败,芝加哥市已经宣布这一街区为"城市更新区域"。因为"更新"往往意味着街区的"贵族化",房租上涨,居民被迫外迁。所以,社区希望芝加哥住房部门提供经济补助,以保证原住民的利益。作为一项公众口述历史项目,如果明知历史登录意味着低收入居民的被迫外迁,历史学家应该

---

① Paul Thompson, *The Voice of the Past: Oral History*, Oxford University Press, 2000, pp.3-5.
② Stanley M Hordes, "Does He Who Pays the Piper Call the Tune? Historians, Ethics, and the Community", *The Public Historian*, vol.8, no.1, 1986, pp.53-56.

如何论证该历史街区的登录?① 对这一质疑,一种观点认为,我们应该尽量公正地、诚实地代表并服务客户的利益;与之相对的观点是,尽管客户或雇主的利益很重要,但我们应该尽量客观、全面地分析、呈现历史。这样获得的历史信息才能最终为研究者和公众所用,才能帮助他们做出正确的判断,拟定合理的政策。这两种态度反映了出于社会公正而倡导某一社区的利益有可能会妨碍历史学家客观地审视和评价历史。

历史学家无疑应该是历史的倡导者,应该努力保护包括档案文献、建筑景观、考古遗址等各种形式的历史资源。但是,在涉及社区利益时,历史学家需要谨慎定夺,既要考虑不同社群的利益,又要发掘和呈现真实的历史。这包括谨慎地设计访谈问题,能在访谈中融会贯通,能在受访者的回答中发现问题,发现进一步深入提问的角度,并反复求证。同时,在呈现历史时,应该对公众负责。只有在不违背客观、真实历史的基础上,才能倡导某一社区的权益:谢里丹公园街区登录成为芝加哥的历史街区似乎证明了这一观点。

口述历史走向公众时,也往往走向市场。为客户的利益而工作的历史学家似乎更容易陷入伦理困境,更需要做伦理道德的妥协。这里的"利益"包括金钱和政治两方面,而商业口述历史项目最核心的伦理问题就是商业利益与客观、公正的历史之间的冲突。② 这取决于商业机构是否控制研究过程和最终成果③,主要体现在:谁是受访者?如何设计访谈问题?访谈没有涉及哪些问题或领域?访谈录音和访谈稿(或整理的逐字稿)由谁管理?访问受到什么样的限制?最终的研究成果(无论是口述还是书面形式)的解释、编辑、审查由谁控制?

---

① 该案例研究来自芝加哥洛约拉大学(Loyola University Chicago)的西奥多·卡拉曼斯基(Theodore J. Karamanski)教授在 2015 年 7 月由重庆大学主办的第二届中国公众(公共)史学高校师资培训中的讲座。

② 主要指的是商业机构资助的口述历史项目。

③ Carl Ryant, "The Public Historian and Business History: A Question of Ethics", *The Public Historian*, vol. 8, no. 1, 1986, pp. 31-38.

譬如,企业历史的撰写。首先,如何选择受访者?通常情况下,企业会建议采访雇员,不过,应该采用怎样的标准筛选受访者?这一标准将如何影响访谈获取的信息?倘若没有被选入接受访谈的人掌握不同的信息,或持有不同的观点,我们应该如何处理?另外,企业雇员可能会因为切身利益而隐瞒某些信息,对某一事件或人物的看法可能无法畅所欲言。其次,访谈的问题主要涵盖哪些领域?哪些问题需要保密,或不能涉及?再次,访谈录音和访谈稿由谁管理,并控制其使用权?最后,也是最棘手的,关于企业历史中有争议的事件,该如何处理?从历史研究的角度,撰写企业史,原本是为更好地审视企业的现在,并预测未来的发展方向。过去的成败都是历史的一部分,不应该被轻易抹去,这样才能呈现更客观、更真实的历史,也才能"以史为鉴"。在这一过程中,我们应该尽量诚实:这似乎比"客观"更有现实意义。只要研究者对使用的访谈资料可能的偏见本着诚实的态度,通过历史证据支持某一观点便无可非议,我们的伦理责任依然是力所能及地探索并讲述真实的历史。①

4. 伦理冲突之二:个人隐私权与公众知情权的博弈

口述历史的平民性和叙事性使其成为连接历史与公众的桥梁。在公众空间里融入亲历者的声音、情绪、感官等,能极大地丰富公众的历史体验和认知。如保罗·汤普森所言,口述历史影响着历史在博物馆、图书馆、记录办公室等地的呈现。历史的档案、书籍和物件等似乎都因为口述历史复活了,历史机构也开始与社区建立积极的合作与互动。②如果说19世纪的博物馆体现了国家与公民的自豪感,博物馆的受众尚处于被动接受的状态,那么进入20世纪,博物馆的功能开始外展,口述历史则有效地弥补了展陈与公众之间的距离。1980年代,英国的南安

---

① Terence O'Donnell, "Pitfalls Along the Path of Public History", *The Public Historian*, vol. 4, no. 1, 1982, pp. 65-72.

② Paul Thompson, *The Voice of the Past: Oral History*, Oxford University Press, 2000, pp. 13-24.

普顿城市博物馆(Southampton City Museum)引入口述历史作为其外展服务战略,当地社区,尤其是那些曾被排斥在博物馆之外的公众,积极参与到访谈、编辑、布展的整个过程,为这一博物馆带来了历史性的变革。① 虽然当时对口述历史的质量、影响和评估都充满争议,但不争的事实是博物馆开始与当地社区建立良性的合作关系,越来越多的人来到博物馆。公众参与改变了传统历史学家或博物馆人对展陈的设计、历史的解读、博物馆的发展方向等的垄断,公众的声音变得不可忽略。

1990年代,越来越多的博物馆开始意识到口述历史的价值,开始设计以口述访谈为核心的展陈。②这些口述访谈超越了个人叙事,作为展陈的一部分,它们讲述着某一社群的历史,帮助建构、呈现并维系公众记忆。斯图尔特·戴维斯(Stuart Davies)曾谈及社会史在博物馆的作用和口述历史的潜在功能:"关于博物馆的社会史,博物馆人持两种观点。一种认为博物馆的主要功能是收集、管理和展出藏品,口述历史可以提供藏品的背景或历史信息,因此可以服务于这一主要功能。另一种观点则强调博物馆的目标是帮助公众形成某种文化身份认同,这里口述历史可以扮演更积极和重要的角色,是连接公众和博物馆的最有效的方式。"③众所周知,作为历史、文化和教育机构,博物馆收集、保护并展出历史,其运行的一系列活动均需要三个要素:场地、陈列品和公众。所有的博物馆项目都发生在一定的公众空间,因此,展陈亦具有空间力量,它融口述历史于音乐、图像、实物,并将这些元素整合于特定的建筑空间,与公众交流。但是,如果研究者对社区的过去持批判态度,应该如何处理? 是否应该在口述访谈一开始就告诉受访者所要进

---

① Sian Jones, Carl Major,"Reaching the Public: Oral History as a Survival Strategy for Museums", *Oral History*, vol.14, no.2, 1986, pp.31-38.

② Annett Day, "Listening Galleries: Putting Oral History on Display", *Oral History*, vol.27, no.1, 1999, pp.91-96.

③ Stuart Davies, "Falling on Dead Ears? Oral History and Strategy in Museums", *Oral History*, vol.22, no.2, 1994, p.5.

行的访谈将可能成为博物馆展陈的一部分？如果博物馆倡导历史的民主性，那么在访谈的不同声音中，应该如何鉴别、批判从而有效地展现"真实"的历史？

前面提及的由历史学家托马斯·瑟玛参与制作的"更完美的联邦"——日裔美国人和美国宪法这一以口述历史为中心的网络展览①，体现了口述历史如何最终成为一种公众历史。在"更完美的合作"展览十年后，国家历史博物馆又推出了以"血汗工厂"（sweatshop）为主题的口述历史展览。② 两者均依赖于受访者愿意将个人记忆与公众分享，而在某种程度上，国家历史博物馆的权威和地位也将个人记忆成功地转换为值得纪念和保留的公众历史。

口述历史在公众空间的呈现能进而引发公众记忆，成为公众历史的一部分。由博物馆收集的口述历史最终成为公众历史，这意味着访谈者与受访者之间的私人信任转化为一种公众行为，这预示着公众的知情权和个人的隐私权之间的矛盾。访谈者与受访者之间建立的个人信任或友谊能否代表所属机构的利益？在访谈中出现沉默时，访谈者应该如何处理？由于受访者对访谈者的信任，他们往往会签署"知情同意书"，转让对口述历史的使用权限，并在访谈中坦诚地交流，提供访谈者需要的信息，而他们可能没有意识到，某些信息也许会对自己或他人造成伤害。在这样的情况下，博物馆是否应该在展陈中使用这些信息？通常情况下，除非我们能确认这些信息会对受访者或他人造成伤害③，博物馆应该如实地呈现访谈内容。但是，很多时候，尤其涉及历史创伤事件，对"伤害"作准确的定义和评估并不容易。

在南非开普敦的两个社区——以黑人为主的社区兰加（Langa）和

---

① 参见 http://americanhistory.si.edu/perfectunion/experience
② 参见 http://americanhistory.si.edu/sweatshops
③ 伦理审查委员会对"伤害"定义为：身体和心理的压力、不适、负罪感、难堪等。越来越多的资料表明，对于历史创伤或某些敏感的话题，口述历史不仅不会对受访者造成伤害，还会产生健康的效应。

文化种族呈多元发展的第六街区(District Six),当地的博物馆成为在后种族隔离时代社区重建和更新的重要力量,而口述历史所引发的公众记忆直接影响着社区的身份认同,进而影射到不同的公众历史场所,如公众空间、历史遗址或实物、集体纪念仪式等。口述访谈的录音、图片、物件等一起陈列在博物馆的永久陈列展区,传统的访谈者与受访者关系被推翻。受访者积极参与到如何向公众展出他们的历史中,不仅共享集体记忆,也激活了那些潜藏的、尚未共享的记忆。① 这里,种族隔离的创伤涉及与普通的公众记忆不同的伦理问题,为保护受访者的精神和心理健康,访谈者应该接受怎样的训练从而既尊重、保护受访者的情感和精神,又充分发掘历史信息呢?②

类似的,对美国的"9·11"事件、俄克拉荷马市的爆炸事件、飓风卡蒂娜(Hurricane Kartina)、飓风丽塔(Hurricane Rita)、龙卷风捷普林(Joplin Tornadoes)等一系列新近的灾难性事件的口述访谈,什么时间是采访亲历者或幸存者的最佳时机? 是在灾难事件发生后,当他们的记忆依然非常清晰之际,还是应该在隔一段时间后,当他们能对所经历的事件有所反思的时候?③这类创伤口述历史通常有相应的空间体现,如"9·11"历史博物馆和纪念馆,展陈融入了幸存者和亲历者的声音。而口述历史的纪念与历史价值在于,它影响着公众对历史事件认知的变迁过程,也影响着公众记忆的形成和变迁。它不仅能挑战或补充官方媒体和政府对灾难性事件的解释,也能平衡情感的、主观的、集体的记忆和线性的、历史的记忆。④

---

① Sean Field. "Imagining Communities: memory, loss, and resilience in post-Apartheid Cape Town." Paula Hamilton, Linda Shopes. *Oral History and Public Memories*. Philadelphia: Temple University Press, 2008, pp.107-124.
② Mary Larson. "Steering Clear of the Rocks: A Look at the Current State of Oral History Ethics in the Digital Age." *Oral History Review*, vol.40, no.1, 2013, pp.36-49.
③ 关于飓风卡蒂娜与口述历史,参见: Stephen Sloan. "Oral History and Hurriane Katrina: Reflections on Shouts and Silence." *Oral History Review*, vol.35, no.2, 2008, pp.176-186。
④ Donald A. Ritchie, *The Oxford Handbook of Oral History*, Oxford Handbooks in History. New York: Oxford University Press, 2010, p.263.

过去半个世纪以来，对犹太人大屠杀幸存者的访谈更是体现了记录（documentation）与纪念（commemoration）之间的矛盾。一方面，访谈者力求获取准确、全面的历史信息，而幸存者则视访谈为对家人和朋友的纪念。事实是，受访者没有责任记住每一个细节或每一段经历。作为访谈者，什么时候该刨根问底，什么时候该中止访谈，这本质上是伦理道德的选择。与其他的研究不同，我们面对的是第一手的历史资料，是鲜活的、有情感的人，他们需要得到应有的尊重和保护。真实的情感与客观的事实之间有时矛盾重重。①历史学家亨利·格林斯潘（Henry Greenspan）在总结自己四十年来对犹太人大屠杀幸存者的访谈经验时，指出访谈者在公众场合所说的话与在私人空间所分享的记忆有所区别，并分类论述了四种情形：

一、受访者不说的历史（the unsaid）：访谈的问题（或没有问到的问题）、问题的形式、访谈的氛围或正式的程度、与受访者关系的亲密程度等都会直接影响到所发掘的历史信息；

二、无法交流的历史（the incommunicable）：感性的记忆往往没有相应的叙事，尤其是与嗅觉、味觉或心理状态相关的记忆，如成堆的尸体的腐臭等；

三、无法承受的历史（the unbearable）：受访者不愿意或惧怕再经历心理和精神的创伤，讲述这些恐怖的经历变得无法承受；

四、无法追述的历史（the irretrievable）：不论是非正式的共享还是正式的证词，访谈者试图寻求某种永恒、某种意义或某种版本的历史，但对幸存者而言，种族屠杀是另类的经验，无法追述。②

这里，所谓的"真实的历史"往往不是线性的、单一的，需要历史学家更为谦卑地解读，更包容地面对复杂、多重的历史事实。第二次世界大战之后，大屠杀的幸存者从东欧来到加拿大的蒙特利尔市，他们中的

---

① Ibid., p.251.

② Henry Greenspan, "The Unsaid, the Incommunicable, the Unbearable, and the Irretrievable", *Oral History Review*, vol.41, no.2, 2014, pp.229-243.

一部分投身教育事业,开始与公众分享自己的经历。"蒙特利尔人的生命历史和故事"(Montreal Life Stories)项目便关注这些大屠杀幸存者如何建构他们的历史,如何讲述他们的经历,如何将个人经历转化为公众记忆的一部分,这是由加拿大康克迪亚大学与社区合作的"因大规模暴力行为被迫迁徙的蒙特利尔人的生命、故事和历史"项目的子课题。①关于个人记忆如何成为公众历史,口述历史的伦理准则要求保护和尊重受访者和相关社区,那么访谈者是否应该将访谈中涉及的有争议的内容公之于众?作为研究者,如果我们的研究旨在为大规模的屠杀和暴力行为的认知有所贡献,那如果不能穷尽某些细节,我们便有违诚实、严谨、求真的准则。但事实是,我们没有权力公开受访者觉得不合适或对受访者造成心理伤害的任何内容。艾琳·杰西(Erin Jessee)的研究访谈了1994年卢旺达种族屠杀和1992年至1995年的波斯尼亚战争幸存者。② 由于这一课题的高度政治性,政权可能威胁受访者的人身安全,艾琳在出版时采用了匿名,高度选择并简化了访谈的引用内容。这看似与口述历史的人性化和民主精神格格不入,却是唯一的减少对受访者造成伤害的方式。如果不加选择地公开访谈内容,口述历史可能会成为某种宣传的工具,并引起更多的流血冲突。③这说明访谈者不仅应该以尊重人性的基本态度进行访谈,还应该防止利用受访者,应该对访谈可能的使用途径持敏感态度。

上述事例表明,对受访者的尊重和对历史证据的尊重往往有矛盾,如果受访者的健康与呈现某个重要的历史证据之间有争议该如何处理?如果讲述真实的历史会对受访者的声誉造成负面的影响该如何处理?如果研究者对进入的社区带有好感,他是否应该留意可能对这一

---

① Sheftel Anna, Stacey Zembrzycki, "Only Human: A Reflection on the Ethical and Methodological Challenges of Working with 'Difficult' Stories'", *Oral History Review*, vol. 37, no. 2, 2010, pp. 191-214.
② 该项目的田野工作历时约14个月,包括口述历史和人种志调研。
③ Erin Jessee, "The Limits of Oral History: Ethics and Methodology Amid Highly Politicized Research Settings", *Oral History Review*, vol. 38, no. 2, 2011, pp. 287-307.

社区带来负面影响的历史证据？如果访谈力求发掘全面真实的历史可能对受访者带来精神或心理的不适甚至痛苦,应该如何处理？比较可取的做法是,在可能的情况下,对访谈资料(录音和抄本)封闭一段时间。对访谈资料进行编辑时,只能对确实会对受访者造成伤害的部分进行删节,避免扭曲或隐瞒史实。

5. 伦理冲突之三:在编辑与出版中"共享权威"

口述历史离开档案馆,公开发表,不仅能发挥其作为历史证据的功能,而且能以一种新的方式开拓公众历史认知,尤其是那些被忽略的或被曲解的历史。同时,因为第一人称叙事具有特殊的权威,公众往往更愿意参与。①在这一走向公众的过程中,访谈者对访谈资料进行编辑、筛选、删节甚至重新组合便不可避免。那么,我们应该如何面对口述访谈中的错误,或如琳达·休普斯(Linda Shopes)所说的"错误、杜撰、神话"？如果受访者偏离或扭曲事实,加上记忆本身的不可靠,受访者有意无意夸大事实,或将时间、地点、人名等记错,我们应该如何处理历史证据和访谈资料之间不一致的信息或不准确的描述？归根结底,谁拥有对访谈的解释权？

我们通常的做法是在编辑、出版口述访谈时,忠实地保留这些错误,使用注释或补充的方式对这些错误进行解释和纠正,以"尊重受访者和研究的整体性",但事实往往更复杂。倘若受访者有意无意透露的某些事实有可能伤害他人,我们是否还应该公开出版？如果在"知情同意书"里并没有明确要将某些事实或细节删去,或保密一段时间,我们是否依然应该将访谈的全部公之于众？如果这些可能对别人造成伤害的细节对整个历史事件的来龙去脉至关重要,我们是否应该保留？如果不同受访者对同一事件的解释各不相同,我们又该如何处理这些不一致？我们对访谈内容的解释和呈现是否有章可循？如果受访者

---

① Linda Shopes,"After the Interview Ends: Moving Oral History out of the Archives and into Publication", *Oral History Review*, vol.42, no.2, 2015, p.301.

知道访谈资料将会被公开,他们是否还愿意接受访谈?如果我们为尊重受访者,不加批判地向公众呈现受访者所期望的形象,我们可能会将扭曲的历史呈现给公众,那我们对公众所承担的伦理责任又是否被妥协?

这一系列的问题都涉及如何在公众口述历史项目中实现"共享权威"这一核心。当我们以学者的身份写作,我们拥有话语权,受众通常仅限于学术界。但是,如果口述历史公开出版,受访者的历史叙事就具有合法性和合理性,即某种权力。不仅如此,访谈的内容与呈现的方式之间也涉及伦理冲突,这包括一丝不苟地为资料存储机构记录访谈,即访谈成为项目的终点,与以不同的形式将访谈呈现给公众之间的矛盾;亲历的历史、回忆的历史、创作的历史之间的矛盾;研究的缜密性和整体性与我们的伦理责任之间的张力等。在处理这些矛盾时,我们需要考虑三个基本的问题:一、谁是作者或编辑?二、使用什么样的媒介?三、采用什么形式进行解释或分析?是忠实地呈现口述访谈(或只是加入少许评论),还是使用这些访谈资料进行解释或论证?是通过传记形式,还是通过社会分析来解释历史?保罗·汤普森说得十分中肯:"个人的生命其实承载着历史的经验,每个人的故事只是特定的历史语境的一部分。若要对其进行归纳整理,我们需要将之置于所有相关的访谈中,重新组合,形成新的视角,这似乎是水平而不是垂直地认知历史,而新的历史解读正是这样产生的。"①

总之,访谈作为口述证据,它提供了某种更草根、更个人、更社会、更民主的历史,而这不仅影响着口述历史的出版,还渗透至口述历史编辑和写作的过程,主要体现在鉴别访谈内容的真实性,向受访者反复求证,与文本、实物资料相互佐证等。这一过程既体现了访谈者的史德,也体现了公众史学"共享权威"的精神,是将历史真正还给它的所有者的过程。

---

① Paul Thompson, *The Voice of the Past: Oral History*, Oxford University Press, 2000, p. 307.

6. 伦理冲突之四：数字时代，谁拥有口述历史？

随着技术的更新和变革，口述访谈中极为私人的细节往往会迅速公开和传播，这种超越时空界限的**数字访问**（digital access）涉及新的伦理挑战：在数字时代，谁拥有口述历史？

通常情况下，"知情同意书"和"法律协议"规定受访者将访谈的版权转让给相关机构，并注明使用限制条件。不过，受访人同时也保留了以任何形式使用访谈资料的权利。如果访谈发生在数字时代之前，所签署的"知情同意书"并没有预见媒体的变革，但即使明确拥有全部版权，访谈者或相关机构是否拥有伦理权以任何方式处理访谈资料？法律权力与伦理权力的区别在哪里？将口述访谈数字化，是否符合受访者的初衷？将访谈在图书馆或档案馆公开与在网络上公开存在怎样的本质的区别？对这一系列问题，口述历史协会公布的"口述历史最佳实践"提出资料存储机构应该遵循受访者与访谈者以及赞助机构之间的协议。如果没有书面的"知情同意书"和"法律协议"，那么，相关机构应该尝试与受访者联系，了解他们的意愿。这里，研究者应该谨慎地评估将"法律协议"转化为新形式的可行性，并决定是否将访谈数字化。①

目前，欧美的档案馆、图书馆、博物馆等资料存储机构基于对受访者的责任和义务，对馆藏的口述访谈有四种处理方式：②

一、法律权利和伦理权力一致：如果受访者明确地、毫无保留地将访谈的版权转让给资料存储机构，这就意味着受访者希望能将访谈公开，因此资料库有权将访谈完全数字化。

二、与上述做法相对，为研究者和普通公众提供访谈的背景和主题，并辅以相应的检索工具，使得潜在的使用者了解馆藏的访谈

---

① 2009年口述历史协会公布的"口述历史最佳实践"（Best Practices for Oral History）第7条，参见：www.oralhistory.org.

② Mary Larson, "Steering Clear of the Rocks: A Look at the Current State of Oral History Ethics in the Digital Age", *Oral History Review*, vol. 40, no. 1, 2013, pp. 36-49.

资料,但实际访谈没有上线。也就是说,研究者只了解访谈的来源,但资料库依然对访谈资料施以某种程度的实地监控。

三、有些资料库逐渐将老的录音访谈以摘要或选录的形式上线。

四、再联系访谈者,进而找到受访者,获得他们的准许,将口述访谈数字化。①

在美国,资料存储机构极少将口述访谈的全部内容在网络上公开,大部分采用了上述第二种做法。有一些大学,如阿拉斯加大学费尔班克斯分校(University of Alaska Fairbanks),需要使用者在数字访问口述访谈的全部内容之前签署使用协议,这也是对受访者权益的一种尊重和保护。

2005年,大英图书馆得到"新机会基金"(New Opportunity Fund)资助,通过网络平台资源开始将"声音档案库"(Sound Archives)的部分馆藏资料数字化,希望更多的人有机会使用这些包括图像、声音、手稿、地图等以地域为基础的资料。参与数字化的两个项目是"英语方言调研"(Survey of English Dialect, SED)和"世纪记忆库"(Millennium Memory Bank)。② "英语方言调研"是迄今唯一的关于英国各种方言的系统调研,该项目始于1930—1940年代,旨在研究战后英国由于人口流动而日益改变的社会对英语语言的影响。项目以问卷加访谈的形式,在1950年至1961年的11年间收集了英国313个地方的数据,并在1962年至1971年间以专著的形式出版。③"世纪记忆库"则是由英国广播公司(BBC)和大英图书馆合作的关于普通英国人对世纪之交的英国的看法和回忆,以第一人称的叙事方式讲述公众对20世纪以来的历史事件对个人生活和社区发展的真实看法和反思。1998年至

---

① 这一做法通常需要得到基金资助。

② Robert Perks, Jonnie Robinson, "'The Way We Speak': Web-Based Representations of Changing Communities in England", *Oral History*, vol. 33, no. 2, 2005, pp. 79-90.

③ Wilfred J. Orton et al, *Survey of English Dialects: The Basic Material*, Vols, I-IV, 1962-1971.

1999年,项目收集到5429份口述访谈资料,成为欧洲最大的口述历史馆藏。然而,将如此规模的口述访谈数字化面临着伦理问题。

在1950年代,"英语方言调研"项目没有获取书面的版权协议和"知情同意书",更没有预测到在半个世纪后这些访谈有可能在网络上公开。虽然参与"英语方言调研"项目的受访者都已经不在人世,从法律角度讲,图书馆有权使用这些访谈,但从伦理角度出发,图书馆是否应该将这些访谈数字化?图书馆最初的想法是寻找受访者的亲属以获得同意,但很快发现这不仅耗时费力,而且有时只能无果而终。由于当时的访谈者获得了受访者的口头承诺,因此,图书馆决定使用摘要的形式,将访谈录音部分数字化。目前为至,图书馆没有收到任何负面的回馈。"世纪记忆库"则清晰地规定了英国广播公司拥有访谈的全部版权,而且在"知情同意书"里也明确了访谈可以"为目前和将来的不同媒体形式所用"。法律的语言似乎没有含糊,但伦理的挑战依然存在:虽然受访者签署了相关的文书,但他们是否完全明白"数字访问"真正意味着什么?

馆藏资料数字化,公众能访问这些资料,似乎符合公众口述历史倡导特殊社群利益的初衷,而数字技术的革命的确大大加速了历史知识和文化资源的民主化进程。不过建设并开放数字档案也引发了伦理道德与能动主义之间的矛盾。如前所述,公众口述历史应该遵循高度、严格的伦理准则,但是,在美国、加拿大和英国等口述历史十分活跃的国家都还没有关于口述访谈所有权的立法。因此,博物馆、档案馆、图书馆等机构以及研究者通常会以专家学者和实践人士共同拟定的最佳实践模式作为行动指南,决定是否以及如何使用口述访谈。艾丽斯·切尼尔(Elise Chenier)通过分析加拿大西蒙弗雷泽大学(Simon Fraser University)的"女同性恋口述历史档案",提出政治解放与个人隐私之间的伦理冲突。尽管LGBTQ希望自己的声音被听到,希望享有最基本的公民权利,但争取民权的过程无疑充满政治性,这与口述历史中涉及的极为私人、极为亲密的性经验需要某种程度隐私之间的矛盾显然不可避免。①尽管口述历史成为某一群体发声的重要手段,但是社群的权力不应该高于个人的权利、利益和尊严。因此,这一项目提出访谈者应该最终决定访谈是否应该数字化,以及通过什么样的形式、在多大程度上公开访谈的内容,同时学校对使用数字档案实施一定程度的限制。

另外,即使受访者签署了相关协议书,愿意将口述访谈的资料放在网上,但如果访谈内容可能对他人造成伤害或具有潜在的伤害,研究者或资料库应该如何处理呢?尤其在信息日益公开的时代,公众对隐私权似乎越来越漫不经心,或者缺乏充分的"数字文化素养"(digital literacy),对数字访谈可能造成的影响不够了解。这都意味着在数字时代,口述历史的公众性面临新的伦理问题并亟需相应的准则与规范。2010年,由美国"博物馆和图书馆服务协会"(Institute for Museums and Library Services)资助的"数字时代的口述历史"(Oral History in the Digital Age, OHDA)项目就是为回应这一挑战,旨在为数字时代的口述历史建立最佳实践模式和行为准则。②

四 伦理道德

探求真实的历史与公众服务是公众史学的两大基本伦理准则。首先,"历史学家的首要责任是陈述事实,其次是不应该隐瞒事实,也不应该在写作中带有偏见,或诽谤他人"。③ 若不求真,"过去"就可能沦为政治宣传,或娱乐方式,或被简单解释为传统。④ 梁启超认为史家第一道德莫过于忠实,即"对于所叙述的史迹,采纯客观的态度,不丝毫

---

① Elise Chenier, "Privacy Anxieties: Ethics versus Activism in Archiving Lesbian Oral History Online", *Radical History Review*, vol. 122, 2015, pp. 129-141.
② 关于"数字时代的口述历史"项目可参看 ohda. matrix. msu. edu 以及 *Oral History Review*, vol. 40, no. 1, 2013 的专栏文章。
③ 马库斯·图留斯·西塞罗语,公元前43年。
④ Theodore J. Karamanski, and National Council on Public History (U.S.), *Ethics and Public History: An Anthology*, 1990.

参与自己意见"。① 忠实一语做起来实难;而忠实的史家对于过去事实应取存疑态度。钱穆则认为史德是一种心智修养,"要能不抱偏见,不作武断,不凭主观,不求速达"。② 尽管绝对真实的历史似乎遥不可及,历史的结论也只是某种可能的真实,但竭尽所能追求真实的历史依然是历史学家的首要责任。其次,历史学家对关于过去的文献和实物的鉴别、筛选和批判是公众认知过去的基础,因此,史学同时也是一种公众探询(public inquiry),应该为公众所用。历史知识需要服务于社会,实现其道德价值,历史知识的实用性是史学伦理不可或缺的一部分。历史学家与当下世界的关系往往构成其伦理道德的最大挑战。

对传统历史学来说,设置伦理规范似乎不可思议,因为历史学家笃信他们的责任是客观公正、不偏不倚地服务社会。只要这一信仰不动摇,设立伦理规范便是多此一举。的确,传统史学所言之忠实是不争的事实。与医生或律师不同,历史学家的工作不会因客户关系而变得复杂。不过,随着1960年代新左派史学观尤其是新社会史的兴起,城市史、族群史、劳工史、妇女史等促使史学日益民主化。史学的多样性取代了原有的内敛与凝聚力,而伦理问题也因此凸显。为什么公众史学比纯学院的史学研究面临更激烈的伦理冲突?

首先,公众领域的学术研究更直接地影响社会。纯学院研究重视学科归属,强调学科理论和方法,而涉及公众领域的研究往往与公众政策及其进程相关。其次,纯学院研究通常没有直接的商业利益介入,而在公众领域,研究往往带有所有权和商业利益的纷争。因此,纯学院研究缺乏由此导致的政治、社会和经济权力的再分配所带来的影响及后果分析。而在公众领域,某一政策制定也是一种政治进程,这意味着对这一政策导致的各种权力再分配的后果将得到明确的分析和评估,而这一评价将直接影响公众历史的产生和发展。"历史学家因为热爱自己国家而产生某种偏见是人之常情,但他不应该因此而隐瞒事实,不应

---

① 梁启超:《中国历史研究法》,北京:中华书局,2015年,第235页。
② 钱穆:《中国历史研究法》,北京:三联书店,2013年,第12页。

该故意为国家、朋友或任何利益故意扭曲事实,否则学者和政客便没有区别。"①可见,公众史学项目涉及不同利益方,权力、利益与真实的历史之间矛盾重重。再次,公众史学希望能为被边缘化的、甚至"消声"的社会群体伸张正义,希望弱势群体也能撰写自己的历史,希望实现社会公正,这意味着历史学家无形中成为某一群体的代言人,隐含的伦理冲突源于倡导某些社会群体的利益与客观、公正的历史之间的矛盾。

譬如,历史学家是否应该参与法庭辩论,倡导或维护某一方的利益?前面谈到的新西兰公众史学家受雇于政府的文化与遗产部门,参与调查或作为专家证人出席1975年的瓦塔吉特别法庭,以决定原住民毛利族的土地所有权问题便是一例。又如,在评估某一历史街区是否符合国家历史街区的名录标准时,历史学家如何避免利益驱动而按登录标准进行客观评估?另外,当口述历史走向公众,走向市场时,历史的档案、书籍和物件等似乎都因为口述历史而复活,历史机构也开始与社区建立积极的合作与互动。如保罗·汤姆逊所言,口述历史影响着历史在博物馆、图书馆、记录办公室等地的呈现。当个人记忆成为公众历史,历史学家应该如何处理个人隐私权与公众知情权之间的矛盾?

一套严格的伦理规范能帮助我们回答这一系列问题。公众史学家往往面临更为多样的研究课题与复杂的场景,正确之道往往需要审慎定夺;公众史学家与现实世界直接对话,如与受访的个人与社区建立关系,这直接挑战我们所笃信的"客观性"。公众史学项目常常发生在图书馆或档案馆之外,与企业或政府部门打交道。因此,成为公众史学家意味着超越"教师"和"研究者"的角色,成为档案工作者、博物馆人、历史保护者,或同时扮演多种角色,平衡、协调多种责权和利益,这使得我们常常在复杂、多歧的公众史学项目中失去方向,不知所措。伦理规范将有助于我们"鉴空衡平",指导我们的行动,激励我们坚持职业信仰,坚守职业精神。

不过,设立伦理规范与准则并不意味着公众史学应该走资格认证

---

① *The Histories of Polybius*, Book XVI.

之路。1980 年代,公众史学刚刚兴起时,美国公众史学委员会理事会曾就如何评估"真正的公众史学家"发生过激烈的讨论,有人提出"认证的公众史学家"(certified public historians)的观点。当时,资格认证似乎是职业化的必然选择,如"职业考古学会"首先提出"认证的考古学者",几年后"美国档案学家协会"也提出"认证的职业档案学者"等。而公众史学具有多元性和多样性,不应该自立门槛,走向孤立。所以我们提出伦理规范与准则,算是与"资格认证"之间的一种妥协。"伦理规范与行为准则"开宗明义地指出该规范的目标是"树立对公平、公正的实践之期望,而不是为认证、调查或评判设置门槛"。该准则鲜明地提出了对公众史学家的伦理要求,但不对个人作任何论断。

我们对伦理问题的思索不应该仅仅局限于公众史学,而应该着眼于整个历史学。当人们理所当然地认为,收客户的钱为之服务就会偏离真实的历史,换言之,在诚实和撒谎之间作选择,这其实不是职业伦理而是个人伦理问题。真正的职业问题是:你所在的职业应该如何服务于社会?说公众史学面临伦理道德挑战其实很容易,但问题的关键不在公众史学的实践者,而在于全部历史学。和非裔美国人史、亚洲史或妇女史类似,公众史学是在 1980 年代兴起的历史学的一个分支而已。公众史学的伦理问题也是整个历史学的伦理问题。我们谈公众史学的伦理道德,是希望改革整个历史学。①

事实上,任何真正的职业均有一套成熟健全的伦理道德准则,以规范其发展,激励其职业精神,进而更好地服务于社会。美国历史协会、口述历史协会、美国博物馆协会(American Association of Museums)、美国档案学家协会(Society of American Archivists)、职业考古工作者学会(Society of Professional Archeologists)等均有其关于伦理道德准则的规范。美国公众史学委员会于 1984 年提出"职业与专业行为准则",后

---

① 这是西奥多·卡拉曼斯基于 1995 年 4 月 10 日在密歇根州的马奎特(Marquette, Michigan)北伊利诺伊大学(Northern Illinois University)接受拉里·塔文米尼(Larry Tavernini)的访谈时所说的。资料来源:Northern Michigan University and Regional Oral History Collection, Box 20, Karamanski, Dr. Theodore; Historian 4/10/1995.

修订成为"职业规范与行为准则"。

　　最后值得一提的是,公众史学家的个人价值观也会在实践中得到挑战。新近颁布的伦理规范无一例外地关注个人行为。不过,这些规范没有具体的执行力度或处罚措施,多是以说服的方式来约束隶属于某一组织的个人。真正的伦理挑战在于:孰对孰错往往并非泾渭分明,合法性与道德性并不等同,公众史学家需要在看似合理却相互冲突的结果中取舍。伦理规范是我们行动的指南,但伦理问题应该放在具体语境中探讨,应该基于不同的情形做符合伦理精神的选择。这里,经验往往是最好的老师——虚心地向前辈和同仁请教,汲取他们的经验教训,在公众史学的研究、实践与教学中不断摸索、试验、反思,从而作出符合伦理道德规范的选择。

第四章　历史的保存与保护

档案是史料保存的重要途径。新近的公众史学项目多与民族国家的建立、国家记忆的重建密不可分,这为档案的搜集与保存提出了新的挑战。历史与档案的"公众"使命形成了公众史学与档案学对话的起点。1970年代,伴随着"职业化"探索与各种社会运动,公众意识日益敏锐,开始越来越多地使用档案馆资源,档案学迅速发展,而当时刚刚兴起的公众史学为档案学注入了新的动力。两个学科都关注如何解释与保存过去,都属于历史的求真实践,在内容和呈现方式上存在共生关系,在实现社会公正的理念上有共同的诉求,在教育内容和方法上也存有密切关联。在数字化和全球化的今天,在历史回归公众的过程中,档案服务于多元受众。本章**"档案为人人"**一节将从理论上解构档案的"公众"使命,并分析档案如何服务于多元受众,进而实现历史的求真与社会公正的诉求。**"档案与公众记忆"**一节则剖析"公众记忆"的概念,解读档案在保留城市记忆中的角色,这对于中国处于急速变化中的城市具有现实意义和深远影响。

档案馆之外的历史建筑、景观、遗址等的保护也是公众史学研究的重要课题。20世纪以来,历史保护(historic preservation)从分散的抢救修复名人故居的努力逐渐演变为一场有组织的社会运动。在美国,1930年代,弗吉尼亚州的殖民地威廉斯堡遗址的重建和修复凝聚着联邦政府历史保护机构——国家公园局——和建筑、历史、考古、景观设计、城市规划等一系列民间力量的共同努力;南卡罗来纳州的查尔斯顿的保护则导致美国第一部关于历史保护的区域规划法规的出现。历史保护在这些跨学科力量的联合努力中,深入政府机构和私人组织的文化地缘政治,1966年《国家历史保护法案》(National Preservation Act)的通过标志着历史保护得到官方认可。"**公众史学视域下的历史保护**"一节将论述在历史回归公众的过程中,历史保护如何成为城市规划的有机组成部分,并探讨叙事方法是如何有助于解构历史环境中的情感、记忆和地域感知。回答"为谁保护历史"这一问题的关键在于公众的观点和价值能否在保护过程中得到尊重和实现。1980年代,城市规划学出现的"沟通转向"(communicative turn)成为"具有文化敏感性之叙事方法"的理论根基,融公众史学的理念于城市历史保护,从某种程度上,实现了历史保护在方法上的突破。

一 档案为人人

> 在所有的学科里,档案学与公众史学也许是最相关联,也是最有合作可能的。
> ——理查德·库克斯(Richard Cox)①

公众史学与档案学都衍生于历史学,都关注如何解释和保护"过去",都在不断寻求职业定位,又都在积极地探索与相关学科的关系。② 在公众史学刚刚兴起的1970年代,美国档案学的核心期刊《美国档案学家》(The American Archivist)只有一篇关于公众史学的文章。③ 该文的作者戴维·克拉里(David A. Clary)对这一新兴学科持近乎完全否定与批判的态度,他认为公众史学只是历史学界应付当时的"职业危

---

① Richard J. Cox, "Archivists and Public Historians in the United States", The Public Historian, vol. 3, no. 3, 1986, p. 45.

② Bruce W. Dearstyne, "Archives and Public History: Issues, Problems, and Prospects: An Introduction", The Public Historian, vol. 8, no. 3, 1986, p. 8.

③ 关于archivist,中文有"档案学家""档案工作者"和"档案学人"等几种说法,各有侧重。本章根据论述的重点有所选择:在谈论学术研究时,用"档案学家";谈论档案实践时,用"档案工作者";谈论档案学作为一个领域时,用"档案学人",包括上述两种人。但是这种区分不完全严谨,相互有交集,这里不作赘述。

机"的权宜之计,缺乏持续发展的学科根基和原动力。①基于当时新建的公众史学项目问卷调查和宣传手册,戴维用讽刺的笔调写道,公众史学项目的通病在于教师既没有相关实践经验,也不与各领域的实践人士对话,甚至也不与其他院系交流。更糟糕的是,这些项目还给学生造成错觉,以为公众史学课程的训练可以让他们熟练掌握如历史保护学、博物馆学、图书馆管理学、档案学等专业领域的技能,而且毕业后就可以轻而易举地进入这些领域,拥有报酬丰厚的就业机会。②

1980年代,戴维·克维格(David E. Kyvig)犀利地指出,档案学能清晰地界定自己的领域,能提供一套成熟的学科准则、培训与教育方案、职业使命,从而区别于传统的历史学,而公众史学者几乎无法准确界定自己的学科范畴。③ 但总的来说,这一时期档案学者们开始更多地寻求与公众史学的共同点,对话变得坦诚而平和。爱德华·维尔顿(Edward Weldon)在1982年的《档案与公众史学实践》一文中鲜明地指出公众史学者与档案学者有共同的资源,也面临共同的问题,即广泛的公众兴趣和有限的制度支持,但是他没有就此深入探讨两个学科的关系。④三年后,档案学家劳伦斯·麦可兰克(Lawrence McCrank)详细论述了公众史学与信息管理学科如图书馆管理、档案管理、信息系统管理等学科之间的关系。他认为,将历史知识和技能应用于学院之外大致可分为三类:政府服务以及政策规划、分析与决策;历史保护学、博物馆学、本地与区域研究;信息管理服务,如图书馆学和档案学等。公众史学运动对这些学科的职业化进程具有积极意义。⑤

---

① David A. Clary,"Trouble Is My Business: A Private View of 'Public History'", The American Archivist, vol.44, no.2, 1981, p.107.
② Ibid., pp.105-112.
③ Richard J. Cox,"Archivists and Public Historians in the United States", The Public Historian, vol.8, no.3, 1986, pp.32-33.
④ Edward Weldon,"Archives and the Practice of Public History", The Public Historian, vol.4, no.3, 1982, pp.49-58.
⑤ Lawrence McCrank,"Public Historians in the Information Professions: Problems in Education and Credentials", The Public Historian, vol.7, no.3, 1985, p.15 & p.7.

1986年,美国档案学家协会正式颁布了其使命宣言,明确表示以保存档案文献遗产为其首要任务。①同年,全国公众史学委员会也颁布了公众史学者使命宣言,激发公众参与历史,并通过各种方式服务历史实践者,包括建立职业团体;扩展职业技能训练;鼓励对历史实践的批判式反思;在公众领域倡导历史、支持历史实践。②虽有不同的职业诉求与使命,但正如特里·库克(Terry Cook)所言:"档案的价值已经从服务于国家和学术精英(尤其是历史学家)延伸至更宽容的社会文化诉求,包括公共政策的责任性、信息的自由度以及广泛深入的公众参与。"③可见,历史与档案的"公众"使命形成了公众史学与档案学对话的起点。

1. 衍生于历史:对过去的解释与保护

人们因行政、法律、财政等目的而记录保存文献古已有之。档案(archives)来自希腊词"archeion",意为文献资源仓库,是保存官方记录的地方,古埃及、罗马共和国和罗马帝国均创建了档案。中世纪时代,教会承担着建立档案并对其进行归类管理的职能。随着现代意义国家的出现,早期的欧洲国家开始建立档案办公室,保存管理政府各部门的档案。伴随着法国大革命的进程,档案管理逐渐接受了现代理论,尤其是档案对公民权力具有重要性的观念。1793年,作为国家议会(Assemble Nationale)的一部分,法国国家档案馆(Archives Nationales)在巴黎设立,并逐渐发展成为政府档案文献的中央管理系统,而革命政府不仅保留了自己的活动记录,还保留了前任政府的档案资料。随后其他西方国家纷纷效仿法国,于19世纪建立了国家档案机构,这些公共档案馆最初建立的动因是作为史料来源的公共机构,是为历史而不是

---

① *Planning for the Profession: A Report of the SAA Task Force on Goals and Priorities*, Chicago: Society of American Archivists, 1986, p.46.

② 参见 www.ncph.org

③ Terry Cook, "The Archive Is a Foreign Country: Historians, Archivists, and the Changing Archival Landscape," *Canadian Historical Review*, vol.90, no.3, 2009, pp.497-534.

为行政服务。①

在美国,历史学家和有兴趣使用历史资料的人是最早的文献收集者②,但由于没有我们今天所说的档案馆,这种收集整理多属个人行为,主要是为了保留可能丢失的历史资料。动机多出于个人兴趣爱好,希望保存的资料为个人所用,不过也有的出于公共服务的理念,如满足公众对原始手稿或古玩珍品的需求等。随着1884年美国历史协会的成立,直到第二次世界大战,历史学家一直是建立公共档案馆的坚定支持者。这期间,历史手稿委员会(Historical Manuscripts Commission)于1895年成立,公共档案委员会(Public Archives Commission)于1899年成立,1909年档案工作者联合会(Conference of Archivists)的成立标志着国家的公共档案资源开始得到专门的关注。1926年,由于历史学家的推动,国会调拨基金建立国家档案大楼(National Archives Building),并于1934年通过了《国家档案法令》(National Archives Act)。经过这一系列的努力,美国建立了中央档案系统,负责管理联邦政府各机构的档案资料,并将这些档案对公众开放。1936年,美国档案工作者学会成立。

第二次世界大战期间以及战后,关于现代档案与文献管理的哲学、文学、理论及伦理等方面的探索逐渐成熟并蓬勃发展。档案学的范畴亦日益扩大,涉及政府档案、宗教档案、商业档案、历史协会的档案等诸多领域。1960年代,随着高等教育机构的迅速发展,档案学经历了第一次腾飞:各种科研和教育机构开始建立档案室,储存管理档案资料;档案工作者成为档案与研究者之间的重要桥梁,并引入档案技能训练,从此档案开始与学术研究紧密联系在一起。③

1960年代,美国经历了一系列影响深远的历史事件,包括在东南

---

① Janice Panitch, "Liberty, Equality, Posterity? Some Archival Lessons from the Case of the French Revolution", *American Archivist*, vol. 59, no. 1, 1996, pp. 30-47.

② 文献可定义为记录有知识的载体,包括纸质与非纸质知识的载体。

③ Edward Weldon, "Archives and the Practice of Public History", *The Public Historian*, vol. 4, no. 3, 1982, pp. 52-56.

亚的战争、学生动乱、广泛反对对少数族群和妇女的不公平待遇,所有这些因素都引发了档案学者的价值体系的巨变,进而激发了档案学这一"学科"和"职业"的深刻反思。[1] 进入 1970 年代,伴随着"职业化"探索与各种社会运动,公众意识日益敏锐,开始越来越多地使用国家档案资源,档案学迅速发展。1972 年的"水门事件"使公众对档案的价值有了新的认知,将档案资源和国家自由与个人权利联系在一起;两百周年的建国纪念也深深影响了普通人对历史的兴趣和意识,于是人们开始积极地研究家庭、家族、当地社区、教会、各种机构的历史,开始发掘被遗忘的历史文献,开始丰富历史学家与档案学者的资源。"寻根运动"(the Roots movement)使得成千上万的普通人进入各类档案馆,这可以解释在 1976 年至 1981 年的短短 5 年里,国家档案馆的使用率为什么增加了 80%。国家历史出版与文献委员会(National Historical Publications and Records Commission)和国家人文基金(National Endowment for the Humanities)慷慨地资助了全国各地新兴的档案建设,极大地影响了对档案文献的保护和使用进程。

1980 年代,档案界发生根本性变化,表现在档案使用者范围扩大,包括更多的初次使用者和非专业人士;档案机构的数量增加并日益职业化;美国档案工作者学会已发展成为充满活力并具有政治与社会责任的组织。同时,档案工作者的各种组织和论坛,无论在区域还是地方层面,都积极应对信息管理的种种问题,其就业范围也随之扩大。[2] 新兴的组织、资源、技术和态度都改变着美国档案学的全景。[3]

但是,传统的档案训练的各种问题也随之凸显。譬如,由于过多地注重对文献的解释或是重建曾经解释过的历史事件,档案研究缺乏原

---

[1] Philip p. Mason, "Archives in the Seventies: Promises and Fulfillment", *The American Archivist*, vol.4, no.3, 1981, pp.199-200.

[2] Edward Weldon, "Archives and the Practice of Public History", *The Public Historian*, vol.4, no.3, 1982, p.52.

[3] Larry J. Hackman, "A Perspective on American Archives", *The Public Historian*, vol.8, no.3, 1986, pp.10-11. Philip P Mason, "Archives in the Seventies: Promises and Fulfillment", *The American Archivist*, vol.44, no.3, 1981, pp.199-200.

创性,课题过于狭隘,语言过于艰涩。这样的反思对档案学的发展无疑是健康的,而 1970 年代兴起的公众史学无疑为档案学注入了新的动力。1978 年,罗伯特·凯利提出将史学的知识与技能应用于学院之外的八个主要领域,其中就包括档案学。罗伯特·凯利与韦斯理·约翰逊一起率先改革传统的历史研究生培养模式,将"公众"(the public)的概念以及史学在公众领域的应用纳入课程教学和技能培训。[1]事实是,史学训练与档案学技能结合通常能为学生带来在国家档案馆和文献服务的上级机构"综合服务部"(General Service Administration)就业的机会。而档案学家理查德·考克斯也意识到,公众史学运动为我们(指档案学)带来了无限的可能性,其课程设置和训练方式基于严谨的史学分析,对档案学的发展和特征也有系统的讲述,虽然这些课程或模块存在种种问题,但它为档案学的发展提供了前所未有的契机。[2]

那么,档案学与公众史学和历史学存在怎样的共生关系呢? 19 世纪以来,由于工业革命引发的对现实的种种不满,人们对过去的态度发生了改变,即"过去不再是陌生的国度"[3],而是值得尊敬,应该得到保护的,于是出现了征集和收藏过去物件、保护历史遗迹的热情,并进而导致西方国家的各种"公共"博物馆、画廊、图书馆、档案馆等一系列机构的出现。这既是历史文化民主化进程的一部分,也是对公众的历史感知实施的某种形式的社会控制。将这些文献资源归档、存储促使了历史学与档案学的职业化。不过,直至 20 世纪初,档案学还只是历史学的一个分支。1930 年代,随着美国档案学会和国家档案馆的建立,历史文献的保护和管理需求使档案学逐渐成为一个独立的学科,并建立起一套相应的职业标准和认同。而 1970 年代兴起的公众史学却是

---

[1] Robert Kelley, "Public History: Its Origins, Nature, and Prospects", *The Public Historian*, vol. 1, no. 1, 1978, pp. 16-28.

[2] Richard J. Cox, "American Archival History: Its Development, Needs, and Opportunities", *The American Archivist*, vol. 46, no. 1, 1983, pp. 39-40.

[3] David Lowenthal, *The Past Is a Foreign Country*, Cambridge Cambridgeshire; New York: Cambridge University Press, 1985.

一个"古老"而又"年轻"的学科。历史学家在学院之外从业始于 19 世纪末各州历史学会和历史项目的建立。职业历史学是一个相对"现代"的概念,而公众史学是一个"古老"的研究在学院之外的过去的过程。① 如乔·塔尔(Joel Tarr)所言:"公众史学不是职业危机的产物。它的实质是运用历史解决现实的问题,它有扎实、严谨的学术根基。无论是否有职业危机,它都将产生。"②

档案学与公众史学都关注如何解释和保存过去,都属历史的求真实践。如果说"真实性"是涉及分析和解释原始资料的学科必然面临的问题,那么,档案的真实性指的是什么?简言之,真实的档案就是未被修改的文献记录。档案真实性的评估是一个动态的过程,与其身份或定位的关系和整体性相关,文件来源原则与生命周期理论从根本上均遵从这一原则。③ 因此,鉴定、保护真实的档案需要保存其不断变化的身份、定位与完整性。真实性与档案描述之间的关系意味着不能将档案孤立看待,而要将之置于全宗里进行保护。同时,馆藏文献资料的获取过程和管理机制往往能从一定程度上确保档案的真实性。

对于档案文献的真实性,两个学科在档案文献的征集、评估、分类、记录、规划、保存等方面取长补短,譬如,关于数字档案真实性的维护和鉴定以及口述历史档案的归类与保存等。④ 正如绝对真实的历史是不存在的,完美无缺的档案也不存在。对此,历史学家莱斯利·哈里斯(Leslie M. Harris)说:无论怎样准确的档案都无法清晰地回答所有的历史问题;档案总是因解释与想象而激活,而如何将这种基于档案的解

---

① David F. Trask, Robert W. Pomeroy, and National Council on Public History, *The Craft of Public History: An Annotated Select Bibliography*, Westport, Conn.: Greenwood Press, 1983, p. xi.

② *First National Symposium on Public History: A Report*, *The Public Historian*, vol. 2, no. 1, 1979, p. 9.

③ 来源原则以历史主义的眼光审视文件从形成、保存、销毁或永久保存的完整的、动态的过程;生命周期理论则以全宗(fonds)为单位进行档案的整理和分类,注重档案文件与档案的形成机关的历史发展阶段。

④ Heather MacNeil, "Picking Our Text: Archival Description, Authenticity, and the Archivist as Editor", *The American Archivist*, vol. 68, no. 2, 2005, pp. 265-266.

释和想象富有创意地传达给广泛的公众是档案工作者与公众史学者共同面临的问题。①

这种关于真实性的互动关系具体表现在内容与呈现方式两个方面。一是在内容上,记忆是否是一种可靠的历史信息来源? 是否应该存档? 如何存档? 历史似乎是受过职业训练的学者的专利,是客观的、带批判性与质疑的精神;记忆则是个人、代际或社群的叙事与身份认同,是主观的、想象的、随意的、民间的。历史学家似乎有一种发掘历史规律、发现事件之间联系、总结经验教训的职业本能,因此他们往往趋向于以更理性的方式去解读这个世界。而传统历史更是讲求学院训练和历史证据的权威。②因此,档案作为史料的主要来源也应该是公正、准确的,档案人是信息的中立守护者和忠实传递人,因此对记忆资源的保存普遍持保守态度。

公众史学恰恰打破了这一神话,以"共享权威"的理念作为其实践最初的动因和最终的诉求。事实上,历史也是对过去的解读,也不是完全客观的。时间的流逝为解释历史事件不断提供新的可能性。社会记忆建立在历史研究的基础上,又补充和佐证历史研究,从而使我们更接近"真实"的历史。③档案资源不是任意而为,自然发生的,而是个人和机构基于其价值理念与职业使命所创造的,这一遴选和存储的过程无论在政治上还是文化上都不会完全中立。正是在这个意义上,档案的建构与使用成为社会历史不可分割的一部分,档案工作者和公众史学者是社会记忆的共同缔造者。正如公众史学者不拥有历史一样,档案工作者也不拥有档案。

二是在呈现方式上,档案文献是历史遗址、博物馆、"活态博物馆"

---

① Leslie Harris,"Imperfect Archives and the Historical Imagination",*The Public Historian*,vol. 36,no. 1,2014,p. 78.
② Mark A. Greene,"The Messy Business of Remembering: History, Memory, and Archives",*Archival Issues*,vol. 28,no. 2,2003,pp. 95-97.
③ W. Walter Menninger,"Memory and History: What Can You Believe?" *Archival Issues*,vol. 21,no. 2,1996,p. 105.

(living museum)、历史街区、纪念碑等各种类型的公众史学场所建立、解释与维护的根基。一系列因素影响着历史以及物质表征的解读,包括社会史的研究如何影响了档案资料在历史遗址的解读?档案资料在展出陈列中扮演了怎样的角色?研究者在解释历史建筑时是否偏向于某种类型的档案?未被使用或来源不确凿的档案可能造成哪些影响?在呈现敏感或有争议的历史时,档案资料又发挥着怎样的作用?①回答这些问题不仅需要掌握档案的内容,更需要将以档案内容为中心的"信息"转化为以语境为核心的"知识"②,这本质上是从"社会史研究"的角度来认识和使用档案,即对档案文献形成的过程和原因作深入分析。上述公众史学场所的各种项目、陈列、解释均依赖于对相关档案资料的严谨研究,进而确保向公众呈现的是(相对)真实的历史,可见档案不仅仅是历史信息的来源(客体),还是基于研究而产生的知识(research-based knowledge),是历史的主体。

这种真实性可以从场所的准确性、解读和修复、"活态历史"与历史重演等方面解析。譬如,档案在历史遗址的规划、历史建筑的重建或修复、历史建筑内饰的准确解读、历史重演中历史人物或事件的准确呈现等每一个环节都很重要。历史建筑及其周围的景观、装饰、历史加建和重建以及曾在此居住的人的故事,这种"社会的缩影"的再现往往超越个体,需要准确描述历史场景,包括服饰、社会风俗、贸易等各个社会层面。相关的历史证据也呈多元态势并跨越学科边界,譬如,与个人相关的通信、日记、照片等;与地点和场所相关的政府档案、契约、法庭记录、税单等;与历史建筑相关的视觉资料(版画与照片)、建筑图纸、考古资料等;与物质文化相关的房产清单、杂志、广告、报纸、图片等;与特

---

① Linda Barnickel,"A Firm Foundation: Archival Research and Interpretation at Historic Sites",*Archival Issues*, vol. 27, no. 1, 2002, p. 14.

② Terry Cook,"The Archive(S) Is a Foreign Country: Historians, Archivists, and the Changing Archival Landscape",*Canadian Historical Review*, vol. 90, no. 3, 2009, p. 519. 关于档案学研究与社会历史的关系,参见:Tom Nesmith,"Archives from the Bottom Up: Social History and Archival Scholarship",*Archivaria*, vol. 14, no. 1, 1982, pp. 5-26. Terry Cook,"From Information to Knowledge: An Intellectual Paradigm for Archives",*Archivaria*, vol. 19, no. 1, 1984, pp. 28-49.

定产业或行业相关的报纸、期刊、人口普查、账本、照片、郡县的农贸集会资料等；与现实生活相关的主题：报纸、法庭记录、通信、日记、倡议组织的宣言等。而在历史建筑环境的重建和历史场景再现项目中，口述历史资料往往可以弥补文献与实物资料的缺乏，因此，"现代口述历史本质上还是一种档案实践。现代口述历史实践是一种有历史学家参加的档案运动"。① 这意味着档案意识影响着口述历史项目的过程和成果，因为"前端控制理论"能提高口述历史的工作效率；"来源原则"能在一定程度保持采访人的相对中立；档案编纂让口述历史的成果更规范地得以存储。② 档案工作者与公众史学者应共同发掘可用于历史遗址解读与主题提炼的各类档案。

同时，公众史学项目的起点往往超越常规档案，有较为宏大的研究目的，持续时间较长，所以应根据具体项目的研究目的、范围和规划作参考与主题访谈（reference interview），评估相关档案资料的类型，并作分类与检索。落实在操作上有以下五个重要环节：

一、档案研究开始于公众项目、陈列展出、遗址解读的规划阶段，尤其是原始档案和相关文献资料十分重要；

二、基于档案资料分析，拟定解释计划草案，发现潜在的课题、主题和公众可能需要或希望了解的内容；

三、确定研究计划；

四、撰写研究报告；

五、阐释计划的重新评估、修改，拟定阐释手册（interpretive manual）。

目前，城市档案的普遍问题不在于缺乏文献资源来研究城市历史，关于征集保存城市的公共文件与文献的重要性学者们早已达成一致。问题的关键在于我们能够针对公众的具体需求提供什么样的

---

① 张锦：《电影作为档案》，知识产权出版社，2011年，第384—385页。
② 陈墨：《口述历史：人类个体记忆库与档案学》，《当代电影》2013年第9期，第68—69页。

档案,发掘什么样的城市历史。历史学家卡尔·贝克尔认为:历史是一种有用的技艺,应该用于帮助人们理解现实生活。基于这一观点,城市历史学家小萨姆·沃纳(SamBass Warner Jr.)更鲜明地指出,城市历史应该是有用的,因此城市历史建立的根基——档案资料——也应该为公众所用:"有意识地将服务公众作为其工作的目标或原则之一,提供档案文献的背景与解释,使人们更好地理解自己生活的城市环境。"①某些人群的历史被边缘化,他们的历史也没有被记录或保存,却是城市历史的重要组成,这也是为什么现有的城市档案显得很单薄的原因之一。

因此,小萨姆·沃纳建议除了常规的征集、访谈之外,增加抽取样本和采集图片的方式。②一方面,大都会区的档案通常样本量大,范围宏观,档案工作者可以从这些大样本中抽取子变量,建立小型和专业的样本,譬如行业协会、工作、住房、教育、健康与卫生、交通、通讯、城市政治等与公众生活息息相关的专业档案库,不只是记录官方关于某一事件的决策,还应该包括这些决策的具体因素、后果、实际影响与跟踪评估。另一方面,以图片辅佐文字资料,譬如,研究一个城市的个人阶级在某一特定的历史时期的生活状况往往是一项艰巨的任务,而档案工作者应主动地拍摄城市景观建筑,并作详细的标注、描述与系统分类,具体可从以下四个方面展开:

一、城市档案应该能帮助公众将当下的生活经历置于特定的历史背景中;

二、解读现代城市应该超越行政界线,应该从都会和区域的角度构建城市档案;

三、历史学者与档案工作者应该积极对话合作;

---

① Sam Bass Warner Jr,"The Shame of the Cities: Public Records of the Metropolis",*Archival Issues*, vol. 25, no. (1/2), 2000, p. 72. Originally published in *Midwestern Archivist*, vol. 2, no. 2, 1977, pp. 27-34.

② Sam Bass Warner Jr,"The Shame of the Cities: Public Records of the Metropolis",*Archival Issues*, vol. 25, no. (1/2), 2000, p. 74.

四、通过征集、汇报、访谈、拍照、系统取样等方式,有意识地建立被边缘化的城市人群的档案。

譬如,纽约州立历史文献咨询委员会(New York State Historical Records Advisory Board)和纽约州立档案馆合作,将纽约历史发展变迁的文献进行主题分类,建立尽可能周全、系统、公正的档案体系,并对公众开放;这一积极、主动、系统、持续的努力长达20年,深刻地影响了人们对纽约历史的认知。①如果说公众史学将城市权力重新赋予城市历史的缔造者和城市发展的亲历者与见证者,而档案的建构成为这一过程中不可忽略的因素,那么档案学者其实可以看作是公众史学运动的先驱。

2. 档案、历史与社会公正

档案工作者在搜集、鉴定、评估、归类、存档、保存等各个环节对档案直接施加权力,进而控制着过去,将不同的叙事或特权化或边缘化。不仅如此,档案人还持续不断地重建档案,进而重建过去。于是,档案是权力的体现,是公民权利和兴趣的表征,也是文化遗产的重要组成。1960年代,档案来源急速扩展,很多未曾进入档案学视野的文件开始得到关注,尤其是关于社群变迁与权力和身份的认同。当时的各种社会与文化运动促成了关于个体身份认同与族群自豪感的反思,学术界也开始积极回应,开始关注如女性、同性恋、少数族裔等一系列课题。社区成为发掘、重建权力的激进空间②,而这种权力最突出的体现便是建立以家庭、家族、族群和社区为单位的档案库。③

1970年代的公众史学不仅研究社会机构对普通人生活的影响还

---

① Christine W. Ward, "Documenting New York: Identifying and Saving New York's Primary Sources", *The Public Historian*, vol. 3, no. 3, 2011, pp. 99-115.

② Jeannette Allis Bastian, Ben Alexander, *Community Archives the Shaping of Memory*, London: Facet, 2009.

③ Randall C Jimerson. "Archives for All: Professional Responsibility and Social Justice", *The American Archivist*, vol. 70, no. 2, 2007, p. 254.

记录"自下而上"的历史:从政治史和军事史转为族群、性别与家族的历史研究。① 关注以前不曾留意的档案,开始搜集编撰普通人的生活、期待和需求。② 而且主张使用现有档案为被边缘化的或"失语"的社群伸张正义、建构或重建社群意识,而这也逐渐成为档案学面临的问题。雅克·德里达(Jacques Derrida)将后现代主义转型的视野引入档案学,试图打破档案的绝对客观性,指出档案是各种动因(来源、存储与使用)权力的博弈,而控制档案就控制了记忆与(政治)权力。③ 譬如,关于罗伯特·肯尼迪(Robert Kennedy)暗杀事件的档案,虽然在联邦政府、各州政府和当地政府各层面都有关于公民享有信息自由以保证公民权力的法案,但保密协议和个人隐私往往使得这些权力无法得以真正实施。④ 一连串的问题由此产生:公众是否有权知晓政府行为?公众是否有权力阅读、使用有争议的公共文件和档案资料?再进一步,公众是否有权力知道历史真相?公众在什么时候能享有这一权力?受到怎样的限制?档案究竟应如何服务公众利益?

关于档案与社会公正,档案学家兰德·吉莫森(Randall C. Jimerson)认为包含四个方面:政治和社会领袖应为其言行承担责任;抵制政治压力,支持开明政府;补偿或纠正社会的不公正;为被边缘化的社会群体建立档案,加强族群与社群的身份认同。⑤ 这四点与公众史学的

---

① 关于家族历史研究的兴起与档案界的回应,可参阅:Gail R. Redmann,"Archivists and Genealogists: The Trend toward Peaceful Coexistence", *Archival Issues*, vol. 18, no. 2, 1993, pp. 121-132. Elizabeth Yakel, Deborah A. Torres, "Genealogists as a 'Community of Records'", *The American Archivist*, vol. 70, no. 1, 2007, pp. 93-113。

② Richard J. Cox, David A. Wallace, *Archives and the Public Good: Accountability and Records in Modern Society*, Westport, Conn.: Quorum Books, 2002, pp. 267-269.

③ Jacques Derrida, *Archive Fever: A Freudian Impression*, Religion and Postmodernism. 1996.

④ Diane S. Nixon, "Providing Access to Controversial Public Records: The Case of the Robert F. Kennedy Assassination Investigation Files", *The Public Historian*, vol. 11, no. 3, 1989, pp. 29-44.

⑤ Randall C Jimerson, "Archives for All: Professional Responsibility and Social Justice", *The American Archivist*, vol. 70, no. 2, 2007, p. 256. 另可参考:Mark A Greene, Dennis Meissner, "More Product, Less Process: Revamping Traditional Archival Processing", *The American Archivist*, vol. 68, no. 2, 2005, pp. 208-263。

终极关怀即实现社会公正殊途同归,通过档案解释和传播历史是实现社会公正的基本条件。[1] 在这一过程中,档案工作者应该而且能够扮演更为积极的角色,即主动参与档案的征集与管理,进而影响公众对历史事件的解读。以美国"9·11"事件档案为例,尽管这一事件档案的建立充满权力、政治与伦理的纷争与妥协[2],但总体而言,这一过程是档案工作者与公众史学者共同记录、保存、分享重大灾难性历史事件的生动实例。"9·11"事件的档案形成过程以及"9·11"事件国家委员会无疑受到了各种因素的影响。包括政治协商,公众认知的政治性,使用档案的权力和档案的内容,信息的透明度和安全性,档案解密过程中的公众价值改变与种种问题,保密、解密的政治性等。这些都无形地影响着公众对"9·11"事件的认知。

然而,公众对这一事件有着不同反应,一系列非官方的网络档案讲述着官方解释中缺乏的公众记忆的多重性与复杂性,这包括:国会图书馆"美国民俗中心""9·11"事件纪录片项目(The September 11, 2001 Documentary Project)[3];国会图书馆主持的"9·11"事件网络档案库(The September 11, 2001, Web Archive)搜集了自2001年9月11日至2001年12月1日的各类网站;"网络档案"(Internet Archive)[4];乔治梅森大学的'"9·11'事件数字档案库"(George Mason University's Sep-

---

[1] 关于档案与社会公义的讨论,可参考:Trudy Huskamp Peterson, "Archives for Justice, Archives of Justice", James B Gardner, Paula Hamilton, *The Oxford Handbook of Public History*, Oxford University Press, 2017, pp.163-177。

[2] David A. Wallace, Lance Stuchell, "Understanding the 9·11 Commission Archive: Control, Access, and the Politics of Manipulation", *Archival Science*, vol.11, no.1, 2011, pp.125-168. 更为传统的档案资源后来都保存在"9·11"事件国家纪念馆与博物馆(National September 11 Memorial & Museum)里。

[3] 参见 http://memory.loc.gov/ammem/collections/911_archive。这一项目开始于"9·11"事件发生的第二天,目标是收集和记录普通美国人如各少数族群、各社会经济阶层、各政治力量等对这一事件的反应,包括200个音频和视频访谈,45份图像资料以及21份文字叙事资料。

[4] 参见 http://www.archive.org/details/iraq_911; http://www.archive.org/details/sept_11_tv_archive; http://www.archive.org/details/911_fdny_dispatches。

tember 11 Digital Archive）①；"此时此地的纽约"（Here is New York）②；"声音记忆项目"（Sonic Memorial Project）。③ 这些网络档案不只是被动地接受权力上层希望传递给公众的档案，而是积极主动地在档案建立、解释和使用中确保历史被真实地解读和保存并呈现给观众。可见，档案人在建构记忆与历史中发挥着积极作用。

3. 教育理念、内容与方法

目前，在美国公众史学项目的专业分布里，档案学约占13%，仅次于博物馆学（22%）和历史保护学（15%）④，这意味着公众史学与档案学在教学模式与教育理念上密切相关。这种关联可归纳为以下四点：

1. 档案学者教育的核心是针对信息的一种独特的档案视角，这种视角与历史学的眼光不同，却建立在历史学的批判思维之上。虽然档案学作为一门学科和一种职业已不再隶属于历史学，但历史的技艺和修养对档案工作者的教育依然极为关键，这体现在以下五个方面：

（1）历史研究的方法，包括提炼设计研究问题、发掘史料证明来源以及评估鉴定文献等，是档案工作者服务各类使用者所需的技能；

（2）历史编纂的能力，以及在使用档案时确定研究的策略与技能；

（3）某一历史课题的专业知识：这种建立在档案的特定内容

---

① 参见 http://911digitalarchive.org. 该档案库收集了15万份数字文献资料，包括物件、电子邮件、亲历者记录/叙事、图像、动画、声像等，于2003年并入国会图书馆。

② 参见 http://hereisnewyork.org. 这是从公众和职业摄影师征集的各种图像资料组成的画廊展示，通过各种图像资料展示历史事件，激发人们反思历史，领悟历史，建构与历史的联系，重建社区与身份认同。

③ 参见 http://www.sonicmemorial.org/sonic/public/index.html. 由50余位电台与新媒体专业人士建立的"世界贸易中心"历史的网络电台，作为"公开档案库"展示的是1000多个故事、背景音乐、留言、声频档案资料，是融声音于故事一体的"声音全景"。

④ 数据来源：www.ncph.org

基础上的知识通常来自历史学家（尤其是公众史学者），因此档案工作者不仅需要与历史学家沟通，还需要自身对这一领域的投入和训练；

（4）档案文献记录和保存的技术；

（5）对特定领域、区域或国家历史的了解。

2. 档案工作者从产业型专业人士（an industrial professional）向信息时代专业人士（an information-age professional）转型。①这意味着，仅仅掌握档案"知识"是不够的，还应具备一定的职业行为，这体现在能力培养上，主要包括：

> 基于行为社会科学的人际交往和交流的能力；运用统计方法和量性分析法的分析能力；运用计算机的能力，掌握机械化与自动化的局限性；使用、修改与设计信息系统指南的能力，掌握传统的分类、检索、编码理论与操作；足够的法律知识：信息传播的法律程序与问题以及信息产业的行为组织原则；团队合作的能力；批判思维、决策和对行为负责的能力。②

这些能力培养需要经过严格、科学与系统的训练，而公众史学的根基在学院之内。这对档案工作者的培养和教育有着积极意义：既有助于改变传统档案学的补救性训练模式，又注重实践与理论结合。③

3. 跨学科的视野与方法。公众史学的视野较传统档案学广阔，使档案学有机会与如博物馆学、信息管理学、历史保护（或文化资源管理）、图书馆学、历史文献学、历史写作、公共管理等相关学科对话：

> 公众史学入门课程中的"档案学"模块会引入跨学科视野下

---

① Hans Scheurkogel, "What Master Do We Want? What Master Do We Need?" *Archival Science*, vol. 6, no. 1, 2006, p. 159.

② Lawrence J. McCrank, "Public Historians in the Information Professions: Problems in Education and Credentials", *The Public Historian*, vol. 7, no. 3, 1985, p. 21.

③ Richard J. Cox, "Archivists and Public Historians in the United States", *The Public Historian*, vol. 8, no. 3, 1986, pp. 42-43.

的档案学的种种问题,譬如,从图书管理人和博物馆人那里借鉴现代社会的记录与陈列技能;档案文献记录保存的体系与实际效果,档案的社会与文化使用价值与途径;征集的种种动机与性质;建立在档案文献基础上的公众史学项目的理论诉求与实践行为等。又如,档案工作者在信息技术时代的角色转变、新的使用工具、自动分类检索的技巧等。①

如何构建有效交流的平台。如前所述,"公众"使命,即档案如何服务于多元受众,将档案学与公众史学联系在一起。历史学家、研究人员、普通公众对档案的需求不同②,而研究表明,档案工作者没有完全有效地将其职业使命传达给公众。如何获取和使用档案是档案学的最终目的,也是其首要价值。档案工作者不仅需要对档案进行鉴定、征集、归类、描述和保存,还要有社会责任与公共服务的理念,通过各种途径让更多的人有机会使用档案。档案工作者直接控制着历史研究的第一手资料,从而深刻影响着我们对过去的认知与历史意识的建构。③

两个学科都面临理论与实践之间如何把握平衡的问题④:理论框架固然重要,但实证研究能激活这些理论。⑤具体地说,特定语境下的案例将理论与诉求具体化,因此,需以实践为主导,建立

---

① Suzanne Etherington, R. Smith Vernon, "An Archivist's Views on Archival Training", *The Public Historian*, vol. 17, no. 1, 1995, p. 6.

② Larry J. Hackman, "A Perspective on American Archives", *The Public Historian*, vol. 8, no. 3, 1986, p. 24.

③ Mark A. Greene, "The Power of Archives: Archivists' Values and Value in the Postmodern Age", *The American Archivist*, vol. 72, no. 1, 2009, p. 34. T. R. Schellenberg, *The Management of Archives*, Columbia University Studies in Library Service, New York: Columbia University Press, 1965, p. 108.

④ Tyler O. Walters, "Possible Educations for Archivists: Integrating Graduate Archival Education with Public History Education Programs", *The American Archivist*, vol. 54, no. 1, 1991, pp. 484-492.

⑤ Richard J. Cox, David A. Wallace, *Archives and the Public Good: Accountability and Records in Modern Society*, Praeger, 2002.

案例库。①同时,成熟的职业多在学院内有坚实的根基,档案学与公众史学,都面临如何通过案例将学科的理念具体化,如何提供生动而有力的历史叙事,以及如何连接档案与范围更广的历史受众等问题。一定学时的实践项目是公众史学教育的重要模块,而在学习进程中的实践经验也是档案学教育的原则,因此在培养与教学模式上两个学科应相互借鉴合作。当然,公众史学不能解决档案工作者所有的职业技能培训,档案人依然应该立足于本学科的专业知识与技能。②

4. 职业素质的培养。1986 年,理查德·库克斯曾说:"(档案学与公众史学)这两个历史学的衍生学科,都面临相似的挑战,都在不断发展,不过都还没有成为一种职业。"③如今两个学科都发展为一种职业,都具备以下基本要素:建立在一定理论框架和概念体系基础上的专业知识与技能;具有内在逻辑性、技艺要求与操作规程;特定的职业操守、行业准则与评估体系。公众史学教育的最终目标不只是简单的让学生有就业机会,而是培养学生终身受益的公众史学技能和素质,以及一种特定的思维模式和职业品德,这些技能与素质体现着

---

① Richard J. Cox,"Archivists and Public Historians in the United States", *The Public Historian*, vol. 8, no. 3, 1986, p. 41.

② Allan Kovan,"Helping Friends: Archives Training for Public Historians", *The American Archivist*, vol. 53 no. 3, 1988, pp. 312-318. 档案学的核心知识可分为四大类:关于档案来源的组织、机构与个人的知识;关于文件档案本身的知识;如何使用档案及发掘档案的潜在使用价值;档案管理的原则与技能。具体可分为,功能性知识:鉴定与征集、整理与编目、档案保管、参考服务与存取、宣传与评估等;职业性知识:档案与档案学的历史、文件与文化记忆、伦理与价值等;相关/辅助性知识:行为理论与文献体系、法律与金融体系、管理理论与实践、数字文献与使用体系等。Jeannette A Bastian, Elizabeth Yakel,"Towards the Development of an Archival Core Curriculum: The United States and Canada", *Archival Science*, vol. 6, no. 2, 2006, pp. 154-155. F. Gerald Ham, Frank Boles, Gregory S. Hunter, and James M. O'Toole,"Is the Past Still Prologue?: History and Archival Education", *The American Archivist*, vol. 56, no. 4, 1993, pp. 718-729. 这种知识分类体现在其课程设置与学科体系上:Jeannette A Bastian, Elizabeth Yakel,"Towards the Development of an Archival Core Curriculum: The United States and Canada", *Archival Science*, vol. 6, no. 2, 2006, pp. 133-150。

③ Richard J. Cox,"Archivists and Public Historians in the United States", *The Public Historian*, vol. 8, no. 3, 1986, p. 29.

公众史学最核心的理念①,也与成为档案工作者应具备的职业素质交叉重合。

如果说所有的职业都受其使命的激励②,实现其使命都取决于公众的认可与约束,并实现与公众有效地交流③,那么,公众史学与档案学也不例外。"档案为人人"是"共享权威"的真实体现,也使得"人人都是他自己的历史学家"的理念不再遥远而抽象。

二 档案与公众记忆

公众记忆指的是在公众空间里产生、经历、传播、交流与共享的记忆。这里我们通过分析公众记忆与城市记忆工程,进一步探索档案与公众史学的关系。

1. 公众记忆:定义与特征

关于记忆,我们在第二章里已有较为详细的论述。记忆可以从不同角度界定,如社会记忆、集体记忆、历史记忆、公众记忆、文化记忆、地域记忆。"**公众记忆**"的概念由约翰·博德纳于 1992 年首次提出,他认为公众记忆是对过去的信仰与观点的集合,能帮助公众理解历史与现实,甚至间接地影响对未来的预期。④ 公众记忆总是发生在一定的公众空间,这一空间往往充满各种观点的相互交流与碰撞,而这一系列交流与认知的过程也是公众记忆不断修正的过程。公众记忆不仅涉及

---

① 基本的技能包括:历史研究技能和方法以及在此基础上形成的研究自信(research confidence);跨文化的书面与口头沟通能力;新媒体时代下,数码编辑的能力;平面设计造型能力;财政预算和金融管理能力。基本素质则涵盖:创新精神;团队合作;批判反思精神;外交才能;耐性。

② Mark A. Greene,"The Power of Archives: Archivists' Values and Value in the Postmodern Age", *The American Archivist*, vol. 72, no. 1, 2009, p. 22.

③ Richard J. Cox,"Archivists and Public Historians in the United States", *The Public Historian*, vol. 8, no. 3, 1986, p. 34.

④ John Bodnar, *Remaking America: Public Memory, Commemoration, and Patriotism in the Twentieth Century*, Princeton, N. J.: Princeton University Press, 1992, pp. 13-17.

历史,还关注现实生活中的问题。博德纳认为公众记忆首先是与社会权力结构的对话和妥协,因为在充满纷争和矛盾的社会里,权力始终是问题的关节点,而文化认知基于这一权力结构。从某种意义上,记忆扩展了这一交流与认知过程的视角,增加了历史认知的真实程度;无论是官方历史还是民间历史的支持者,都在有选择地对历史进行解释,以更好地服务于现实。他在此基础上进一步论述,公众记忆往往产生于官方和民间文化的交叉点。官方文化总是依赖于"形式教条主义",对现实是一种理想而非实际的陈述,对过去往往强调民族主义,推崇爱国情结。而民间文化则截然不同,它代表着不同社会群体的各种特殊利益之冲突与对话,往往呈现多元式样,并与时俱进。①

　　公众空间是一种社会建构,具有时间和社会维度,因此产生其间的公众记忆具有文化性、社会性和集体性。公众记忆的核心在于各种观点的思辨,以及不断扩展的历史边界(an encircling horizon),它通常由五个基本要素构成②:

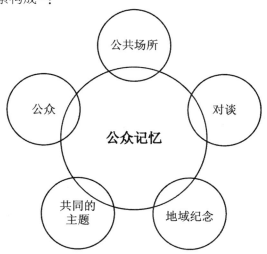

---

① John Bodnar, *Remaking America: Public Memory, Commemoration, and Patriotism in the Twentieth Century*, Princeton, N. J.: Princeton University Press, 1992. p. 15.

② Edward Casey, "Public Memory in Place and Time", in Phillips, ed. *Framing Public Memory*, p. 25, pp. 32-36.

其特征可具体归纳为以下六点①:

一、根源于对现实问题的关注、焦虑和思索:与传统的记忆与历史关系的解读不同,公众记忆的首要功能是充实或改变对现实的理解。记忆也不是对历史的现成反思,而是基于不同行为、视角以及我们身边的世界不断变化的符号而有选择地重构历史。②

二、讲述共同的身份认同(a common identity):公众记忆建构某种象征性的集体身份认同和归属感,它由一定社会在特定的历史时期的一系列可再使用的文本、图像、仪式等组成,构成不同历史呈现,稳定地传递这一社会的自我形象。基于这些对过去的共同认知,每一个社会群体形成对自身的完整性和独特性的意识。③

三、由影响或效果被激发:公众记忆不是对历史事件的线性呈现。它基于某种情感依赖而产生对历史事件、人物、物件和遗址等的保护意愿。与历史学家根据文献资料进行编撰和保护不同,公众记忆具有亲证性,亦或是直接或间接的"在场性"。基于血缘、地缘或宗教等共同体产生共同或共通的历史认知,并由此而约束、维系、传承共同的情感与精神。④

四、带有片面性与偏见,充满争议:公众记忆发生在一定的权力结构中,不同版本的历史解读在一定的空间碰撞,充满争议,往往很难达成一致⑤,因此对于发掘被边缘化的或"失语"的社会群

---

① Greg Dickinson, Carole Blair, Brian Ott, *Places of Public Memory: The Rhetoric of Museums and Memorials*, Rhetoric, Culture, and Social Critique, Tuscaloosa: University of Alabama Press, 2010, Introduction, pp. 6-11. 对公众记忆特征进行了简要归纳,笔者在此基础上做诠释,将重点放在第1、2、5点。

② David Lowenthal, *The Past Is a Foreign Country*, Cambridge Cambridgeshire, New York: Cambridge University Press, 1985, p. 184 & p. 210.

③ Jan Assmann, "Collective Memory and Cultural Identity", *New German Critique*, no. 65, 1995, p. 132.

④ 这种"在场性"与凯西所指的 Public Presence 一致,参见: Edward Casey. "Public Memory in Place and Time." in Phillips, ed., *Framing Public Memory*, 2007, p. 25 & p. 37。

⑤ Barbie Zelizer, "Reading the Past against the Grain: The Shape of Memory Studies", *Critical Studies in Mass Communication*, vol. 12, no. 2, 1995, p. 224.

体的历史极为重要。

五、依附于一定的载体,即依赖于实物或象征性支持:公众记忆需要实物性或象征性的表现方式,如语言、仪式、交流技术、物品、地域空间等,这些不同形式从不同角度支撑个体对群体的依恋。"每一种集体记忆总是在一定的空间里展开。"① 而空间或地域也不再简单是地理坐标,更多的是由意义、情感、故事等重新定位,因此需要对"**地域**"这一概念进行跨学科思索。

六、本身拥有历史:需要将公众记忆置于特定的历史条件下分析,其文化实践随着时间和社会语境变迁而改变。英国历史学家弗朗西斯·耶茨(Frances Yates)将记忆放在从古希腊和罗马的修辞记忆术到欧洲的文艺复兴中研究,认为记忆是一种档案提取,特定的记录或经验可以通过回忆的过程恢复,而为了防止遗忘,人们创造出记忆术,并称之为"记忆的艺术。"② 美国历史学家帕特里克·赫顿(Patrick Hunton)延伸了耶茨关于"记忆的艺术"的观点,将记忆放在现代语境下与历史联系在一起,认为历史是记忆的艺术。③

两个关键因素贯穿以上六大特征,即记忆的社会产生(social production of the memory)与公众呈现(public presentation)。在前文中,我们已对"公众的记忆"与"记忆的公众性"的区别有所指涉。"公众的记忆"重点是公众参与并拥有某一空间的自主权,它不是简单的一群人聚集在一起,也不是个人观点的简单集合,它代表着"公众"这一共同

---

① Maurice Halbwachs, *The Collective Memory*, New York: Harper & Row, 1980, p.140. 关于公众记忆与地域关系的实证研究,参见: Hague Cliff, "Planning and Place Identity', Hague Cliff, Paul Jenkins, *Place Identity, Participation and Planning*, London; New York: Routledge, 2005. John Walsh, James Opp, *Placing Memory and Remembering Place in Canada*, Vancouver: UBC Press, 2010, Introduction。

② Frances Amelia Yates, *The Art of Memory*, Chicago: University of Chicago Press. 1966.

③ Patrick Hutton, *History as an Art of Memory*, Burlington, Vt.; Hanover N.H.: University of Vermont; University Press of New England, 1993.

体最核心的特质①——进行批判与思辨,因而具有互动、共享、斟酌、不断演进与自我修正的特质。而"记忆的公众性"则强调记忆的不同呈现方式,尤其是视觉呈现。在美国公众史学兴起的 1970 年代,英国出现了"大众记忆群体"(Popular Memory Group),他们主张历史感知是通过公众呈现或个人记忆(本质上依然是集体的、共享的)产生的。公众呈现涉及公众的历史舞台,即在公共空间里公众对"自己"的历史、遗产、故事、传统等以戏剧的方式呈现,因此这一舞台注定是不同版本的、往往充满矛盾与争议的公众历史。以收音机、电视和报刊等为代表的媒体随之成为历史建构的重要途径,这不仅包括历史、新闻与传媒、纪录片的制作,还包括媒体艺术,如历史剧等。而国家的或地区的各种官方机构往往拥有很大自主权,以创建精英文化、教育、历史保护等为目的。同时,个人记忆总是存在于一定的社会语境和关系中,实质体现了记忆的社会构建。历史知识也可以在日常生活中产生传播,这包括一系列亲切熟悉的文化形式,如信件、家书、日记、族谱以及各种历史物件的收集和保存。这里我们看到两种不同的历史呈现,涉及公众记忆产生的文化背景及社会过程,促使我们在社会、文化、集体层面上重新定义公众记忆,对其社会性、集体性与文化性作进一步探讨。②

2. 文化性、社会性、集体性

如前所述,公众空间的特性决定了公众记忆的文化性、社会性与集体性。既然记忆是一种社会建构,那么,个人只有经由某一社会组织或群体才能获取记忆。换言之,个体通过一定的集体记忆的框架进行回忆,集体记忆又通过个体记忆来实现,而共同的身份认同又使得集体记忆不是个体记忆的简单叠加,于是传统与信仰成为可能。但与社会记忆不同,集体记忆没有现存的群体基础,也不受地域或身份的限制,所

---

① Kendall R. Phillips, *Framing Public Memory*, Rhetoric, Culture, and Social Critique. 2007, p.4.
② Popular Memory Group, "Popular Memory: Theory, Politics, Method", Robert Perks, Alistair Thomson. *Oral History Reader*. New York: Routledge, 1998, pp.43-53.

谓"集体"往往具有自发性。哈布瓦赫将两种截然不同的集体记忆概念联系在一起——集体记忆是个人在特定的社会文化环境里的有机记忆；集体记忆作为对历史的共同解读或认识的产生，是由小型的社会组织或大型的文化群体的互动与交流产生的。这一观点不仅重申了个人记忆依赖社会结构的命题，也与康纳德关注代际记忆的不同形式一样，承认记忆具有传承和延续的功能。

当记忆的集体性与社会性开始延伸至更具传承意义的文化层面，在研究尺度上便有了质的飞跃。德国历史学家扬·阿斯曼（Jan Assmann）的**文化记忆理论**（Theory of Cultural Memory）正是建立在此之上。扬·阿斯曼认为文化记忆是指通过一个社会的文化互动的框架指导行为和经验的知识，以及在代代相传的积淀中形成的记忆。它连结记忆、文化与社群三大核心概念，它系统研究记忆与文化的关系，包括文化记忆、集体身份认同和政治合法性。① 集体身份认同建立在文化客体——如纪念仪式、纪念碑、历史建筑、文本等——和制度化的交流之中，因此在时间的维度中连结空间，在制度化场景中连结过去、现实与未来。文化记忆具有以下主要特征：

一、具体化的身份认同（concretion of identity）：社会群体建构文化记忆，并从中衍生集体身份认同；

二、重新建构的能力（capacity to reconstruct）：每一种记忆都与现实相关，是一种反省式建构；

三、形制（formation）：文化记忆依赖于成型的、稳定的表现形式来传递历史信息，如一个社会制度化的文化遗产；

四、组织（organization）：制度化的文化记忆交流和传递的载体；

五、义务或责任（obligation）：文化记忆产生一套清晰的价值体系，从而使一个群体区别于另一个群体。由文化记忆得以存储

---

① Astrid Erll, *Memory in Culture*, Palgrave Macmillan Memory Studies, New York: Palgrave Macmillan, 2011, pp.14-15, 27-33.

的知识具有形成性(formative)，即教育、文明及人性化的影响和标准性，或提供行为准则；

六、反省性(reflexivity)：反映某一社会群体的生活世界和自我形象。①

可见，构建社会或集体记忆的支架似乎没有一种稳定的物质形态，而是随着时间推移表现为一种充满活力的动态存在。扬·阿斯曼从内容、形式、媒介、时间结构和载体五方面将文化记忆与之区别开来，论述了文化记忆的媒介拥有得到制度保证的稳定性和持续性。②

那媒介的文化意义是什么呢？这里，我们通过**符号学模式**作进一步剖析。费迪南德·索绪尔区分了"能指"与"所指"，"能指"是表述的形式，而"所指"是内容，两者之间的关系是随意的，但需要一定的媒介。公众记忆必然存在于一定的媒介，即只有通过不同媒介，由稳定的空间作为物质支持，公众记忆才得以存在、传播并与受众交流，与历史演绎。但是媒介并不是承载过去的、与记忆相关的信息的中性载体，而是带有价值观和评判标准，从而影响着我们思维、认知、回忆与交流的能力。"媒介不是简单地传递信息，而是产生一种影响力，对我们的思想、感知、回忆和交流的形式产生影响。媒介性体现的是由媒介开启的各种可能性和限制性如何影响着我们与世界的关系。"③在一定的媒介里，公众记忆具有物质、社会、心理与精神层面。首先，物质层面包括景

---

① Astrid Erll, *Memory in Culture*, Palgrave Macmillan Memory Studies, New York: Palgrave Macmillan, 2011, pp.29-30.

② 具体包括，内容：个人生平框架内的历史经验；神话传说/古代历史，"绝对过去"的历史事件。形式：非正式、不成形、自然性，通过日常交流产生；有意识地被创建、高度形式化、礼仪性的交流与节日庆典。媒介：存储在个人头脑、经验，或道听途说中的鲜活记忆；固化的、传统的象征性编码或以文字、形象、舞蹈等形式演绎。时间结构：80—100年，跨越三代或四代人；神话的、原始的"绝对过去"。载体：某一记忆群体的无名亲历者；特殊化/功能化的传统载体。

③ Sybille Kramer, "The Cultural Techniques of Time Axis Manipulation: On Friedrich Kittler's Concept of Media", *Theory, Culture, and Society*, 23 (7-8), pp.93-109. Astrid Erll, *Memory in Culture*, Palgrave Macmillan Memory Studies, New York: Palgrave Macmillan, 2011, pp.14-15, 103.

观、建筑、书籍、照片、电影等一系列记忆符号、助忆制品、媒介、记忆术；其次，社会层面包括致敬仪式、记忆产生的不同形式、记忆储存、文化知识的回忆，以及与之相关的个人或社会机构组织。最后，心理与精神层面则包括记忆群体的共同认知体系、概念、符号，包括价值、信仰、时间观念、自我认识与他者认识等。

于是，在一定空间里的各种物质元素与符号共同构成记忆媒介，具有储存(时间上)、传播(空间上)、激发与暗示集体回忆的功能。在历史变迁过程中，各种制度化的表征、文本系统、意象、仪式等均属于稳定文化媒介。① 将公众记忆置入城市空间就是城市记忆，而城市记忆的各种元素也在一定的媒介里得以存储、整合、重组、保护和传播，在动态中体现城市历史文化的内在逻辑与发展规律。城市首先是一个生命。有命运，有历史，有记忆，有性格。它是一方水土的独特创造——是人们集体的个性创造与审美创造。如果从精神与文化层面上去认识城市，城市是有尊严的，应当对它心存敬畏；可是如果仅仅把它当作一种使用对象，必然会对它随心所欲地宰割。关于城市记忆，不同的学科有不同的定义和研究方法。马克·克林森(Mark Crinson)的《城市记忆——现代城市的历史与遗忘》一书从建筑学、文化学、艺术学、历史学、心理学等角度探索"城市记忆"，批判性地整合了各个领域对这一概念的探讨。②

3. 城市记忆工程

城市记忆的各种元素，包括城市形成、变迁和发展中的历史记录和实体表述，都在一定的媒介里得以存储、整合、重组、保护和传播。一方面，城市是人们相互了解与联系的空间，也许彼此并不认识，却因为对

---

① Ibid., p.126 & p.129. 另可参阅：Pierre Nora, "Between Memory and History: Les Lieux De Mémoire", *Representations*, no.26, 1989, pp.7-24；关于记忆场所的物质性、功能性与象征性，见：p.19。

② Mark Crinson, *Urban Memory: History and Amnesia in the Modern City*, London；New York：Routledge, 2005.

同一空间里的同一元素产生共鸣而变得熟悉亲切①;另一方面,现代城市是制度化的空间,因此城市里制度化的历史机构,如博物馆和档案馆,都是城市记忆的重要载体。

自 2002 年起,在中国不少城市陆续实施的"城市记忆工程"集中体现了我们前面探讨的关于公众记忆的特性,本质上是城市公众史学的一种实践。"城市记忆工程"旨在保护城市历史文化,源于当代著名文人、艺术家冯骥才先生为"抢救天津老街"而发起的"历史文化考察与保护"活动。进入 21 世纪,城市化进程加快,很多城市在实现所谓"现代化"的进程中,大规模拆除历史街区和建筑,不少"历史文化名城"也在"旧城改造"的名义下被大规模地"建设性破坏"。城市的记忆消失,城市的历史文化亦随之消亡,于是出现千城一面。如冯骥才所言,城市本身没有自觉的记忆。这种理性的记忆,实际上是人赋予它的。我们需要从城市史和人类学角度来审视城市,从城市的历史命运与人文传衍的层面上进行筛选,而城市保护绝不只是留下几个"风貌建筑"。②

于是,青岛市档案馆于 2002 年开始实施"城市记忆工程",通过摄像、照相等技术手段,全面记录 21 世纪初青岛的城市面貌,并对即将开工建设项目的原貌进行抢救性记录,在国内率先形成了规模化的城市面貌档案库。2003 年,武汉市档案部门也启动"城市记忆工程",为城市原貌、旧城改造、历史建筑和街区的保护、修复保留了重要的档案资料。2004 年,广州市城建档案馆组织"广州城市记忆工程",以城市发展为脉络,通过征集、整理、保存并研究广州市在城市建设与规划的历史过程中形成的文字、图片和录像等资料,采用电视专题片、照片和画册展览等多媒体形式,通过数据库技术,记录广州城市历史面貌的变迁。2005 年,上海市实施"城市记忆工程",抢救性地收集有关上海城

---

① Richard Sennett, *The Fall of Public Man: On the Social Psychology of Capitalism*, New York: Vintage, 1977, pp.338-339.
② 冯骥才:《灵魂不能下跪——冯骥才文化遗产思想学术论集》,宁夏人民出版社,2007 年,第 219 页。

市发展的具有永久保存价值的各种形式的档案资料,力图记录上海城市发展的历史轨迹,为构筑和完善城市记忆、塑造城市文化和城市精神提供服务。2006年,大连市开始"城市记忆工程",计划用4年时间抢救性地收集有关城市发展的具有永久保存价值的各种形式的档案资料,从而完整地记录和追寻城市发展的历史轨迹。同年,济南市档案馆也启动"城市记忆工程"。2008年,重庆市和丹东市也启动类似的记忆工程。①"城市记忆工程"于2008年发展至最高峰。②

"城市记忆工程"由各档案部门主导实施,到目前为止对其进行的研究也只停留在档案学,对近年来各地的"城市记忆工程"有较为系统的调研,档案工作者对这一工程的调查、分析与思考,也不乏真知灼见。③ 但总体而言,目前还没有关于这一工程的实质效应和成果的深入研究。如果说"城市记忆工程"的最终目的是为了向社会公众呈现基于档案研究和实地考察的城市历史,它体现着通过档案诠释,解读社会历史变迁的真实性、权威性、形象性,这就需要档案部门具有较强的社会活动能力和历史关怀。我认为,对这样成规模甚至制度化的城市记忆保护行为,仅仅停留在时代背景、现状分析、概念性的解释其特征或从政策上预测其未来是不够的。从2002年青岛市率先提出并实施"城市记忆工程"至今已有14年,而这14年也是城市历史建筑、景观、建成环境在各种名义下遭受严重破坏的时期,城市记忆因此出现断裂,"城市记忆工程"是否能实现其初衷,其阶段性成果是否能回归到城市历史的缔造者和亲证者那里?在一系列城市记忆工程提出、开展、实施

---

① 郭红解、邹伟农:《城市记忆与档案》,学林出版社,2011年,第28—36页。
② 丁华东、尹雪梅:《"城市记忆工程"开展现状的调查与分析》,《档案管理》2011第5期,第52页。
③ 郭红解、邹伟农:《城市记忆与档案》,学林出版社,2011年;丁华东、尹雪梅:《"城市记忆工程"开展现状的调查与分析》,《档案管理》,2011年,第50—53页;丁华东、崔明:《"城市记忆工程":档案部门传承与建构社会记忆的亮点工程》,《档案学研究》2010年第1期,第40—45页;潘连根、屠剑虹:《城市记忆工程与城建档案工作》,《浙江档案》2011年第2期,第17—19页;尹雪梅、丁华东:《论"城市记忆工程"对我国档案资源体系建设的推进》,《浙江档案》2011年第3期,第13—16页;韩若画、刘涛、范紫薇、刘珂凡、赵悦:《国内外"记忆工程"实施现状综述》,《档案学通讯》2012年第3期,第14—18页。

的强大"声势"下,城市记忆又是否真正得以保留和传承?

  首先,城市记忆的文化性、社会性与集体性互相交融渗透,共同体现城市的独特性。它建立在实物文化、瞬间的录音访谈及历史形象等各种物质表述上,具有档案性,而不同维度的物质表征一旦消失,便无可挽回。当历史研究开始走出精英与权力阶层的宏大叙事,开始关注少数族裔的、民间的、女性的或被传统社会边缘化的群体的历史时,人们开始在记忆的基础上重新建构过去,档案的角色也开始发生变化。[1]档案从传统的记录与保存功能发展为解读、维系历史文化与价值的参与者,档案本身成为一种公众记忆,扮演着重要的社会和文化角色。而将档案置于更广阔的语境中也帮助我们进一步认识影响档案选择与存储的种种力量。[2] 城市记忆档案本质上是一种以城市历史为课题的"身份档案"(identity archives),应该以更包容的视域探索城市历史的多重性、多元性和复杂性。

  记忆在内心经历得越少,对外部的媒介要求便越高。[3] 与博物馆类似,档案馆是现代记忆的空间体现。档案记忆(archival memory)存在于各种文献、地图、书信、考古学发现、声像资料中,它将所谓的知识来源与解读区分开:档案资料是不变的,随着时空改变的是人们对档案的解释。[4] 档案馆本身也成为在"城市记忆工程"里重要的公众记忆场所。在这里,档案馆不仅是有意识地保留和组织记忆存留物的场所,也体现了自身一定的空间逻辑。而档案也不只是史料的堆积,更是公众历史的场所。置身于档案馆,不论是研究者还是旁观者,都成为这一空间的一部分。正是在这样的空间里,通过编码和数据分录而制度化的

---

[1] Jeannette A. Bastian,"Flowers for Homestead: A Case Study in Archives and Collective Memory",*The American Archivist*, vol.72, no.1, 2009, pp.119-120.

[2] Kenneth E. Foote,"To Remember and Forget: Archives, Memory, and Culture",*The American Archivist*, vol.53, no.3., 1990, pp.379-383.

[3] Pierre Nora,"Between Memory and History: Les Lieux De Mémoire",*Representations*, no.26, 1989, p.13.

[4] Diana Taylor,*The Archive and the Repertoire: Performing Cultural Memory in the Americas*, Durham: Duke University Press, 2003, pp.19-20.

"档案记忆"成为公众可自由平等享用的资源,并基于这些资源建构多重身份认同。日裔加拿大人国家档案馆与博物馆(Japanese Canadian National Archive and Museum)便是极为成功的一例。[①] 类似的,美国城市的记忆工程,如"缅因州记忆网络"(Maine Memory Network)项目,不仅鼓励当地居民录制口述历史,通过数字平台整合公开各种记忆资源,而且还充分发挥档案馆、图书馆、历史协会与各种文化机构的场所功能,鼓励公众参与,共同解读历史。同时,这些公众空间也成为教育与交流的场所。而这种草根性、参与性在国内的"城市记忆工程"中似乎普遍缺乏。

其次,档案本身承载着丰富的历史,若只是堆砌在档案馆里,就只能为学家所用。而城市是开放的空间,城市记忆首先是公众记忆,它应该与公众对话,鼓励公众思辨。由上海市档案馆编辑出版的《城市记忆》丛书便是很好的尝试,这套丛书基于城市发展脉络,提炼出颇能体现上海历史变迁的五大主题——外滩传奇、石库门前、车影行踪、学堂春秋、职场丽人——通过大量的历史照片、漫画、地图等图像资料,采用通俗易懂的叙事方法,使读者很容易在声像和文本中发现城市的足迹,也很自然地产生情感认同。[②] 值得一提的是,图像资料在人们历史意识的形成中往往发挥着潜移默化的功用,与口述和文本资料相互交融,能生动地呈现城市的过去。杭州市档案局与浙江大学公众史学研究中心合作的"杭州记忆"城中村改造历史项目融档案记忆于城市历史的变迁,通过个人故事讲述公众历史,突破了传统档案的局限。[③]

[①] Patrizia Gentile, "Archive and Myth: The Changing Memoryscape of Japanese Canadian Internment Camps", John C Walsh, James William Opp, *Placing Memory and Remembering Place in Canada*, Vancouver: UBC Press, 2010, pp. 241-242. 关于档案与社会记忆研究,可参阅: Francis Blouin, William G. Rosenberg, *Archives, Documentation, and Institutions of Social Memory: Essays from the Sawyer Seminar*, Ann Arbor: University of Michigan Press, 2006。

[②] 《城市记忆》丛书系列:张姚俊:《外滩传奇》;冯绍霆:《石窟门前》;庄志龄:L《学堂春秋》;刑建榕:《车影行踪》;吴红婧:《职场丽人》,上海:上海文化出版社,2005年、2006年。

[③] 该项目于2018年启动,旨在从公众史学的角度搜集、呈现杭州市城中村改造历史的档案。

作为公众记忆的媒介,档案部门的馆库条件发挥着储存、传播、激发或暗示集体记忆的功能,而"城市记忆工程"则充分运用档案人员的专业知识与技能,如对传统文件的实体管理经验、文件内容的挖掘、展示的技能以及电子文件的管理及网络资源组织的经验等。① 但如何整合城市记忆的档案文献资源,发挥各城市综合档案馆的作用,将丰富的历史信息呈现给公众,使这一空间成为"共享权威"的平台,尚需专业人士更多的思索。② 理查德·库克斯以殖民地威廉斯堡遗址办公室(Secretary's Office),或被称为公共档案办公室(Public Records Office)的档案解读为例,分析档案学家应该如何寻求公众共鸣和支持。这座约有 250 年历史的建筑竟没有得到充分的诠释,无法回答在历史修复中的许多关键问题,档案资源没有发挥解读历史建筑、还原真实历史的作用。库克斯认为解读和传播历史遗址的价值需要职业人士和学者引导下的公众参与,充分发挥档案作为原始资料的使命与价值。③

最后,关于记住什么,即判断哪些历史是值得记住和保留的。城市记忆由一系列代表不同时期的历史文献资源、建筑、街道和文物古迹等历史坐标点串连而成,是一个城市形成、发展与演进的轨迹,对这些复杂纷繁的历史记录以信息的方式加以编码、储存和提取,就意味着对城市记忆进行筛选和编辑。记忆与遗忘具有主动与被动两种形式,前者将历史作为现实来保存,而后者将历史作为过去来保存。往昔的"历史性"与"现实性"之间的矛盾与思辨恰恰是公众记忆的活力。德国学者阿莱达·阿斯曼(Aleida Assmann)认为主动保存和传播的记忆往往关注过去与现实的联系,而被动保存的记忆则将历史视为绝对的过去,

---

① 丁华东、崔明:《"城市记忆工程":档案部门传承与建构社会记忆的亮点工程》,《档案学研究》2010 年第 1 期,第 43—44 页。
② 城市记忆的档案文献资源包括城市概貌档案、城市管理档案、城市建设档案和城市活动档案。见郭红解、邹伟农:《城市记忆与档案》,学林出版社,2011 年。
③ Richard Cox, "Public Memory Meets Archival Memory: The Interpretation of Williamsburg's Secretary's Office", *The American Archivist*, vol. 68, no. 2, 2005, pp. 280-281.

是档案性保存。① "城市记忆工程"的特点是档案部门主动地记录历史,积极地参与构建城市记忆,这无疑打破了档案保存的被动性和补偿性。目前,相当数量的城市记忆档案资源没有纳入档案部门的视野,公众的声音还没有得到应有的重视。这就导致一方面,档案馆出现过分存储,失去与受众的关联,处在记忆与遗忘的边缘;另一方面,档案馆尚有待充分发挥作为公众记忆的场所功能。档案记忆存留于文本、地图、文学作品、书信、考古发现、视觉资料等之中,虽然档案似乎拒绝改变,力图保持历史的连续性,但档案的价值、相关性与意义却随着时间的流逝和语境的改变而发生变化。因此,档案记忆将知识的来源与知识的表征、涵义、价值在特定的时空分离。② 如罗兰·巴特(Roland Barthes)所言,"照片的意义,他们所指的力量,往往蕴含于其被使用的特定场景中"③。

毕竟,(城市)"历史不是历史学家的特权,也不是后现代主义声称的历史学家的'发现';历史是知识的一种社会形式,是众声喧哗,是百花齐放"。④ 普通人的故事与城市的历史水乳交融,"城市记忆工程"的最终源动力来自公众。

三 公众史学视域下的历史保护

现在,让我们把目光转向档案馆之外的历史建筑、景观与遗址。20世纪以来,美国历史保护从全国各地分散的抢救修复名人故居的努力逐渐演变为一场有组织的社会运动。1930年代,弗吉尼亚州的殖民地威廉斯堡遗址的重建和修复凝聚着联邦政府历史保护机构——国家公

---

① Aleida Assmann, "Canon and Archive", Astrid Erll, Ansgar Nünning, Sara B. Young, *Cultural Memory Studies an International and Interdisciplinary Handbook*, Berlin; New York: Walter de Gruyter, 2008, pp. 97-107.

② Diana Taylor, *The Archive and the Repertoire: Performing Cultural Memory in the Americas*, Durham: Duke University Press, 2003.

③ Roland Barthes, *Image, Music, Text*, Hill and Wang, 1977.

④ Raphael Samuel, *Theatres of Memory: Past and Present in Contemporary Culture*, Verso, 2012, p. 8.

园局——和建筑、历史、考古、景观设计、城市规划等一系列民间力量的共同努力;南卡罗来纳州的查尔斯顿的保护则促成了美国第一部关于历史保护的区域规划法规的出现。历史保护在这些跨学科力量的联合努力中,深入政府机构和私人组织的文化地缘政治。1966年《国家历史保护法案》(National Preservation Act)的通过标志着历史保护得到官方认可,公众史学的视角与方法为历史保护提供了契机。

1. 溯源

从1853年安·卡宁汉姆(Ann Pamela Cunningham)拯救乔治华盛顿的故居维农山庄(Mount Vernon)[①],到1931年查尔斯顿首次颁布保护区域规划法案[②],再到1963年保护纽约市的宾夕法尼亚车站,传统的历史保护多强调结果,很少关注过程,所以保留下来的建筑和遗址成为最终的也是唯一的评判标准。1965年,查尔斯·霍斯莫尔(Charles Hosmer)发表了历史保护学的拓荒之作《历史的呈现:威廉斯堡遗址之前的历史保护运动在美国的演进》,他将历史保护的主要动因归结为爱国主义情节,公民的自豪感以及建筑或美学的享受。[③] 这一推断正是基于早期的历史保护人士的成就,即经过他们努力保留的大量历史建筑和遗址。历史保护的先驱者们让部分有志之士相信花费财力人力保护部分历史遗址,虽然没有经济利益回报,却有助于研习历史,陶冶情操,提升对美的追求和享受。

1978年,*Penn Central Transportation Co. et al v. New York Co. et al.*一案开创了历史保护理念成为法律政策的先例,法官小威廉·布尔南(William J. Brennan Jr)宣布:"历史建筑因其特殊的历史、文化或建筑意义有益于整个社会的进步。这不仅仅指这些建筑和它们的工艺代表了

---

① 参见 http//www. nwhm. org/education-resources/biography/biographies/ann-pamela-cunningham
② 关于查尔斯顿的保护,参见:http://www. nps. gov/nr/travel/charleston/preservation. htm
③ Charles Hosmer, *Presence of the Past: A History of the Preservation Movement in the United States before Williamsburg*, New York: Putnam, 1965, p. 3.

过去的成就,是值得我们珍视的遗产,也指它们对我们今天的社会发展发挥着不可替代的作用。历史保护是环境问题的一部分,我们的生活质量和伦理精神与之紧密相关。"①自 1980 年代起,美国学术界出现了大量关于历史建筑保护的文章,主要的研究成果整合了评判性理论和历史保护的实践案例,其中以詹姆斯·芬奇(James Fitch)和威廉·穆尔塔(William Murtagh)尤为著名。②

尽管传统的历史保护在实践和理论上的探索充满理想主义色彩,可谓意气风发,但从整体来看,保护项目多由专家主导,属抢救性保护;保护对象多与社会权力精英相关联;保护方法也侧重保持原貌,反对任何形式的修复更改,更谈不上与时俱进地看待历史建筑。凯文·林奇(Kevin Lynch)一语中的:"历史保护通常是中上流社会阶层的任务;谁给钱赞助历史保护项目,谁就有权将历史冻结在博物馆并对之进行诠释。"③因此,历史保护被认为是抱残守旧,反对进取。同时,历史保护被认为是一种无须争议的社会公益行为,保留纪念碑等历史建筑毫无疑问对整个社会是有益处的。④但是,这种论断自 1960 年代起开始受

---

① Penn Central Transportation Co. et al. v. New York City Co. et al., 438 US. 104. 107-108, 1978. 同时可参考:Robert E. Stipe, *A Richer Heritage: Historic Preservation in the Twenty-First Century*, The Richard Hampton Jenrette Series in Architecture & the Decorative Arts. Chapel Hill: University of North Carolina Press, 2003, p. 183.

② James Marston Fitch, *Historic Preservation: Curatorial Management of the Built World*, New York: McGraw-Hill, 1982. William. J. Murtagh, *Keeping Time: The history and theory of preservation in America*, Pittstown, N. J., Main Street Press, 1988. Joseph Heathcott, "Review Essay: Curating the City: Challenges for Historic Preservation in the Twenty-First Century", *Journal of Planning History*, vol. 5, no. 1, 2006, pp. 75-83. 历史保护的研究包括:Art Ziegler, *Historic Preservation in Inner City Areas*, 1971. Deirdre Stanforth, *Restored America*, 1975. Tony Wrenn and Elizabeth Malloy, *America's Forgotten Architecture*, 1976. Nathan Weinberg, *Preservation in American Towns and Cities*, 1979; Richard Reed, *Return to the City*, 1979. Norman Williams Jr., Edmund Kellogg, and Frank Gilbert, ed. *Readings in Historic Preservation*, 1983。

③ Kevin Lynch, *What time is this place?* Cambridge: MIT Press, 1972, p. 30.

④ Joseph Heathcott, "Review Essay: Curating the City: Challenges for Historic Preservation in the Twenty-First Century", *Journal of Planning History*, vol. 5, no. 1, 2006, pp. 75-83. 还可同时参阅:Robert Garland Thomas, "Taking Steps toward a New Dialogue: An Argument for an Enhanced Critical Discourse in Historic Preservation", *Future Anterior*, vol. 1, no. 1, 2004, pp. 11-15。

到质疑:如果历史保护是公益行为,那受益者究竟是谁?历史保护学的核心问题由此衍生:在一定的历史和文化语境下,什么是值得保护的?是谁在界定所谓的"历史意义"?又是谁真正参与到历史保护的决策机制里?如果历史保护的动机依然来自怀旧情绪、爱国情结或纯粹的学术追求,那么保留的是哪种版本的历史?而在保留下来的历史景观里,我们又失去了多少历史?

2. 局限和误区

回答这一系列的问题需要剖析传统历史保护学的局限和误区。这包括三个主要方面:

一、对原真性的认识;

二、历史解读的方式;

三、对历史环境的非物质层面尤其是集体记忆和地域感知的解构。

3. 原真性:历史保护的理想主义情结?

无须置疑,公众往往期待着"真实的"历史,期待着保留下来的历史环境呈现并述说这样的真实;历史就是关于过往事件的如实反映,历史建筑是实物呈现,是原真性的有效试金石。自19世纪历史成为一门学科以来,揭示历史真相、还原历史本来面目就成为其终极目的。兰克的"如实直书"被奉为经典,如果史料可靠,史学家忠实于过去,历史的真相就会呈现。然而,1962年托马斯·库恩(Thomas Kuhn)的《科学革命的结构》(*The Structure of Scientific Revolutions*)不仅质疑所谓的科学知识的本质,还提出没有完全客观和普遍适用的科学求证方法,研究者本身是求证过程的一部分,因此不可避免地将其主观认识、假设、观点等融入研究过程,主观认知与客观事实不能割离。[①]随之而来的后现代

---

① Thomas Kuhn, *The Structure of Scientific Revolutions*, Chicago: University of Chicago Press, 1962, pp.1-9.

主义思潮深刻影响了历史学领域,自启蒙运动以来的客观史学受到严重冲击。诺贝尔化学奖得主伊利亚·普利戈金(Ilya Prigogine)在《从混沌到有序》(Order Out of Chaos)中革命性地将历史与自然科学联系在一起,因为时间的因素也是自然的一部分,它见证了无序与进化之间的关系。时间的不可逆转性为自然发展提供了方向,由此,他提出"耗散性结构"的概念,即从混乱无序中产生的新秩序和新结构。这里,自然的变化是质性而非量性,以时间为核心,是不可逆转的体系,而且观察者也受时间影响,因此不存在完全客观的科学,研究主体与客体之间的互动是一个过程。[1] 与库恩的观点一致,普利戈金将历史的观点融入自然科学,强调获取知识的过程而不是结果。这一过程中,时间的影响十分重要,时间是变化的动因,是不可预测发展的潜力,时间创造新的结构并影响观察者的视角。历史的客观性和原真性在后现代主义冲击中动摇,历史学家开始承认历史其实是对过去的重建,是一种反映,一种映像;它专注于时间和事件的连续性,但又绝不是对过去的简单呈现,因此历史需要分析和批判性的论证。我们今天读到的、看到的、感受到的、认知到的历史,包括历史知识产生、解释和传播,都充满了政治权利的斗争和妥协。当把历史研究的理论成果转化为实际的物质空间时,判断与妥协更不可避免,原真性开始成为历史保护人士的一种职业忧虑。

历史学家黛安·巴瑟尔(Diane Barthel)认为,一味地寻求真实的历史是一种徒劳;历史保护是政治文化的产物。历史的真实性建立在具体的场所、结构和内容的基础上,尤其是内容,即对历史事件的解读。[2] 所以可以将原真性界定为准确呈现历史而持续不断的努力。尽管对历史原真性的敬畏和探索依然是历史保护学的终极关怀,尽管这种追求和探索体现了学者的严谨精神和社会责任感,但绝对真实的历

---

[1] Ilya Prigogine and Isabelle Stengers, *Order out of Chaos: Man's New Dialogue with Nature*, Toronto; New York, N. Y.: Bantam Books, 1984.
[2] Diane Barthel, *Historic Preservation: Collective Memory and Historical Identity*, New Brunswick, NJ: Rutgers University Press, 1996, p.8.

史永远不可企及,尤其是对历史长河中充满争议的历史事件,我们更难以客观公正地解读。因此,研究方向应该转为试图了解参与历史知识产生、解释、传播的利益相关者,即历史保护学者、城市规划师、建筑师、开发商、政府官员以及公众的动机和想法,即**为什么**拥有真实的历史对他们意义攸关,以及学者执着的"真实"与公众理解的"真实"之间有什么区别。

历史也不是一成不变的,它与时俱进,相应的物质空间呈现也是如此。每一次历史解释和在此基础上进行的修复都是从某种程度改写历史,因此历史保护只能让我们最大限度地接近真实的历史。譬如,在美国的一些城市,工业遗址(Industrial Site)既记录了城市发展的历程,又见证了企业的兴衰。若改为他用或再利用,虽然改变了原有建筑或遗址的功能,但保存了其形式,并继续与当地社区的生活密切相关。这似乎在挑战那个遥远稳固的原真性,但却是美国历史保护的一个里程碑:蓝领阶层的历史作为这些遗址的重要组成开始占有一席之地。同样的,遗址农场和森林也是很好的保护案例,如"著名自然景观区域"(Areas of Outstanding Natural Beauty)的保护通常都有人积极参与,既为了保存自然景观的美感,又为了历史保护,旨在维护这些区域的传统功能和生态。① 而实现这一目标的挑战之一便是如何对历史文化资源进行有效、动态地管理,使其可持续地发展:保护现有的建筑实体只是一部分,更重要的是维护文化与自然相互影响的亲密关系,这就需要社区居民的积极参与。

4. 碎片式的历史解读

过去是多样的,与现实生活息息相关,而对过去的认知与解读也不断发展。一方面,简单化的历史解释常常忽略了被边缘化的社会和文化群体的历史,与他们相关的历史建筑和景观也自然没有得到相应的保护。历史保护学者安特列特·李(Antoninette J. Lee)论述了多元文

---

① Elisabeth Hamin, "Western European Approaches to Landscape Protection", *Journal of Planning Literature*, vol. 16, no. 3, 2001, pp. 339-358.

化和不同族裔在未来历史保护中的角色,超越文化和种族的界限有益于主流传统和整个国家的发展。① 他倡导的实际上是一种更加宽容、更充满人性化的历史解读——如果我们对奴隶住所遗址视而不见,何以谈得上真正理解了殖民地威廉斯堡遗址?②

这一转型与1960年代美国发生的一系列挑战权威与正统秩序的运动息息相关,史学界开始倡导更具包容性的历史解释,主张将女权主义历史、少数族裔史、非裔美国史、新文化史等纳入史学研究,历史学渐渐由上至下,回归公众领域,重新定义历史话语权。大约同一时期在英国兴起的"历史工作坊运动"与之遥相呼应。在这样的背景下,**为什么某些文化或族群在历史保护中被抹煞开始成为历史保护学的重要课题。**

5. 历史、记忆与多重地域感知

尽管已经有人开始关注历史保护的社会意义,但学术界至今还很少对历史环境进行情感解构,深入分析建筑元素蕴含的政治与文化内涵,尤其对集体记忆作为特定的文化符号,缺乏深度实证研究。

记忆联接过去和现在,联接实物世界和文化、社会、个人、社区的价值,并通过集体形成的社会认知框架审视历史。这在城市空间层面上体现为城市精神的构建和持续。集体记忆为我们提供线索,与城市景观产生共鸣;而这种共鸣衍生的历史感又让我们在特定的历史环境中产生特有的地域感,从而将我们个人的经历与记忆和更广泛意义上的社区、地域、国家、民族联系在一起,如戴维·格拉斯伯格所言:"对过去的认知其实代表着一种社会身份的认同,也回应着我们关心爱护的地域与建筑。"③而记忆与遗忘之间的交织演绎一旦以实物方式呈现,

---

① Antoinette J. Lee, "The Social Dimensions of Historic Preservation", Robert E. Stipe, *A Richer Heritage: Historic Preservation in the Twenty-First Century*, The Richard Hampton Jenrette Series in Architecture & the Decorative Arts. Chapel Hill: University of North Carolina Press, 2003.
② 参见:http://www.history.org/Almanack/places/hb/hbslave.cfm
③ David Glassberg, *Sense of History: the Place of the Past in American Life*, Amherst: University of Massachusetts Press, 2001, p.7.

这些景观建筑又会反过来影响我们对过去的解读。这是一个不断演绎的过程，能激发或遏制对历史的想象，也从精神和文化上重新审视过去、现在和未来。正是因为对同一段历史的不同解释，这一过程充满政治斗争和情感纷争。所以历史场所的意义随之不断改变，是利益相关各方妥协的结果，因而所谓的地域感知也不是整齐划一的，而是多元的。

一方面，记忆影响我们对城市环境的感知；另一方面，城市环境能激发我们回忆、怀旧、思古。莱尼·桑德库克（Leonie Sandercock）说："记忆让我们在一段家族历史、部落或社区历史、城市和国家建构的历史中落地；而失去记忆则意味着失去自我。"[1]同样的，迪洛蕾丝·海登在《地域的力量》一书中探讨了城市记忆与建筑环境的关系，她倡导更为宽容的历史呈现，更有利的公众参与。她认为城市建成环境与自然环境相互交融影响形成了文化景观（cultural landscape）。地域记忆概括了人在文化景观里的身份和情感认同的能力。[2] 克里斯汀·博尔（Christine Boyer）也在《城市之集体记忆》（The City of Collective Memory）一书中谈及城市景观以积极活泼的方式呈现并激发集体记忆，发掘潜藏在城市里的另一类历史。[3]

哈布瓦赫的集体记忆理论在这里得到回应。记忆具有社会性，即使是属于个人的回忆也是存在于社会性之上的，所以世上不存在游离于社会框架之外的记忆，这个框架是为活在社会中的人服务的，目的是确定并重现他们的记忆。[4] 具体而言，记忆产生于集体又缔造了集体；个人记忆属于集体记忆，是在与他人的关系中产生的。所有的记忆均有空间承载。城市和她的建筑提供了一系列的集体记忆场[5]，也就是集体

---

[1] Leonie Sandercock,"Out of the Closet: The Importance of Stories and Storytelling in Planning Practice", *Planning Theory & Practice*, vol.4, no.1, 2003, p.11.

[2] Dolores Hayden, *The Power of Place: Urban Landscapes as Public History*, Cambridge, Mass., MIT Press, 1995.

[3] Christine M. Boyer, *The City of Collective Memory, Its Historical Imagery and Architectural Entertainments*, Cambridge, Mass.: MIT Press, 1994, p.21.

[4] Maurice Halbwachs, *On Collective Memory*, trans. Lewis Coser, University of Chicago Press, 1992.

[5] Frances Amelia Yates, *The Art of Memory*. London: Routledge and Kegan Paul, 1966.

记忆的空间体现,由一系列的记忆支点联接。这些场所是我们认识历史的媒介,也是我们回忆和怀旧的空间,它们帮助我们延续历史,阻止遗忘;它们又是积极丰盛的场所,不断提供新的线索,深化其自身的内涵,是不断涌动的场所。而这样的场所必须在一定的时空落地。"城市景观的物质性能使其延续特定的文化传统,将集体记忆所蕴含的深意带入未来。"①

6. 历史保护与城市规划

当历史保护渐渐走出宏大叙事和国家记忆的传统框架,开始关注单体建筑之外的历史景观、街区、城市及改为他用的各种遗址等更为宏大的领域,开始解构历史建筑环境里的价值取向、文化体验、政治纷争、情感依恋等特性,并强调公众参与,历史保护便开始与城市规划联系在一起。尽管一直游离在主流城市规划之外,历史保护仍卓有成效地成为"范围最广、时间最长的土地利用改革努力"。② 参与历史保护的各种力量开始在社区、州政府、联邦政府甚至国家层面上合作,尤其是从 1920 年代至 1950 年代,历史保护开始在城市规划里占据一席之地。所以,有学者认为"历史保护人士"只是"城市规划师"甚至是"房地产开发商"的另一个称谓也不足为奇,因为他们采用建设性的手段改变城市的历史环境。③

为未来城市保护历史其实是在连接过去、现在和未来。西摩·曼德鲍姆(Seymour J. Mandelbaum)认为规划师首要的认知行为是将对未来赋予某种秩序和期许,但对历史的反思和尊重将有助于实现对未来城市秩序的期望。④因为规划师通常着眼未来,注重实践,所以从历

---

① K. E. Foote, *Shadowed Ground: America's Landscapes of Violence and Tragedy*, Austin: University of Texas Press, 2003, p. 33.
② Max Page, Randal Mason, *Giving Preservation a History: Histories of Historic Preservation in the United States*, New York: Routledge, 2004, p. 3.
③ Ibid., p. 11.
④ Seymour J. Mandelbaum, "Historians and Planners: The Construction of Pasts and Futures", *Journal of the American Planning Association*, no. 4, 1985, p. 185. Seymour J. Mandelbaum, *Open Moral Communities*, Cambridge, Mass.: MIT Press, 2000.

史的经验教训中,从历史环境中产生的历史感知,对思索未来、计划未知的空间形态显得尤为必要。从这个意义上,历史保护扩大了城市规划的理论和职业范畴。首先,在方法上,卡尔·阿伯特(Carl Abbott)和塞·阿德尔(Sy Adler)提出将历史研究分析的方法应用于城市规划,规划师除了从史料和文献中研习城市规划的历史,更应该通过具体方式学习如何认知和应用历史。[1] 像历史学家一样思维有助于规划师对空间形成历史感知和相应的维度体验。所谓的历史感知,不只是人的历史,还包括空间演进的历史。譬如,城市的地质史可以帮助解释为什么能在某一地段开发,以及如何将这些地域开发的历史经验延伸到未来的规划方案。其次,在内容上,就历史保护如何有助于城市规划和复兴,美国南部的城市更新便是经典的案例。克里斯托弗·西尔弗(Christopher Silver)认为尽管在南部的很多城市,历史保护被看作抱残守旧,但城市建筑环境见证着他们为争取种族平等、社会公正的艰难历程,毫无疑问与本地历史不可分割,而对历史的真实记忆和情感依恋则直接成为城市规划的一部分。民间的城市保护机构主导的历史街区保护策略成为许多城市住房改善项目(housing improvement programs)的中流砥柱,从而有效地制止了当时的城市清除计划。[2]

近些年的经济发展促使规划与保护相互整合,城市开始追求所谓的"创意阶层"(creative class),试图融其特有的历史于未来。[3]经济发展、本地文化、历史感知之间的相互影响使得城市规划开始更多地强调历史景观和建筑所特有的气质、城市空间所承载的特有的精神和文脉。

---

[1] Carl Abbott, Sy Adler, "Historical Analysis as a Planning Tool", *Journal of the American Planning Association*, vol. 55, no. 4, 1989, p. 467.

[2] Christopher Silver, "Neighborhood Planning in Historical Perspective", *Journal of the American Planning Association*, vol. 13, no. 1, 1985, p. 161. Christopher Silver, "Revitalizing the Urban South: Neighborhood Preservation and Planning since the 1920s", *Journal of the American Planning Association*, vol. 57, no. 1, 1991, p. 69.

[3] R. Florida, *The Flight of the Creative Class: The New Global Competition for Talent*, New York: McGraw-Hill, 2005. 类似的实证研究:Elisabeth Hamin, Priscilla Geigis, and Linda Silka, *Preserving and Enhancing Communities: A Guide for Citizens, Planners, and Policymakers*, Amherst: University of Massachusetts Press, 2007。

于是,历史保护与城市规划携手,成为城市综合规划和经济发展的有机组成。

7."沟通转向":交际民主下的叙事

自 1950 年代以来,理性规划(rational planning)一直是规划学的范式。① 理性规划根植于启蒙传统,崇尚理性、科学与现代性,将理性与情感对立,认为规划应该是未来导向的理性行为。基于这一理念指导的规划具备五大特征——理性、综合、科学的方法、对政府主导未来的信任、对规划师知晓如何服务公众的能力的信任。② 源自安德斯·弗洛狄(Andreas Flaudi)的实质性与程序性规划谱系,假设规划是技术性、非政治行为。③ 欧内斯特·亚历山大(Ernest Alexander)亦指出,无论是纯粹还是实践理性,规划的理论探索与各种实践的核心是"理性",即规划一定是理性行为,与不理性的规划是自相矛盾的。④

1980 年代以来,沟通式规划试图打破这一范式,将规划视为是一种互动的沟通行为,同时也是一种实现信息—知识—行动的转换的社会学习方式。理性分析与逻辑思辨只是规划师工作的一部分,规划师既不是客观中

---

① 范式(Paradigm)的概念由托马斯·库恩提出,指的是建立在与特定的学术或职业群体相关的理论、共同信仰、价值观念与解决问题的方式之上的学科矩阵(disciplinary matrix)。Thomas Kuhn, *The Structure of Scientific Revolutions*, University of Chicago Press, Chicago, 1970, pp.181-187.

② Leonie Sandercock, *Towards Cosmopolis: Planning for Multicultural Cities*, Chichester; New York: John Wiley, 1998, p.62.

③ 欧文·伊弗塔茨(Oren Yiftachel)发展了弗洛狄的规划谱系,提出城市规划理论主要围绕三个问题展开,即分析性辩论(什么是城市规划?);城市形态的辩论(什么是好的城市规划?);程序性辩论(什么是好的规划程序?)。这三个问题均在实质性—程序性框架内。Oren Yiftachel,"Towards a New Typology of Urban-Planning Theories", *Environment and Planning B-Planning & Design*, vol.16, no.1, 1989, pp.23-39. Andreas Faludi, *Planning Theory*, Urban and Regional Planning Series, Oxford; New York: Pergamon Press, 1973.

④ Ernest Alexander, "After Rationality, What-a Review of Responses to Paradigm Breakdown", *Journal of the American Planning Association*, vol.50, no.1, 1984, pp.62-69. Seymour J. Mandelbaum, "Complete General-Theory of Planning Is Impossible", *Policy Sciences*, vol.11, no.1, 1979, pp.59-71. Ernest Alexander, "Rationality Revisited: Planning Paradigms in a Post-Postmodernist Perspective", *Journal of Planning Education and Research*, vol.19, no.3, 2000, pp.242-256.

立的旁观者,也无法简单地定义规划的过程。沟通式理性(communicative rationality)是其基础。与笛卡尔的理性主义和其他与现代性相关的认知理性——功利性、实质性与战略性,试图完成有意识的集体行为和目标——不同,沟通式理性是一种超验理性。然而,理性究竟如何"超验"? 两者是否自相矛盾? 沟通式规划学者们并没有给出清晰的答案。

约翰·福里斯特(John Forester)基于赫伯特·西蒙(Herbert Simon)和詹姆斯·马茨(James March)关于"有限理性"(bounded rationality)[①]的概念,提出并区分了不同类型的"限制"及其对城市规划学的意义。这些"限制"影响着对决策的理解和评估,并成为在某一特定的情形里理性反应的基础,似乎挑战着正式的、实质性理性的种种既定的规则,提供了更多的可能性。而且,不是所有的"限制"都是一种政治性建构,譬如,交流过程中信息的模糊或可纠正的误导往往与政治无关。因此,理性不再归于各种动因或行为,开始从关注个体的决策转为关注社会互动与交流行为(social interaction)。[②]

沟通式理性成为传统的理性行为的替代,"理性"不再在各种不同的目标之间选择,而关注交互行为及沟通的质量。假设社会、政治、经济结构是沟通的框架,哈贝马斯详细论述了在这一框架里,观点是如何得以表达,不同群体成员是如何公平地获取信息,以及如何创造条件,通过可运作的沟通框架,使这些观点进入决策机制。譬如,不同的陈述是否是诚实、诚恳、清晰的? 误解是否随机地、故意地或系统地扭曲了沟通的内容?"共识"必须经由理性与公正达成,不

---

① "有限理性"指的是与现实中解决问题本身所需客观理性相比,人认知和解决复杂问题的能力其实是十分有限的。因此,应该通过行为学的方式(a behavioral approach)解决问题。Herbert Simon, *Models of Man: Social and Rational*; *Mathematical Essays on Rational Human Behavior in a Social Setting*, New York: Wiley, 1957. 实际的决策情况往往不是抽象的、理性的、全面的立场或认知,而是由一系列特质决定,这包括:模糊界定的问题;不完整的信息;问题的背景;关于替代方案的结果信息往往不完整;价值、倾向、利益的范围与内容的不完整,时间、资源与技能的有限性等。James March and Herbert Simon, *Organizations*, New York: Wiley, 1958.

② John Forester, "Bounded Rationality and the Politics of Muddling Through", *Public Administration Review*, 1984, 44(1), pp. 23-31. Ernest Alexander, "After Rationality, What-a Review of Responses to Paradigm Breakdown", *Journal of the American Planning Association*, 1984, 50(1), pp. 62-69.

受任何威胁、强制。在"理想的话语社群"(ideal speech community)里,个体能平等地获取信息,参与对话与思辨的过程,没有不可告人的动机或目的,因此可以平等、真诚地对话与沟通,可以理性、公正地决策,而不受任何特权的约束。和解释性理性或辩证性理性类似,沟通式理性可转化为战略性理性适用于真实的场景。福里斯特受哈贝马斯的批判性沟通理论的影响,提出规划是一种系统的交流模式,一种影响注意力的沟通行为,以及通过这一行为如何建立民主的规划过程与机制。[1]

1980年代,英美的城市规划学界出现"沟通转向"。朱迪·印尼斯(Judith E. Innes)在1995年论称沟通式规划已经成为规划学的"范式",认为规划其实是一种互动与沟通活动,而系统分析与逻辑论辩只是规划师工作的一部分。[2]帕茨·希里(Patsy Healey)提出的合作型规划更多地强调对现存体制(结构)的影响。[3]福里斯特的沟通式规划则更侧重动因、机制和人际关系的直接结果,批判性的自我反省在这一过程中十分重要,规划师在知识与价值之间充满争议时,应该具备创新的能力,善于协调利益相关各方,构建达成一致的机制。而在一个模棱两可和政治化的世界里,应该注重公众的情感需求,因为情绪和感知往往代表着一种洞察力,一种道德想象。[4]

---

[1] John Forester, "Critical-Theory and Planning Practice", *Journal of the American Planning Association*, vol. 46, no. 3, 1980, pp. 275-286.

[2] Judith Innes, "Planning Theory's Emerging Paradigm: Communicative Action and Interactive Practice", *Journal of Planning Education and Research*, vol. 14, no. 3, 1995, pp. 183-189.

[3] Patsy Healey, "Planning through Debate: The Communicative Turn in Planning Theory", *Town Planning Review*, vol. 63, no. 2, 1992, pp. 143-162. Patsy Healey, "Institutionalist Analysis, Communicative Planning, and Shaping Places", *Journal of Planning Education and Research*, vol. 19, no. 2, 1999, pp. 111-121. Patsy Healey, "Collaborative Planning in Perspective", *Planning Theory*, vol. 2, no. 2, 2003, pp. 101-123.

[4] John Forester, *Learning from Practice: Democratic Deliberations and the Promise of Planning Practice*, Monograph Series. College Park, Md.: Urban Studies and Planning Program, University of Maryland, 1997. John Forester, *The Deliberative Practitioner: Encouraging Participatory Planning Processes*, Cambridge, Mass.: MIT Press, 1999.

8. 公众史学与沟通式规划

沟通式规划与公众史学之间存在怎样的关联呢？如果将公众史学视为管理历史文化资源的一种路径与方法，它其实回答了城市历史保护中"为谁保护历史"这一最核心的问题，与沟通式规划之间存在以下两方面的联系。

（一）相似的社会背景与哲学根基

伴随1970年代史学职业危机的是新社会史学的萌生和发展，学术界开始倡导更具包容性的历史解释，主张将女权主义历史、少数族裔史、非裔美国史、新文化史等纳入史学研究，历史学渐渐由上至下，回归公众领域。一方面，公众拒绝曲高和寡的学院派历史，另一方面又对与现实或自身相关的历史充满极大的热情。这既回应了马克思主义的历史观，即在一定的社会权力结构中，人民创造他们自己的历史，公众史学家的主要职责在于发掘公众的历史感知，并协助他们理解在认知和创造历史的进程中所扮演的角色。这样，历史学家和公众才能携手参与到历史的书写中，才能从不同维度重新定义历史话语权。[1]

公众史学的缘起与1960年代开始在美国涌现的一系列挑战权威与正统秩序的运动密切相关，而城市规划学出现的"沟通转向"同样基于这些运动的影响，并进行着深刻的哲学反思：哈贝马斯通过沟通推理（communicative reason）重新建构启蒙主义的辩证逻辑，加德曼（Gadamer）倡导通过对话整合不同视角，若提（Rorty）"理性即礼仪"（rationality as civility）的观点，罗塔德（Lyotard）提出的所有的宏大叙事的崩溃，福柯（Foucault）关于"职业化的话语体系是意志与权力的胜利"的观点，德里达（Derride）论称的科学文本可解构为文学作品，以及格尔茨（Geertz）强调知识的"本地化"与场景分析等。若回溯沟通式规划所经历的一系列阶段——沟通式（communicative）、论辩型（argumentative）、

---

[1] Howard Green, "A Critique of the Professional Public History Movement", *Radical History Review*, vol. 25, 1981, p. 170.

叙事型(narrative)、语义性(linguistic)、修辞性(rhetorical)到最近的现象学(phenomenology)认知①,我们不难发现"沟通转向"注重质性的、解释型研究,旨在了解独特的规划场景,而不是通过逻辑演绎分析作结论;旨在深入动机,而不是简单地罗列定义、施加秩序,是对挑战现代主义指导下的理性规划的挑战,与公众史学有着共同的哲学根基。

(二)对技术理性和职业知识的质疑

首先,后现代主义哲学冲击着人文社会科学研究的"理性"范式,一直占统治地位的"技术理性"开始动摇。作为实证主义的产物,技术理性认为实证科学是知识的唯一来源,专业人士的责任是一丝不苟地将科学理论和技术用于解决实际问题。1970年代席卷美国人文社会科学的职业危机的本质源于对职业最终目标的信心危机,即通过职业

---

① 关于沟通式规划的主要研究包括:Patsy Healey,"Planning through Debate: The Communicative Turn in Planning Theory", *Town Planning Review*, vol. 63, no. 2, 1992, pp. 143-162. John Forester,"Bridging Interests and Community-Advocacy Planning and the Challenges of Deliberative Democracy", *Journal of the American Planning Association*, vol. 60, no. 2, 1994, pp. 153-158. Tore Sager, *Communicative Planning Theory*, Aldershot, Hants, England; Brookfield, Vt.: Avebury, 1994. Patsy Healey and Jean Hillier,"Communicative Micropolitics: A Story of Claims and Discourses", *International Planning Studies*, vol. 1, no. 1 1996, p. 165. John Forester, *Learning from Practice: Democratic Deliberations and the Promise of Planning Practice*, Monograph Series. College Park, Md.: Urban Studies and Planning Program, University of Maryland, 1997. John Forester, *The Deliberative Practitioner: Encouraging Participatory Planning Processes*, Cambridge, Mass.: MIT Press, 1999. Raphaël Fischler,"Communicative Planning Theory: A Foucauldian Assessment", *Journal of Planning Education and Research*, vol. 19, no. 2, 2000, pp. 358-368. Patsy Healey,"Collaborative Planning in Perspective", *Planning Theory*, vol. 2, no. 2, 2003, pp. 101-123. Tore Sager,"The Logic of Critical Communicative Planning: Transaction Cost Alteration", *Planning Theory*, vol. 5, no. 3, 2006, pp. 223-254. Mark Purcell,"Resisting Neoliberalization: Communicative Planning or Counter-Hegemonic Movements?" *Planning Theory*, vol. 8, no. 2, 2009, pp.140-165. Judith Innes, David E. Booher, *Planning with Complexity: An Introduction to Collaborative Rationality for Public Policy*, 2010. Tore Sager, *Reviving Critical Planning Theory: Dealing with Pressure, Neo-Liberalism, and Responsibility in Communicative Planning*, The Rtpi Library Series, 2013. Judith Innes,"The Argumentative Turn Revisited: Public Policy as Communicative Practice", *Planning Theory & Practice*, vol. 14, no. 4, 2013, pp. 567-569. Raphaël Fischler,"Reviving Critical Planning Theory: Dealing with Pressure, Neo-Liberalism, and Responsibility in Communicative Planning", *Planning Theory*, vol. 13, no. 3, 2014, pp. 324-325. Andrew Whittemore,"Phenomenology and City Planning", *Journal of Planning Education and Research*, vol. 34, no. 3, 2014, pp. 301-308.

知识和技能服务于社会并对社会发展作出实际贡献的职业理念遭到质疑。① 学院对职业知识的界定和实践中对职业素养的要求之间存在差距,同时,职业知识的严谨性和实践的相关性之间的鸿沟似乎无法通过传统的学院教育和培训得以弥合,譬如,实践总是充满复杂性、不确定性、不稳定性、独特性、价值冲突等特质,与实践紧密结合的城市规划师和公众史学家往往需要敏锐地意识到各种价值、目标利益和权力的冲突,并具备相应的能力和素质处理各种纷争。技术理性最根本的缺陷在于对问题的认知和研究路径的设计本质上并不完全是技术问题,而是不断发展并需要哲理分析和思辨的过程,例如,若问题的最终目标尚存争议或问题本身尚未成型,仅靠技术性知识无法解决,也谈不上应用相应的基础理论。②

其次,职业知识的系统具备专业性、严格的有限性、科学性和标准化等特性。在这一体系里,基础理论研究处于职业知识等级的最高层,而"应用"处于最低层。规划学与公众史学都试图从不同程度挑战这一体系。如理查德·博尼斯坦(Richard Bernstein)所言,沟通式规划"超越客观主义与相对主义"③,开始关注向来为职业训练和体制所忽略的"人性"层面,较传统的理性规划进了一步,但并没有完全抛弃理性与实证的原则。④ 约翰·德赖克(John Dryzek)也评价道,"沟通转向"试图推翻客观主义,认为规划决策不是技术规则和条例的自然生成与应用,而是权衡基于解释和评价的多重框架的各种观点、理念、原则与行为准则。但这一过程依然是建立在"有选择的、激进的科学原

---

① Donald A. Schön, *The Reflective Practitioner: How Professionals Think in Action*, 1983, pp. 13-17.
② Herbert Simon, *The Sciences of the Artificial*, Karl Taylor Compton Lectures, Cambridge: MIT. Press, 1969.
③ Richard Bernstein, *Beyond Objectivism and Relativism: Science, Hermeneutics, and Praxis*, Philadelphia: University of Pennsylvania Press, 1983.
④ Frank Fischer and John Forester, *The Argumentative Turn in Policy Analysis and Planning*, Durham, N.C.: Duke University Press, 1993, pp. 213-214.

则"基础上。①相比之下,公众史学对权威的质疑似乎更彻底、更激进。一方面,历史在象牙塔里,依然等级森严,各分支领域泾渭分明,同行间用抽象晦涩的术语交流,谈论的是那个遥远的、与现实不相关的过去。而另一方面,在学院之外,历史却朝气蓬勃;公众对历史充满激情,并积极参与到历史的生产、传播与消费中。公众史学家关注历史在公众领域是如何产生、传播与共享的,并质疑"谁拥有历史"。

再次,正因为都面临学科和职业兼并的挑战,两个相对年轻的领域在职业化进程中面临一系列共同的问题,如职业精神、伦理道德、与客户的关系以及职业的权威性和独立性等。注重规划的人性层面和历史走向公众都意味着某种主观性和偏向性,意味着对职业权威的挑战,如何在与客户的关系中处理好服务公众的职业信念与维护职业的独立性和权威性之间的关系尤为关键。进入1990年代,组织文化发生改变,私人领域逐渐兴起。与二战后在公共或政府部门就业为主的情形不同,规划师和公众史学家在私人领域就业日益增加,各种利益冲突变得更为复杂,如何服务"客户"与如何维系基本的职业伦理道德往往充满矛盾。而在历史保护中,规划师和公众史学家需要携手解决这些问题。

9. 权力、理性与叙事的博弈

回到本节最初提出的问题,当历史保护成为城市复兴计划的一部分,历史开始进入市场②,也开始回归公众,而历史保护的关键开始从建筑的价值变为公众的观点、理想、情感与价值能否在保护过程中得到尊重和实现。首先,公众史学提出了"共享权威"的理念,并在解读历史、传播历史知识中重建"公众"的权威,而沟通式规划则通过有意识的过程设计,从不同尺度实现了这一理念,将公众参与转化为实际的空

---

① John S. Dryzek,"Policy Analysis and Planning: from Science to Argument", Frank Fischer and John Forester, *The Argumentative Turn in Policy Analysis and Planning*, Durham, N. C.: Duke University Press, 1993.

② Andrew Hurley, *Beyond Preservation Using Public History to Revitalize Inner Cities*, Philadelphia: Temple University Press, 2010.

间成果。其次,公众史学倡导多重历史视角与多重的地域感知,沟通式规划则通过各种物质表述,如保护的历史建筑与景观,传递这些视角与感知。那么,如何通过更宽容的方式解读历史?如何保留与呈现真实的历史?如何在历史保护中实现社会公正的理念?读者可从以下两方面深入探索。

(一)如何在多元文化语境中有效地传达情感、纷争及各种意见

公众史学的宽容性促使我们重新思索"文化"在规划中的定位与作用。①格瑞吉·扬(Greg Young)指出,城市规划中,文化商业化的行为与文化潜在的反省功能存在本质的区别,规划师应该批判地、反省地、带有伦理道德地融文化于城市规划中。②文化、历史与记忆共同构成认知与解释的基础框架,从而影响社会交流的进程。因此,当规划师进入某一社群,他/她其实是进入某一特定的文化框架。凯瑞·尤美莫托(Karen Umemoto)论述了某一社区往往拥有集体记忆,而不同版本的历史也可能在同一社区共存。③桑德库克则更详细地探讨了文化差异和变迁如何持续地影响着城市复兴,因为新来的移民或亚文化群体开始打破现存的社会文化等级与相应的历史叙事方式,并挑战权威的历史解释。因此,对多元文化社区的规划必须面对这些文化价值和身份认同的差异。特定的文化行为准则、价值取向、评判标准等都影响着交流对话的质量。于是,进入历史环境便是进入无形的文化场景,深入理解这种场景又需要进入其特定的时空、文化、历史和记忆。④

沟通式规划认为达成共识无可争议,并提出通过合作管理的各种

---

① Raymond Williams, *Culture and Society*, *1780-1950*. Penguin Books, Harmondsworth, Mddx., 1966.

② Culturaization 与 culturalization 存在区别。Greg Young, "The Culturaization of Planning", *Planning Theory*, vol. 7, no. 1, 2008, p. 71.

③ Kare Umemoto, "Walking in Another's Shoes: Epistemological Challenges in Participatory Planning", *Journal of Planning Education and Research*, vol. 21, no. 1, 2001, pp. 17-31.

④ Leonie Sandercock, Patsy Healey, Klaus R. Kunzmann, and Luigi Mazza, Expanding the "Language" of Planning: A Meditation on Planning Education for the Twenty-First Century/Comments", *European Planning Studies*, vol. 7, no. 5, 1999, 7(5):533. 笔者认为将沟通式规划视为"范式"似乎有些牵强。

策略、鼓励相互尊敬、开放式的讨论来实现这一目标。唐纳德·塞恩（Donald A. Schon）倡导真正对话的精神（spirit of true dialogue）①，即接纳多种观点和意见的能力，试图在差异中寻求共同点，并使所获得的共同意义得以持续。所谓的固定框架往往在这样的对话里松动甚至失效，某一社区中特定的微型文化（microculture）也因此得以产生。② 尽管如此，塞恩的"对话精神"并没有超越理想的范畴，也没有回答**如何**实现这样的对话。事实是，参与各方总是带着各自不同的假设，妨碍建立共同的交流的基础，而"希望"达成共识并不意味着一定"能够"达成共识。

福里斯特在此基础上进了一步，他试图将对话转化为"改革式学习"（transformative learning）③，并通过精心设计的头脑风暴、研讨会等形式力图实现某种共识。④另外，他还开创性地提出规划中的情感需求——规划师对参与者情感的敏感性可以成为知识与认同的来源，也是一种伦理的远见或想象。但问题在于，基于沟通式理性的共识（通过真正的对话实现）未必能实现，因为人不是理性的动物，尤其是在交流情感或探讨有争议的事件时，往往是不理性的，而分歧也并不会因为希望达成共识而消失。同时，真正的对话往往耗时费力，参与者只有在有足够安全感的情况下才会真实地表达他们的情感。⑤西蒙·亚伯兰（Simon Abram）颇为犀利地指出，达成一致的前提，即参与各方都能摒弃权力差异、真诚地各抒己见过于理想，其实是无法

---

① Donald A. Schon, Martin Rein, *Frame Reflection: Toward the Resolution of Intractable Policy Controversies*, New York: BasicBooks, 1994.

② Ibid., pp. 246-247.

③ John Forester, "What Planners Do: Power, Politics, and Persuasion-Hoch, C" *Administrative Science Quarterly*, vol. 41, no. 4, 1996, pp. 719-723.

④ John Forester, *The Deliberative Practitioner: Encouraging Participatory Planning Processes*, Cambridge, Mass.: MIT Press, 1999, pp. 39-40.

⑤ David E. Booher, Judith Eleanor Innes, "Network Power in Collaborative Planning", *Journal of planning education and research*, vol. 21, no. 3, 2002, pp. 221-236.

实现的。①即使规划师遵循设计好的程序也未必能实现有效的决策。各种程序的背后是权力的实施,而在体制结构之外或与权力关系无关的一致往往是脆弱的或不相关的。当不同的历史、文化以及需求在同一城市空间碰撞,冲突便不可避免,原有的社会秩序和文化规则也被打破。②

如何在多元文化语境里规划?③尤美莫托和苏珊·汤普森(Susan Thompson)提出如何在多元文化社区里面对"他者"的问题。④ 桑德库克提出多元文化素养(multicultural literacy)⑤是争取公民权利的一种技能和方法,规划师应该培养这一职业素养。⑥而这一素养体现了城市规划与公众史学的共同关怀,即将城市权利重新赋予城市历史的缔造

---

① Simone Abram,"Planning the Public: Some Comments on Empirical Problems for Planning Theory", *Journal of Planning Education and Research*, vol. 19, no. 4, 2000, pp. 351-357.

② M. Crawford, "Contesting the Public Realm, Struggles over Public Space in Los-Angeles", *Journal of Architectural Education*, vol. 49, no. 1, 1995, pp. 4-9.

③ Karen Umemoto, Vera Zambonelli, "Cultural Diversity", Randall Crane, Rachel Weber, *The Oxford Handbook of Urban Planning*, Oxford: Oxford University Press, 2012, pp. 197-217. Michael A Burayidi, *Urban Planning in a Multicultural Society*, Westport, Conn.: Praeger, 2000. Michael A Burayidi, "The Multicultural City as Planners' Enigma", *Planning Theory & Practice*, vol. 4, no. 3, 2003, pp. 259. Elizabeth L. Sweet and Melissa Chakars. Identity, "Culture, Land, and Language: Stories of Insurgent Planning in the Republic of Buryatia, Russia", *Journal of Planning Education and Research*, vol. 30, no. 2, 2010, pp. 198-209. Julian Agyeman, Jennifer Sien Erickson, "Culture, Recognition, and the Negotiation of Difference: Some Thoughts on Cultural Competency in Planning Education", *Journal of Planning Education and Research*, vol. 32, no. 3, 2012, pp. 358-366.

④ Susan Thompson, "Planning and Multiculturalism: A Reflection on Australian Local Practice", *Planning Theory & Practice*, vol. 4, no. 3, 2003, p. 275.

⑤ 多元文化素养指的是对不同的认知方式的能力与态度,包括传统的、民间的、少数族群或某种文化特有的知识与文化模式的尊重,包括倾听、解释、文化敏感性等技能。Leonie Sandercock, Patsy Healey, Klaus R. Kunzmann, and Luigi Mazza, "Expanding the 'Language' of Planning: A Meditation on Planning Education for the Twenty-First Century/Comments", *European Planning Studies*, vol. 7, no. 5, 1999, p. 533.

⑥ Leonie Sandercock, "Planning in the Ethno-Culturally Diverse City: A Comment", *Planning Theory & Practice*, vol. 4, no. 3, 2003, p. 319. Leonie Sandercock, *Towards Cosmopolis: Planning for Multicultural Cities*, Chichester; New York: John Wiley, 1998. Leonie Sandercock, "When Strangers Become Neighbours: Managing Cities of Difference", *Planning Theory & Practice*, vol. 1, no. 1, 2000, pp. 13-30. Mohammad A. Qadeer, "Pluralistic Planning for Multicultural Cities: The Canadian Practice", *Journal of the American Planning Association*, vol. 14, no. 1, 1997, p. 418.

者和城市发展的亲历者与见证者,实现社会公正(social justice)。[1] 如亨利·列斐伏尔(Henri Lefebvre)所言:"城市权利是一种呼喊,一种需求,是一种改革的、更新的对城市生活所拥有的权利。"[2]这里,城市权利(the right to the city)的内涵远远不只是个体能自由享有城市资源,还指我们能改变城市的权利。所以,这是一个集合概念,因为城市化的进程往往是集体权利的行为结果。建构和再建构城市的自由是我们最珍贵的却没有被珍视的人权。[3]

(二)叙事的历史与空间维度:谁拥有真正的话语权与决策权

沟通式规划体现了权力与理性的不平衡。本特·福莱吉博(Bent Flyvbjerg)通过对丹麦城市奥尔伯格(Aalborg)的规划作深度分析,精辟地阐释了这种不平衡的关系。他充分吸收了尼采与福柯关于权力的解读,指出权力决定知识与理性,并最终决定所谓的"事实";理性隐藏于权力关系中,而权力又反过来界定理性。[4]城市规划涉及公共利益、个人自由与社会公正,不可避免会产生冲突———一方面,规划师通过个人掌握的知识和技能而享有话语权,另一方面,他们又必须承认公众参与

---

[1] 关于社会公正的不同理想模式探索可追溯到卢梭(Jean Jacques Rousseau)的社会契约理论、约翰·罗斯(John Rawls)的公正理论与多元宽容的原则,参见:Jean-Jacques Rousseau, Henry John Tozer, *The Social Contract, or, Principles of Political Right*, London: G. Allen, 1912. John Rawls, *A Theory of Justice*, Cambridge, Mass.: Belknap Press of Harvard University Press, 1971。关于公民权利与城市规划的研究:Bryan S Turner, "Outline of a Theory of Citizenship", *Sociology*, vol. 24, no. 2, 1990, pp. 189-217. Mark Purcell, "Citizenship and the Right to the Global City: Reimagining the Capitalist World Order", *International Journal of Urban and Regional Research*, vol. 27, no. 3, 2003, pp. 564-590. James Holston, *Insurgent Citizenship: Disjunctions of Democracy and Modernity in Brazil*, Princeton: Princeton University Press, 2008. David Harvey, *Social Justice and the City*, Athens: University of Georgia Press, 2009. Faranak Miraftab, "Planning and Citizenship", Randall, Crane, Rachel Weber, *The Oxford Handbook of Urban Planning*, Oxford: Oxford University Press, 2012, pp. 787-802。

[2] Henri Lefebvre. *Writings on Cities*. Blackwell, Malden, MA. 1996, p. 158.

[3] David Harvey, *Social Justice and the City*, Johns Hopkins Studies in Urban Affairs, Baltimore: Johns Hopkins University Press, 1973, p. 315.

[4] Bent Flyvbjerg, *Rationality and Power: Democracy in Practice*, Morality and Society, Chicago: University of Chicago Press, 1998, pv. 2. Bent Flyvbjerg, "Bringing Power to Planning Research: One Researcher's Praxis Story", *Journal of Planning Education and Research*, vol. 21, no. 4, 2002, pp. 353-366.

的合法性与合理性。这种权力与理性的博弈成为通过规划为公众谋福利的巨大障碍。查尔斯·霍克(Charles Hoch)更为尖锐地指出规划师是如何在服务公众的名义下,通过职业知识与技能实施权力,而产生民主声音下的歧视与偏见(in a democratically biased way)。①认为每个人的观点都会得到同等的尊重,在沟通行为中的各群体都享有平等的地位其实是一种理想的模式②,现实中的沟通有时只是流于表面或形式。

具体而言,社会权力往往能控制并引导沟通的过程:仅仅倾听更多的声音并不代表沟通的民主。如果权力强势的一方因沟通失去其优势,他们往往将弱势群体边缘化,掩饰某些不利的事实。③那么,应该如何赋权?伊丽莎白·诺卡(Elizabeth Rocha)深入探索了这一问题。她在谢里·阿尼斯通(Sherry Arnestein)的公民参与的阶梯理论(ladder of citizen participation)④基础上,分析了权力的各种来源,并创建了赋予权力的阶梯。⑤她提出两个十分中肯且带有现实意义的问题:一是个体是否拥有决策权? 二是如何解决纷争? 换言之,公众参与是否意味着真正的民主? 公众参与与决策之间是怎样的关系。卡洛·帕特曼(Carole Pateman)代议制民主机制既不是真正民主的充分条件,也不是其必要条件;个人的态度与心理需求应体现在参与过程中。因此,参与型民主本质上具有教育功能,保证参与机制可持续,并实现共同的目标与决策。⑥

---

① Charles Hoch, "The Paradox of Power in Planning Practice", *Journal of Planning Education and Research*, vol. 11, no. 3, 1992, pp. 206-215.

② Susan Fainstein, "Cities and Diversity: Should We Want It? Can We Plan for It?" *Urban Affairs Review*, vol. 41, no. 1, 2005, pp. 3-19.

③ Susan Fainstein, "Planning Theory and the City", *Journal of Planning Education and Research*, vol. 25, no. 2, 2005, pp. 121-130.

④ Sherry Arnstein, "Ladder of Citizen Participation", *Journal of the American Institute of Planners*, vol. 35, no. 4, 1969, pp. 216-224.

⑤ Elizabeth Rocha, "A Ladder of Empowerment", *Journal of Planning Education and Research*, vol. 17, no. 1, 1997, pp. 31-44.

⑥ Carole Pateman, *Participation and Democratic Theory*, Cambridge Eng.: University Press, 1970. p. Allmendinger and M. Tewdwr-Jones, "The Communicative Turn in Urban Planning: Unraveling Paradigmatic, Imperialistic and Moralistic Dimensions", *Space and Polity*, vol. 6, no. 1, 2002, pp. 5-24.

事实是,"沟通式理性"始终是模糊的概念,公共空间的话语民主也趋于理想化①,生活、故事、历史、习俗等往往具有嵌入性,并需要在地化,同时超越个人或集体意志,因而不可完全透明。同时,公众参与通常耗时费力,因为沟通中"权力"与"制度"的影响有所不同:权力是一种集体行为,是公众参与的结果,而制度的影响是一种系统的非人性的影响。②不同的交流方式与风格,不同的目标和知识构成,以及探索一致性与有效的决策机制之间的矛盾等一系列因素都反映了公众与专业人士(规划师)的差异③,进而导致公众从一开始就处于潜在的不平等地位。

叙事分析(narrative analysis)中语言成为赋权的手段,主要体现在历史的呈现、解读与传播等方面。马丁·克瑞格尔(Martin Krieger)指出规划是艺术、技巧与实验,与文学分析类似,往往需要清晰、理性地讲述故事,因此规划师应该通过掌握经典的叙事方式、合适的人物发展、有效的文体技巧而成为讲故事的专家。④阿拉萨迪·马克林特(Alasdair MacLintyre)对此也颇为认同,论称人从本质上是讲故事的动物,通过这些故事渴求真实。⑤托马斯·开普兰(Thomas Kaplan)和克瑞格尔都强调在制定政策或规划方面讲故事的作用。⑥不过,讲故事只能作为传统的政策制定和分析的补充。爱莫瑞·诺(Emery Roe)则进了一步,指出发掘人们讲述自己故事的能力是赋权的一种方式,因此在制

---

① Margo Huxley,"The Limits to Communicative Planning", *Journal of Planning Education and Research*, vol. 19, no. 4, 2000, pp. 369-377.
② Jurgen Habermas, *The Theory of Communicative Action*, Beacon Paperback. Boston: Beacon Press, 1984.
③ Robert J Chaskin,"Democracy and Bureaucracy in a Community Planning Process", *Journal of Planning Education and Research*, vol. 24, no. 4, 2005, pp. 408-419.
④ Martin Krieger, *Advice and Planning*, Philadelphia: Temple University Press, 1981.
⑤ Alasdair MacIntyre, *After Virtue: A Study in Moral Theory*, London: Duckworth, 1981, p. 216.
⑥ Thomas Kaplan,"The Narrative Structure of Policy Analysis", *Journal of Policy Analysis and Management*, vol. 5, no. 4, 1986, pp. 761-778.

定政策或规划时,应该对叙事进行系统分析。① 这无一例外地体现了对人性的关注。②

詹姆斯·思罗格莫顿(James Throgmorton)更为具体地提出城市规划本身就是一种再现历史并着眼未来的叙事,具有社会性,并注重交流与互动。讲述的故事颇为有力并形成娴熟的叙事流(skilled-voices-in-the-flow)③,而公众便是故事里的各种角色,也是故事的合作者。④ 公众历史常常以叙事方式呈现,而这些公众的故事往往不被重视。在设想未来城市空间时,我们用城市特有的语言和生命以叙事的方式呈现;这些叙事随即成为城市空间的一部分,并影响着置身其中的人的行为。叙事体现在历史保护的诸多环节。当地居民常常以讲故事的方式呈现他们的历史,这些故事为需要保护的街区或城市提供了真知灼见,也赋予其多重含义。在最理想的状态下,通过叙事方法形成"开放的道德群体"(open moral communities),各种故事、见解、设想都在这里交汇碰撞,成为对历史和未来的叙事情节。⑤

故事的丰富多彩使其难于被归纳、解释,但福里斯特认为这恰恰是故事的情感力量与需求,规划师应具备识别这种需求的能力和敏感性。⑥桑德库克也强调故事在解读和规划被边缘化的城市空间时所发

---

① Emery Roe, "Narrative Analysis for the Policy Analyst: A Case Study of the 1980-1982 Medfly Controversy in California", *Journal of Policy Analysis and Management*, vol. 8, no. 2, 1989, pp. 251-273.

② Bruce Payne, "Contexts and Epiphanies: Policy Analysis and the Humanities", *Journal of Policy Analysis and Management*, vol. 4, no. 1, 1984, p. 92.

③ James Throgmorton, Seymour J. Mandelbaum, and Margot W. Garcia, "On the Virtues of Skillful Meandering: Acting as a Skilled-Voiced-in-the-Flow of Persuasive Argumentation", *Journal of the American Planning Association*, vol. 66, no. 4, 2000, p. 367.

④ James Throgmorton, *Planning as Persuasive Storytelling: The Rhetorical Construction of Chicago's Electric Future*, New Practices of Inquiry, Chicago: University of Chicago Press, 1996.

⑤ Seymour Mandelbaum, *Open Moral Communities*, Cambridge, Mass.: MIT Press, 2000. Seymour Mandelbaum, "Reading Plans", *Journal of the American Planning Association*, vol. 56, no. 3, 1990, p. 350.

⑥ John Forester, *The Deliberative Practitioner: Encouraging Participatory Planning Processes*, Cambridge, Mass.: MIT Press, 1999, p. 40.

挥的作用。城市叙事往往呈现真实的城市历史,影响我们的选择和行为:城市空间是选择的结果。[1]这里,语言往往能通过传递或演示、鼓励或压抑情感、伦理、文化等非理性因素;一定的解释性框架往往决定语言的多重意义,进而影响对地域的感知。另外,语言的意义也与现实的经历密切相关。很多文化都是通过口传心授来传递、共享、维系集体记忆。口述传统能发掘故事与当事人的情感,因此悉心地、带有批判性地倾听尤为关键。[2]

10. 具有文化敏感性之叙事方法

具有文化敏感性之叙事方法,引入公众史学的理念和方法解析城市景观,将**"公众历史叙事"**(public history narrative)与城市历史保护结合。从公众史学的视野看城市景观,我们发掘的是物质实体蕴含的巨大的情感力量、集体记忆和伦理精神。这里,"地域"的概念具有独特性,它扩展了集体记忆的空间维度,其相对稳定性构建了持续且强大的记忆场所,发生期间的种种活动与记忆密切相关,我们甚至可以说记忆是由地域来支撑的。地域记忆注定了也是公众记忆,它反映了人与建筑环境亲密接触的能力,这种亲密关系也总是发生在特定的历史文化语境中。因此,文化敏感性之叙事方法就是以地域/空间为基础,进行深度案例分析,并在这些实证分析之中提炼相关理论。

具体而言,公众的身份认同与集体记忆始终发生在特定的文化历史语境中,其相应的物质呈现如城市历史建筑、景观、遗址等也具有独特性,一旦失去,便不可复制。因为这一特性,我们将叙事方法用于一定的城市空间,就某一相关课题,如遗址解读、历史建筑保护等,应尽可能详尽地搜集各种数据,建立关键案例。其次,公众史学通常需要处理

---

[1] Leonie Sandercock, "Out of the Closet: The Importance of Stories and Storytelling in Planning Practice", *Planning Theory & Practice*, vol. 4, no. 1, 2003, p. 11.

[2] 关于规划师如何应用口述历史进行社区规划,可参阅:Thomas June Manning, "Neighborhood Planning: Uses of Oral History", *Journal of Planning History*, vol. 3, no. 1, 2003, pp. 50-70。

较为复杂多样的历史数据,除文本之外,还包括一系列物质表征,譬如"厨房餐具、战争纪念品、服饰、年度报告、口述记忆等",对这些历史媒介深入分析解释意味着与历史资料近距离接触。叙事的情节化、故事化、意识形态蕴涵等不仅能表达物质呈现的丰富感,还能体现其所反映的历史事件的独特性。最后,解析城市空间的各种实体元素形成和演变的社会根源涉及集体性与公众性,体现在如何与社区公众共同解释历史,而深度案例分析则是实现这一目标的有效途径,如迈克尔·巴兹勒(Michael Barzelay)所言:深度案例往往产生多重解释与结果,特别有助于解决集体性问题。①

我们对文化敏感性之叙事方法作进一步解构,即**叙事方法 + 文化敏感性**。首先,叙事是一种话语模式,对事件进行符合人们意识的某种语言结构排列,并进而赋予其意义;叙事通常也是"讲故事"。②瓦尔特·本雅明认为叙事人的禀赋是通过讲故事,联系自己的经历、故事、尤其是一生中浓墨重彩的片段或情节;仅仅将过去发生的时间线性罗列出来并不能反应真实客观的历史。历史叙事与历史分析互相渗透,"一个或一组特定的历史事件被纳入某个叙事性的话语结构,就意味着它在一定程度上以特定的方式与其他事件、并且与某个更大的整体联系在了一起,这意味着它可以得到人们的理解和解释"。③ 于是,历史认知的重心转向研究成果的体现,即叙事的文本,这与公众史学所强调的"公众呈现"部分重合,只是公众史学呈现的内容不只是文本,对象更广。换言之,从不同角度去解读历史,尤其是允许不同版本的历史共存,我们才能发现被边缘化的历史与记忆,才能发掘不为人知的城市景观中蕴含的历史感,才能回答为谁保护历史的问题。

---

① Michael Barzelay, "The Single Case Study as Intellectually Ambitious Inquiry", *Journal of Public Administration Research and Theory*, vol. 3, 1993, pp. 305-318.

② Hayden White, "The Question of Narrative in Contemporary Historical Theory", *History and Theory*, vol. 23, no. 1, 1984, p. 1.

③ Walter Benjamin, "Why Storytelling", *Illuminations*, New York, Schocken Books, 1969, pp. 108-109; "Theses on the Philosophy of History", p. 225.

其次，文化敏感性意味着从本地视角，即所谓"局内人"的视角、认知、情感、记忆、历史感知、地方感知等进行叙事和分析。如前所述，城市公众史学的构建包括记忆和身份认同，而两者都需要通过叙事方法进行深入分析。这里，我们引入人类学家克利弗德·格尔茨对文化的解释，即文化总是存在于社会生活的公众空间，在地化解释通常建立在对较宏观视野下文化的析解之上，我们日常的解释则蕴含在这种宏观文化和次文化的各种结构里，而这些结构往往相互交织、无规则、甚至模糊不清。因此"文化具有公众性，因为意义具有公众性"。[1] 格尔茨强调文化的"公众性"和与之联系的"集体性"无疑与公众史学的基本概念交叉。

格尔茨在《文化的解释》(*The Interpretation of Cultures*)问世十年后出版了《本地知识》(*Local Knowledge*)，进一步论述了如何从他者或本地视角审视自我，而当我们试图将这些"本地视角"学科化，在某个学术空间里定位，而忽略个案的个体性和独特性，或简化由个案反映的丰富的本地知识，我们注定会失败。[2] 来自现场(the field)的意义，毫无疑问具有"在地化"特性，而且是在不同层面的多重或有争议的意义，这些意指的集合也许并不能让我们弄懂整个情形，而只有剖析本地视角里的多重含义并提炼出所谓的分类甄别意指结构(structure of signification or web of significance)[3]才能有新的洞见。

因此，具有文化敏感性之叙事方法需要深描(thick description)，即将文化当成文本来读，认为一种文化就是一种符号的连贯整体，个体的表达或它的部分是由符号构成的；这本质是一种民族志叙事，即在特定的

---

[1] Clifford Geertz, *The Interpretation of Cultures: Selected Essays*, New York: Basic Books, 1973, Introduction.

[2] Clifford Geertz, *Local Knowledge: Further Essays in Interpretive Anthropology*, New York: Basic Books, 1983, Preface.

[3] 分类甄别意指结构指的是我们的日常生活充满多重意义，相互交织在一个复杂的象征体系里，而人类行为则遵循这一体系所支持的意指结构，只有充分了解本地人的视角或解释的具体意义，才能真正把握这一结构。进入本地(文化)视角，好像是阅读一份手稿，字里行间充满异域风情、模棱两可、充满隐喻、前后矛盾、有失偏颇，整体结构似乎也不符合传统构架，而是由转瞬即逝的事件和行为组合而成。

社会情形里通过观察、分析、记录,并融入象征互文性的一种描述。①深描类似医学上的临床诊断,其推断是从一组观察结果开始,进而把它们置于某一支配规律之下,并试图将它们置于某一可以理解的系统之中。②因此,深描依赖于特定的文化语境,关注细节,重视与本地人的熟悉和对本地视角的多重解读,并以连贯易懂的方式描述和传达这些本地视角。在民族志传统下的深描具有三个特点:解释性、所解释的社会话语(social discourse)的连贯性、以书面形式将会随时间消逝的这种社会话语固定下来。③这样形成的民族志文本往往以故事情节见长,展示了研究者如何"浸入"现场,如何扩展每一个细微的关节点以表述历史文化场景,并将这些描述编织成一个连贯的深入浅出的故事。

不过,让公众的声音和故事在特定的空间里融入这一叙事过程并非易事。在《规划学语言拓展》一书中,莱尼·桑德库克讨论了文化差异和改变如何持续地影响着城市更新,因为新来的移民或亚文化群体开始打破现存的历史叙事方式,并挑战权威的历史解释。④ 因此,对多元文化社区的规划必须面对这些文化价值和身份认同的差异。特定的文化行为准则、价值取向、评判标准等都影响着对话交流的质量。前面谈及,城市空间里的历史往往制度化,由固定的机构或组织,如博物馆、档案馆、遗址保护机构等来解释和传递其历史。城市公众历史与城市规划尤其是保护规划中公众参与的成分密切相关,这就涉及对公众历史事件和保护规划政策进行解释性分析,从而了解公众的声音对城市文化景观改变的实质效应。解释性分析基于解释性传统,假设多重解释的可能性,并可以通过解释发掘新的知识。这一分析关注现实构建的社会层面,将过程,即逐渐发展的行为和关系所产生的结果,作为理

---

① Clifford Geertz, *The Interpretation of Cultures: Selected Essays*, New York: Basic Books, 1973, p.43.
② Ibid., pp.27, 43.
③ Ibid., pp.43-44.
④ Leonie Sandercock, Patsy Healey, Klaus R. Kunzmann, and Luigi Mazza, "Expanding the Language of Planning: A Meditation on Planning Education for the Twenty-First Century/Comments", *European Planning Studies*, vol.7, no.5, 1999, p.533.

论建树的重要组成部分。它也关注政策的意义、相关的价值判断、情感取向、信仰及与公众解读和交流的过程等。严诺(Dvora Yanow)的解释性政策分析就是基于这一传统,就与某一政策相关的共享观点,界定解释性群体(interpretive communities)。①

综上所述,文化敏感性之叙事方法可归纳为以下六步:

一、背景资料分析:包括研究区域的人口统计、地理特征、经济发展、建筑风格、实物文化、社会历史等方面的定性和定量数据;

二、历史解释和保护政策/方案的解释性分析:包括公众的角色、公众参与的实际效应、相关政策对城市形态或环境造成的实质影响等;

三、文化—浸入和田野工作:参与式观察、口述/生命历史等;

四、文化分析及深描:以集体记忆与身份认同为主线置入本地视角;

五、公众历史呈现:公众参与、对公众叙事进行主题提炼、构建利益相关方交流平台等;

六、历史保护政策与方案重构和实施。

以上步骤是一个有机联系的整体,可根据课题或项目的实际情况在不同维度展开。

---

① 这一分析模式主要涵盖以下方面:界定某一政策的具体载体,如语言文本、实物(文物、建筑、景观等);界定意义、解释、话语群体;对两类数据群体进行"话语"分析;发掘争议点及其原因;干涉/公众参与。Dvora Yanow, *Conducting Interpretive Policy Analysis*, *Qualitative Research Methods*, Thousand Oaks, Calif. : Sage Publications, 2000, pp. 5-7, pp. 21-22. 另外,建筑空间也能反映政策的演变历史,见:Dvora Yanow, "Built Space as Story: The Policy Stories that Buildings Tell", *Policy Studies Journal*, vol. 23, 1995, pp. 407-422。

第五章　公众史学教育

学校是影响人们历史意识形成的重要场所。公众史学与历史教育的关系，其理念与方法如何影响历史教育，如何为历史教育的改革提供契机，这些问题是本章所探讨的主题。**"各国公众史学教育概况"**一节是关于全球主要公众史学项目的介绍。**"联接学生与身边的历史"**一节则介绍公众史学教育在中国的初步探索。

一　各国公众史学教育概况

活跃、强大的公众历史实践是公众史学发展的根基，也是创建学院公众史学项目的充分条件。美国公众史学家丽贝卡·康纳德（Rebecca Conard）在 2012 年于伦敦大学举行的第 14 届高等教育学院年会（Higher Education Acadmey Teaching and Learning Conference）上论述了**美国**公众史学教育的实用主义根源，她从博物馆研究、历史保护和档案研究三个方面，深入探讨了学院教授的公众史学技能如何对这些领域的发展作出贡献。"有用的历史"（useful history）是公众史学实践的一个十分重要的概念。1912 年，詹姆斯·哈维·鲁滨逊结合"现时主义"（presentism）对历史的实用价值作了清晰的阐释，认为历史学家是为了"现在"而研究"过去"。他呼吁历史学家们"利用"各自的研究与分析方法，来推进"社会的整体进步"。① 鲁滨逊及其他的新史学家们还鼓

---

① James Harvey Robinson, "The New History", *The New History*, New York: Macmillan Company, 1912, pp. 24-25.

励人们去体验本杰明·香博(Benjamin Shambaugh)所讲的"应用史学"(applied history),即对历史进行非学术性的应用,用以丰富政策制定,创造制度化的记忆与历史①,培养公民意识。② 20世纪30年代,国家公园管理局的历史学家们拓展了"有用的历史"这一概念,通过基于现场阐释等研究方法,为指导符合国家公园标准的历史场所的挑选工作创造了历史情境,并建立起专业标准以保护此类历史现场的历史结构和完整性。③ 历史学家伊恩·蒂勒尔(Ian Tyrrell)在《公共领域的历史学家》(*Historians in Public*)中指出,美国学术史中对于有用的历史的诉求比我们以为的更加强烈和深刻。④

实用主义深刻地影响了美国的公众史学教育。1970年代,罗伯特·凯利和韦斯里·约翰逊两位历史学教授为扩大历史系毕业生的就业渠道,在加州大学圣塔芭芭拉分校创建了美国第一个公众史学硕士项目,这标志着现代公众史学的诞生。而事实上,20世纪70年代早中期,公众史学项目已经出现。总体上讲,这些项目突出了历史实践专业教育的综合性特点。1972年,历史学家爱德华·亚历山大(Edward Alexander)卸任殖民地威廉斯堡遗址研究室主任,前往特拉华大学,开设了第二个以人文学科为基础的博物馆研究项目,该项目吸纳了具有良好基础的美国早期物质文化项目,后者是1952年与亨利·弗朗西斯·杜邦–温特图尔博物馆协作开办的硕士项目。1975年,南卡罗来纳大学建立了"应用历史"硕士项目,东伊利诺伊大学发起了历史管理方向的硕士项目。1976年,中田纳西州立大学在硕士项目中加设了历史保

---

① Institutional memory 这里指涉的是包括记忆与历史在内的关于过去的解读与认知。
② Rebecca Conard, *Benjamin Shambaugh and the Intellectual Foundations of Public History*, Iowa City: University of Iowa Press, 2002. 另可参阅: Ian Tyrrell, *Historians in Public: The Practice of American History, 1890-1970*, Chicago: University of Chicago Press, 2005. 该研究将20世纪美国各州的兴起与公众史学的发展联系在一起。
③ Rebecca Conard, *Benjamin Shambaugh and the Intellectual Foundations of Public History*, Iowa City: University of Iowa Press, 2002, pp.116-117.
④ Ian Tyrrell, *Historians in Public: The Practice of American History, 1890-1970*, Chicago: University of Chicago Press, 2005, p.4.

护学方向,并在 1981 年设置历史保护学博士学位。纽约大学于 1977 年开设档案管理硕士项目。紧接着,该学科领域不断形成增长浪潮,新项目渐渐采用"公众史学"的名称。

1981 年至 1985 年间,美国公众史学委员会出版了《公众史学教学》(Teaching Public History)系列,鼓励各高校根据各自专业和学科优势设立公众史学项目。1986 年,《美国公众史学教育指南》(Public History Education in America: A Guide)出版,并建立了该学科的教学规范和评估标准。在专业化的过程中,在公众史学教学教育体制和教学模式上带来了突破性的改革。在教育目标上,公众史学不仅仅是为学院输送教学科研人才,也是为博物馆、历史遗址、档案馆、历史协会、口述历史机构、新闻媒体、政府、公司等领域输送具备专业知识和技能的专业人士;在教育方法上,带有跨学科性、批判性,要求在历史实践中及时反思,并强调团队合作与创新精神。因此,公众史学的课程设计和教学模式需要超越传统史学的培育框架,自成一套体系,同时需要经过专门培训的师资来发展建设这一学科体系。美国在公众史学创立初期就意识到了这一点。1984 年 7 月 5 日至 8 月 3 日,亚利桑那州立大学(Arizona State University)在国家人文学科基金(National Endowment for Humanities)的资助下,主办了为期 4 周的公众史学师资培训(Summer Humanities Institute on Teaching Public History Program)。该培训旨在介绍公众史学的主要理论、实践、教学方法及课程设计,为高校提供合格的师资,以满足公众史学的教学需求和学科建设。①

在教学模式上,公众史学课程注重培养学生如何与不同类型的公

---

① Teaching Public History Program, Mss 21 National Council on Public History Records, Ruth Lily Special Collections and Archives, Indiana University-Purdue University, Indianapolis, IN. 1984. 关于中国公众史学高校师资培训,参考:Na Li, Martha A. Sandweiss, "Teaching Public History: A Cross-Cultural Experiment——The First Public History Faculty Training Program in China", The Public Historian, vol. 38, no. 3, 2016, pp. 78-100. 李娜:《跨文化视野下的公众史学——中国首届公众史学高校师资培训》,《世界历史评论》(上海人民出版社),2015 年第 3 辑,第 233—257 页。李娜:《历史在我们身边》,《公众史学》(浙江大学出版社)2018 年第 1 辑,第 235—246 页。

众接触、交流,并与之建立一种职业关系。一方面,注重培养学生职业历史学家的素质和技能,这包括掌握历史研究方法,具备对历史课题进行系统、深入的研究、解读和撰写的能力;另一方面,为学生提供机会拓展自己感兴趣的相关领域或方向,引导学生进入不同类型的公共部门,探讨与职业历史学家不同的伦理道德和职业操守,并通过实地调研项目帮助学生获得实际社会经验。公众史学家需要具备的一系列技能和素质,如对历史真实性的敬畏和求证、严谨的历史研究方法、跨文化沟通的能力、田野工作能力、预算与管理能力等,以及创新精神、团队合作、外交才能等,都贯穿于课堂研讨和实地调研的整个过程。

2001年,美国历史协会成立公众史学专责小组(Task Force on Public History)。2002年,美国历史协会和公众史学专责小组共同颁布《历史系学生职业指南》(Careers for Students of History)。2003年颁布的《公众史学年度报告》将公众史学作为传统史学的一个专业分支,详细论述其相关组织结构、学科发展建设、教学体制、课程改革、学生职业发展等方面的情况。[1]至2010年前后,公众史学已经成为一个成熟的领域:一些历史系尽管没有明确表示要创立该方向的全日制学位项目或证书项目,但仍然会聘请拥有公众史学专业背景的教师。

在美国,不少公众史学家既在学院里从事研究,同时也是某一历史实践领域的专家。不管学院内外,公众史学家的工作远比其本人更重要,他们试图让学生或公众接近更真实的历史——这不仅是职业要求,更是一种责任与担当。所以,公众史学家总是在与公众交流历史,为公众撰写历史,倾听公众述说历史,与公众一同解释传播历史;他们的工作超越教室和会议室的界限。[2]公众史学家既不将专业知识庸俗化,也不将之封闭在象牙塔内,他们无论在教室,在博物馆,或是在历史遗址,

---

[1] *Public History, Public Historian, and The American Historical Association: Reports of the Task Force on Public History*, Submitted to the Council of the Association, December 2003.

[2] Robert Weible, "The Blind Man and His Dog: The Public and Its Historians", *The Public Historian*, vol. 28, no. 4, 2006, pp. 8-17.

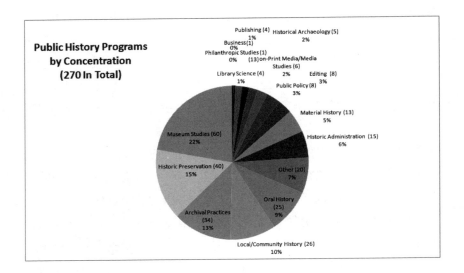

表 1　美国公众史学项目专业分布图
数据来源：www.ncph.org

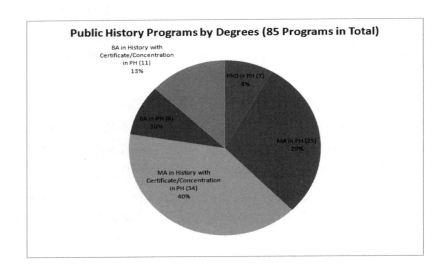

表 2　美国公众史学学位分布图
数据来源：www.ncph.org

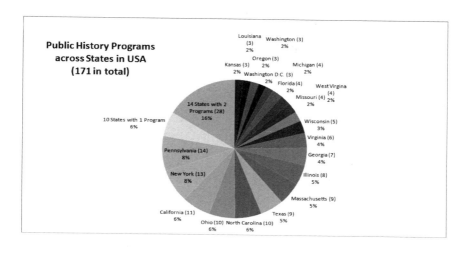

表 3　美国公众史学项目各州分布图
数据来源：www.ncph.org

都尽量谦卑地倾听公众讲述自己的历史，并不断从中学习，最终，他们为公众历史的书写承担责任。[①]可见，公众史学家并不拥有、更不垄断公众历史。如果我们再次回到美国 1970 年代的职业危机，不难发现专业人士长期以来对知识的垄断和对社会的控制地位受到前所未有的挑战，因为专业知识似乎并没能有效地解决现实问题，满足社会的需求，更谈不上对社会的道德伦理和健康发展作出应有的贡献。正因为其垄断地位变得岌岌可危，专业人士与客户的关系也开始发生相应的改变。

公众史学作为一个学科，在**英国**兴起时间不长，尚没有形成理论体系。就公众史学教育而言，除了一些分散的公众史学课程之外，目前在英国主要有两个比较成熟的公众史学项目——牛津大学的罗斯金学院（Ruskin College, Oxford University）为在职学生开设的公众史学硕士项目，以及伦敦大学皇家霍洛威学院（Royal Holloway, University of Lon-

---

[①]　Robert Weible,"Defining Public History: Is It Possible? Is It Necessary?" *Public History News*, 2008.

don)开设的公众史学硕士项目。①

公众史学在英国多以成人教育的形式展开。学生绝大部分是公众史学的实践者,并在各自相关领域已经积累了丰富的实践经验,如在博物馆、图书馆、档案馆、考古机构、遗产咨询机构的从业人员,他们通常已经是公众历史的积极生产者和消费者。由拉斐尔·萨缪尔创办的罗斯金学院公众史学项目深受其"历史走向民间"和"自下而上的遗产"思想的影响,主要包括:三个公众史学过程研究的入门模块、图像在公众历史生产中的作用、记忆/口述/叙事,以及毕业论文。② 最终目的是以更宽容的方式思索历史进程和历史建构的过程,同时培养书写和呈现历史的自信。"职业历史学家在公众史学教学中发挥着不可替代的作用,他们既是协调者,又能提供一个安全和充满挑战的环境,使学生能自信地发展各自的能力,还能知道学生的研究项目。针对不是很自信的学生,他们鼓励不同的研究方向,突破传统的象牙塔似的研究,在写作和调研中与公众分享自己的经验。"③自2008年起,罗斯金学院开始主办一系列公众史学会议,主要采用参与性工作坊的形式,吸引在职学生、家族历史学家、遗址机构研究者和组织者、大学教师等,以提供交流的平台,了解公众史学研究和实践的前沿与动态。深受萨缪尔影响的《历史工作坊杂志》(History Workshop Journal)自1995年开辟了"历史漫步"(History at Large)专栏,刊登关于公众史学的文章。《口述历史》(Oral History)杂志自1997年开创"公众史学"专栏,主要刊登关于公众通过各种媒体运用和呈现口述历史的研究。

尽管在英国尚没有专门的公众史学的学术组织和机构,但历史研究学院(Institute of Historical Research)和皇家历史学会(The Royal His-

---

① 约克大学于2012年设立了公众史学硕士项目。
② 这一项目采用课堂研讨和"一对一"的导师制;鼓励跨学科合作。学生需要深入了解各种历史地理的理念,包括不同角度下的公众历史;探索过去是如何被建构为历史或遗产的;甄别历史产生的各种形式和史料/资料,尤其是视觉资料,收集照片、分析景观、纪念形式、记忆/口述/叙事等。学生需要完成6个4000字的作品集(三个入门模块),和2万字的毕业论文。
③ Hilda Kean, "People, Historians, and Public History: Demystifying the Process of History Making", *The Public Historian*, vol. 32, no. 3, 2010, pp. 25-38.

torical Society，RHS)积极倡导历史研究,在档案馆、图书馆、博物馆、遗产等方面研究和呈现公众历史。成立于1906年的历史协会(The Historical Association)于2009年设立公众史学委员会(Public History Committee),倡导不同层次的历史教育、本地历史、档案与图书馆、历史研究中的数字革命等,同时鼓励关于"公众史学"的论辩,并引入国际视角。

进入21世纪,保守党政府推动了高等教育政策的施行,某一社群所受之影响成为获取资助的衡量标准之一,而公众史学成为学院里人文学者体现其公众参与的重要途径。2006年约克大学设立"关于过去的公众理解"(Public Understanding of the Past)机构,2012年设立公众史学硕士项目;2009年皇家霍洛威学院设立"公众史学、遗产与公众参与过去"中心;2011年伦敦的金斯顿大学(Kingstong University)开创了"历史记录中心",集档案管理、教育和公众历史于一体,授予档案与公众史学硕士学位。另外,在英国,北爱尔兰、苏格兰、威尔士的一些学校也相继开设博物馆与遗产解释的相关课程。这些项目多引入参与模式,以劳工、社群历史为核心,成为公民教育的一部分,也希望以此改筑公民文化。

在**澳大利亚**,最早的公众史学课程于1988年出现在悉尼科技大学和蒙纳什大学(Monash University),课程设置受美国影响,并随着公众史学实践不断调整。① 1998年澳大利亚公众史学中心(The Australian Centre for Public History)在悉尼科技大学成立,旨在提倡学院和社区合作的公众史学理论实践,该中心由澳大利亚研究理事会出资,进行社区合作和委托公众史学项目,拓展国内和国际的公众史学网络,举办公众史学研讨会等。② 该中心还创建了澳大利亚第一份公众史学的专业学术期刊《公众史学评论》,为遗产机构、政府相关部门、影视媒体、博物

---

① Graeme Davison,*The Use and Abuse of Australian History*,Sydney：Allen & Unwin, 2000. Paul Ashton, "Introduction：Going Public", *Public History Review*, vol.17, 2010, p.10.
② 该中心的主要目标包括:一、为各种教育、社区和职业培训机构提供公众史学的技能和资源;二、加强国际学术交流;三、为公众史学项目寻求各个层面的支持;四、成为高校的公众史学技能和知识与社区的桥梁;五、开展公众史学领域的研究、提供相关咨询和建议。

馆、自由历史学家等领域的教育者和实践者提供了交流的平台。《公众史学评论》旨在深入反思公众史学的实践、历史的各种公众呈现；其次，鼓励与历史建筑学、历史考古学领域进行跨学科对话；最后，公众的关注和需求、公众史学的理论与实践的矛盾和挑战等。

1984 年，在西安大略大学（The University of Western Ontario）设立的为期一年的公众史学项目是**加拿大**最早的公众史学培训项目。课程设计基本承袭美国模式，侧重技能培训，下设博物馆与实物文化、口述历史、社区历史、档案学、应用考古学、数字史学等方向。2002 年，在渥太华的卡尔顿大学（Carleton University）历史系开设为期两年的公众史学硕士项目，培训的理念紧紧围绕"公众史学"的核心，即历史在公众场所的产生和呈现。这不仅包括传统的制度化的历史场所，如博物馆和档案馆，还包括集体记忆的各种场所以及历史是如何在电影、网络、照片、剪贴簿中表述的。公众史学还意味着重新解释和建构历史中有争议或被忽略的章节，将历史叙事置于公众记忆、身份认同和政治或机构利益之中。同年，卡尔顿公众史学中心（Carleton Centre for Public History）成立以推动公众史学的发展。在位于蒙特利尔的康科迪亚大学的"口述历史与数字叙事中心"开展了大量的基于本地社群的公众口述历史项目。但总的来说，教学规模和培养体制都没有长足发展，也没有超越美国模式。

随着历史在**新西兰**的公共领域逐渐流行，大量的历史与地质学会、遗产工业、网络历史、传记、文化旅游、影视历史等涌现。不过，学院内对这些现象依然熟视无睹。虽然，公众史学的硕士与博士项目已经为这一领域的发展作出了贡献，但成人教育环境则不断变化。早在 1995 年，维多利亚大学（Victoria University）的戴维·汉漠（David Hamer）教授就提议设立公众史学研究生项目，不过公众史学项目数量十分有限，且很难持续发展，目前的重点已转向遗产与博物馆研究。《新西兰公众史学杂志》（A Journal of New Zealand Public History）2011 年创刊，迄今已出版四辑。

在**德国**，公众史学项目都围绕"历史在公共领域的呈现"展开，这与德国的公众史学代表着职业历史学家对历史热潮挑战的回应相关。①2008年,柏林自由大学开创了德国首个公众史学硕士项目,旨在培养学生进入公众历史机构,如各种媒体、出版社、博物馆、历史遗址、纪念馆、公司等工作;培养学生将历史知识有效地传达给更广泛的公众的能力。硕士项目由七个模块组成,理论与实践各占一半,学生通过训练,创造、解析历史的不同呈现模式。该项目主要集中在20世纪的德国与欧洲历史,因为这段历史和与之相关的记忆对公众的历史意识产生了持续而又深刻的影响。研讨课侧重在历史文化的认识与分析,这要求对历史在公众领域的各种形式与类别,以及所涉及的各种类型的历史受众有较为全面的了解。

2012年,海德堡大学(Ruprecht-Karls-Universität Heidelberg)设立了公众史学项目。2015年,科隆大学(Universität zu Köln)设立了德国第二个公众史学项目,该项目更为专业,侧重新闻与传媒方向。由于媒体对历史的关注日益增加,以及社会对博物馆、纪念碑、遗址及其他形式的历史纪念或历史教育兴趣大增,该项目旨在为学生进入公众史学领域做好准备,侧重培养学生通过各种媒体形式向公众传播历史的技能。另外,吉森大学(The University of Gießen)的历史新闻学本科与硕士项目则更为专业。其余一些大学也有类似的基于项目的讲座,或请短期访问学者为学生提供专业训练,以使他们更好地将历史呈现给公众。波鸿鲁尔大学(Ruhr-Universität Bochum,RUB)于2017年开设了公众史学项目。随着一系列学院项目的设立,公众史学的教育在德国逐渐体制化。2012年德国历史学会成立"应用史学与公众史学"工作坊,旨在为学院历史学家与公众历史学家搭建交流的平台。2013年,蒂古特/欧登堡出版社(De Gruyter/Oldenbourg)创办了《公众史学周刊》,这是欧洲第一份公众史学杂志,以多语种见长,鼓励与读者的互动。②

---

① 资料来源:厄姆加德·佐多夫教授2018年1月11日与作者的通信。
② 参见:https://public-history-weekly.degruyter.com

此外，在**荷兰**，阿姆斯特丹大学（Universiteit van Amsterdam）自2013年开设公众史学的硕士项目；鹿特丹伊拉斯姆大学（Erasmus Universiteit Rotterdam）的历史文化研究中心自2006年开始进行关于历史教育与遗产的研究；阿姆斯特丹的战争记录荷兰学院于2010年与大屠杀与种族灭绝研究中心合并，雇佣了大量的公众史学家。在**法国**，巴黎东部马恩-拉瓦雷大学（Université Paris-Est Marne-la-Vallée）于2015年设立公众史学硕士项目。在**波兰**，弗罗茨瓦夫大学（Uniwersytet Wrocławski）于2014年在历史学系设立公众史学硕士项目（historia w przestrzeni publicznej），下设大众历史、数字档案管理、历史编辑、历史政治与记忆的研究、历史阐释五大方向，每年招收约20名学生。**土耳其**、**意大利**等国也自2015年开始陆续开设公众史学的相关课程。

印度的英迪亚·乔杜里（Indira Chowdhury）教授于2011年在**印度**的思瑞斯特（Srishti）艺术、设计与技术学校设立了公众史学中心①，开始为设计专业的学生教授公众史学，并进行公众史学的相关实践。中心主要的任务是为印度的一些重要机构设立档案馆，并通过纪录片、展览与表演等形式传播这些机构的历史知识。该中心于2017年开设"公众史学与遗产解读"硕士项目：这是印度第一个也是目前唯一一个公众史学项目，旨在提供公众史学的专业训练，跨越视觉文化、美学、文学、地理学、民间文化、语言学习等多学科与领域。这个为期两年的硕士项目每年招收10—15名学生，由麦索大学（University of Maysore）授予硕士学位。另外，位于新德里的安贝德卡大学社区知识中心（Centre for Community Knowledge［CCK］，Ambedkar University）和英塔奇遗产学院（INTACH Heritage Academy）提供关于影视史学与遗产的短期培训。目前在印度，尚没有政府为高校提供资助设立公众史学项目，即使口述历史项目也很少获得资助。公众史学项目很难吸引学生，教学尚没有和实践、就业联系在一起。这与历史学家在印度公众领域扮演的角色相关，也与历史学本身在印度的作用相关。目前看来，公众史学在

---

① 参见：http://cph.srishti.ac.in

印度还没有发展成为一个专业领域,更谈不上一门学科。

近年来,公众史学项目的国际对话日益加强:各国的公众史学家和教育者开始构建一个交流的平台,探索在教学实践中面临的问题和挑战;公众史学交换项目与国际合作也日益频繁,带有跨国意义的博物馆项目、公众考古项目等公众史学跨国实践已日益频繁。自2013 年开始,美国公众史学年会每年都有关于公众史学教育的国际合作的专题讨论,关注历史意识、思维、方法训练,道德判断、价值取向与基于行动的事实,公众史学项目在跨文化合作中所面临的机遇和挑战等。①

二 联接学生与身边的历史:公众史学教育在中国的探索

前面谈到,公众史学在教育目的上,不仅仅是为学院输送教学科研人才,也是为博物馆、历史遗址、档案馆、历史协会、口述历史机构、新闻媒体、政府、企业等培养具备专业知识和技能的专业人士。在教学方法上,带有批判性,要求在历史实践中及时反思,强调团队合作与创新精神。因此,公众史学的课程设计和教学模式需要超越传统史学的培育框架,自成一套体系。2013 年,我基于这一理念,开设了"历史保护:公众史学的理论与实践"作为公众史学的入门课程,旨在联接学生与身边的历史实践。②

---

① Serge Noiret, Thomas Cauvin, "Internationalizing Public History", James B. Gardner, Paula Hamilton, *The Oxford Handbook of Public History*, Oxford Handbooks. 2017, pp. 25-43. Na Li, "Introduction: Going Public, Going Global——Teaching Public History through International Collaborations", *Public History Review*, vol. 22, 2015, pp. 1-7.

② 该课程由笔者在重庆大学和浙江大学先后开设,并于 2018 年获得浙江大学研究生课程建设资助。这里介绍的案例是 2013 年在重庆大学研究生院开设的。当时,有 15 名学生选了这门课程,他们来自重庆大学建筑与城市规划学院、艺术学院和新闻与传媒学院。课程要求学生具有基本的实地调研项目经验,有一定的研究能力,具备中级以上的英文阅读能力。

1. 课程背景、理念与设计

该课程将公众史学引入历史保护的研究和实践，介绍公众史学在美国的演进、基本理论、研究方法等，侧重从公众的视角解读城市景观、历史街区、博物馆、遗址等实物呈现，并让学生通过公众史学的研究方法来认识分析不同层次的历史保护课题与实践。历史保护在这里面临着与美国不同的课题，在美国语境下流行的历史保护词汇——原真性、永久性、建筑置换、地域性、公民对话和公众参与——在东方文化里有着完全不同的解读。该课程希望学生能充分利用本地历史资源，深入到历史文化街区，与当地居民面对面交流，真实地感受历史解释和保护的公共空间，联接学生和他们身边的历史。指导课程设计的核心理念来自唐纳德·塞恩的"在实践中反思"(reflection-in-action)，"在现实——即特定的一段时间内，特定的场景下，我们的思维影响我们的行为，对现实进行改变"。[①]塞恩认为，在与客户的关系里，我们应该界定自己的职业角色。公众史学是关注公众，或是各种类型的公众(multiple publics)需求的历史实践，因此公众能帮助我们更好地定位，并建立相应的职业关系，将专业技能应用在一系列公共场合，通过反思式交谈，成为公众进程的有机组成。

在课程设计上，注重培养学生具备职业历史学家的素质和技能：掌握历史研究方法，对历史课题进行深入研究、解读和撰写的能力；同时为学生提供机会拓展自己感兴趣的相关领域或方向。如何与不同类型的公众接触、交流，并与之建立一种职业关系，包括四个方面：

一、引导学生进入不同类型的公共部门；

二、探讨与职业学者不同的伦理道德和职业要求；

---

① Donald A. Schön, *The Reflective Practitioner: How Professionals Think in Action*, New York: Basic Books, 1983, p. 26. 另可参阅 Stowe references Donald Schon, Nicolas Maxwell, and Ernest Lynton 关于公众史学是一种反思性实践行为的论述，以及 Noel J. Stowe, "Public History Curriculum: Illustrating Reflective Practice", *The Public Historian*, vol. 28, no. 1, 2006, pp. 39-65。

三、学习公众史学领域的主要理论;

四、通过实地调研项目帮助学生获得实际社会经验。

首先,课程分为高级研讨和实地调研两大部分。研讨部分形式上侧重互动和交流,氛围宽松民主,要求学生频繁参与,积极发言讨论。内容上则采用了美国马萨诸塞大学公众历史入门课程模式。①核心模块涵盖历史保护的理论与实践、城市文化景观的解读、集体记忆与公众历史、口述历史等。模块结合不同类型的公众历史形象,探讨如何使用历史、过去和现在。具体包括不同版本的历史是如何产生、传播和制度化的;如何在学校、公民节日、纪念碑、遗址等场所,在电视和电影等大众媒体里,在城市与景观里,作为公众历史被解释和传达给受众的;公众历史发生的不同场所,如博物馆和历史遗址、社区的口述历史项目、档案管理、多媒体制作和历史文化保护等的关键问题。

其次,学生需要每两周完成一篇三到四页的小论文,目的是持续不断地启发和激发他们对所学到的理论进行反思,就选定的课题(通常与课堂讨论相关)进行历史文献分析考证、类比归纳,对参与过的相关实践项目进行反思,并用清晰简洁的语言逻辑连贯地表达出来。这样的写作训练不仅是将反思的过程贯穿到整个学期,提高学生的史料分析和写作能力,也是为他们提供思辨和想象的空间。

需要特别强调的是,公众史学的技能和素质培养既需要在与公众相关的历史领域得到专业训练,又需要在本地的历史文化环境中落地。因此课程的另一个核心组成部分是为期六周的团队合作实地调研项目——重庆主城区的历史文化风貌区保护研究。学生三人一组,根据各自选定的街区提炼研究主题和假设,然后通过文献分析、实地观察、建筑测绘、实物文化分析、口述历史等方法进行深度研究。诺维·斯托吾(N. J. Stowe)说:"公众历史学生必须积极并持续地从实践中发掘新

---

① 马萨诸塞大学历史系的公众史学项目建立于1980年代初,是美国历史最悠久的公众史学项目之一,如今仍在蓬勃发展。

的课题,具体来说,如何处理公众关注的历史,尤其是有争议的或政治敏感的历史?如何在一系列的职业环境中,与来自不同背景、职业的人士及普通大众进行有效沟通?"①

最后,学生需要将调研成果富有创意地呈现出来。期末的课堂陈述要求建立在严谨的史料分析考证和实地观察调研的基础上,有一定的学术深度,也应该有效地传达给同学和公众——我们的课程陈述(class conference)对公众开放。为此,各组在课堂陈述前至少演习两次:与公众有效交流的技能是中国传统教育中欠缺的,学生不习惯成为引人注目的中心,而在公开场合清晰而又不失礼仪地表达自己的见解是公众史学的重要能力之一。学生在完成课堂陈述两周后提交一篇反思式论文。

2. 在实践中反思②

(1)历史保护的批判性反思:为谁保护历史?课程初始,学生开始对历史保护的终极目的进行深度思索:为谁保护历史?谁的历史、谁的记忆存留在历史街区?所谓的"历史"街区是否保留了真实的历史?这些问题旨在引导学生质疑他们认为理所当然的职业标准和价值取向。在今天的中国,高等教育注重专业知识和技能培训,学生往往缺乏政治敏感,也很难在现实中参与到决策制定的机制里。所以,不少学生质疑到现场去了解公众对历史街区认知的必要性,但他们渐渐地开始留意到传统手段的局限性,开始关注建筑细节和规划图纸没有记录的城市记忆,开始思索究竟谁拥有历史,谁拥有历史空间。有学生写道:"走在老街的巷子里,吸引我的不仅仅是那亲切的低矮的房屋,挂满果实的葡萄架,亦或是长满青苔的石板路,更重要的是老街那丰富的空间形态和宜人的街巷尺度。没有宽阔的马路,没有高耸入云的姿态,有的

---

① N. J. Stowe, "Developing a Public History Curriculum Beyond the 1980s-Challenges and Foresight", *The Public Historian*, vol.9, no.3, 1987, p.52.
② 所引用的部分来自学生的反思式论文、课堂陈述和实地交流。引用均匿名,并得到学生的同意。

只是朴实而唯美的空间意境。我们去探访了两次,每次都会有不同的心理感受,那份平静是真实而毫不掩饰的。我一直在思考,历史保护真正要保护的是什么呢?""我认为旧城改造,应在原有形态上盘活,成为当下生活的载体,不要仅留一副躯壳。就是在保存整体街巷风貌格局、沿袭传统生活方式前提下,将现代城市功能'镶嵌'进去。不要就历史建筑看历史,仅留住一副躯壳,同样是对延续历史的误读……然而,让我很不确定的是:现代与历史究竟该如何衔接?改造后的未来是否真能融合过去?历史文化不能重塑,改造后的十八梯仅靠保持明清风格的街道茶坊、草药铺等仿古建筑群作为主要店面形态,修建一些低层建筑还原市井生活,就真的可以让山城的历史找到'回家'的路吗?"

"在历史街区保护中我们保护的究竟是谁的历史,是城市的?是建筑的?还是人的历史?我提出第一点时就认识到正因为文物建筑和历史街区的不同可以回答这一问题。文物建筑是'标本',它代表的是建筑的,城市的,国家的,乃至是全人类的历史,它是树立的里程碑,但我觉得它是趋向于'化石'一样的事物。当然历史街区也代表了建筑的、城市的、国家的历史等,但它是一个仍有大量居民在其间生活的地区,是活态的文化遗产,有其特有的社区文化。因此不能只保护那些历史建筑的躯壳,还应该保存它承载的文化,保护非物质形态的内容,保存文化多样性。那么文化由什么来传承,我的答案是人。然而我们在进行调研时发现,由于拆迁还房等问题,那些祖辈居住在这一片区的人早就搬离了,并且不可能再搬回来,他们带走的有家族的照片,也有对这个街区的记忆。"

历史建筑环境是一种不可再生资源,我们应该像尊重人的生命一样尊重它,这种对时间的体验,对地域的感知,在历史保护里其实就是一种对社会的责任感。从公众史学看城市景观,其实是反思它的伦理精神,从而激发对历史原真性的敬畏和求证。

(2)团队合作:三人行,必有我师焉。公众史学项目的合作精神不仅仅停留在为人谦卑和相互尊重的层面上。团队合作迫使我们面对自己的不足,放弃部分自尊,并在与和自己有诸多不同的人建立新型关系中学会如何解决分歧,实现团队利益最大化。在实地调研项目里,学生与来自其他专业或领域的同学全方位合作:不仅要求与公众(访谈的对象)建立合作关系,也要求与自己团队的成员及时有效地沟通。

然而,地域文化、专业背景、思维方式等的差异使得团队合作并非易事,如一位学生所言:"我们三位组员来自全国各地,有不同的地域文化,而且教育背景也有差异。各自有对自己的观点的坚持以及对自己思维方式相对自信的态度。与本科阶段相比,研究生阶段每个人对自己的思维方式和思考角度都相对自信和固执,很少会因为别人的说教而改变自己的思维和行为方式……加之愿意读这个专业①研究生的人基本都抱着很大的热情,都不希望敷衍了事,对自己的思想都有一种难以言状的固执,都希望通过这份固执得到一个令人满意的答案,不让自己失望。刚开始的时候每个人都不愿意退步,坚持自己的观点和方式不让,总认为自己的方式是最正确的。这确实也造成了不少不愉快,加之大家都很忙,凑一个大家都有空的时间可谓难上加难,身体的疲惫,更会造成情绪的起伏,这种不愉快也就进一步被加大了。不过经过不断的磨合,大家也渐渐了解到出发点的一致性,基于想把事情做好的这一个最根本出发点,一切问题都变得简单不少。大家开始学着去理解对方,改变自己的表达方式,不再那么激烈地表达自己的观点,而试着更多地去聆听别人所说的内容,试着从别人能更好理解自己观点的角度去提出问题,去寻求可能存在的共同点。"

也有小组充分利用专业差异在调研项目中取长补短:"我是城乡规划学背景,我的搭档是建筑历史背景,城乡规划学相对建筑学来说,视角更宏观一些。在选择白象街作为历史街区调研点之后,我们结合各自专业的特点,充分讨论,对这一片区的历史价值都有充分的理解,也很惋惜暴力拆迁对老建筑的伤害。在合作调研时,搭档之间最重要的是要相互理解,在有不明白的地方或者相互意见不一致的时候我们

---

① 指的是城市规划学与设计专业。

积极处理,或分头行动,或讨论出一致的方案来;如果在访谈的时候遇到难点,也会相互帮助,诚实地说出自己的问题和困惑,相互交流达成共识。"

(3)口述历史:接连不断的惊喜。专业知识主导的历史街区保护往往无法发掘建筑实物空间蕴含的巨大情感力量和集体记忆。通过对城市精神和文脉的解构,集体记忆缩短了我们与所在环境的距离。自20世纪70年代起,西方学者开始关注记忆和历史的关系,并产生了大量原创性、跨学科的理论和实证研究。① 戴维·格拉斯伯格在《公众史学与记忆研究》中指出,集体的地域感和公众历史的产生类似,是争取文化霸权的一部分,也是不同社会群体之间权利纷争的产物。② 而对于公众化的记忆,口述历史使我们能直面城市建筑环境里的情感依恋,对历史解释的分歧甚至是意外的惊喜成分。城市和城市的建筑实质上是一连串的记忆点,让置身其中的人们对历史充分感知,尽情想象,并由此产生集体的身份认同。

作为学者,我所接受的绝大部分教育和职业训练都力求公正、客观、完全真实。这些学术和职业标准引导笔者将研究的重点放在文字、图纸和方案,似乎历史环境的人文精神和记忆无法被纳入严谨的研究计划:如何解释公共空间里的个人记忆?如何联接这些个人记忆和记忆场所?如何将公众"共享的记忆"融入建筑环境的认知和保护?最根本的问题是,为什么公众会在乎真实的历史和由此衍生的历史感?在学生进入现场前,我对口述历史的方法和技巧作了大致介绍,但学生需要实地掌握和提高访谈的技能,学会从实地采集的信息里提炼研究

---

① 关于记忆,尤其是集体记忆与历史的关系,可参阅 Edward S. Casey, *Remembering: A Phenomenological Study*, 2nd ed., Studies in Continental Thought. Bloomington: Indiana University Press, 2000. William James Booth, *Communities of Memory: On Witness, Identity, and Justice*, Ithaca: Cornell University Press, 2006. James V. Wertsch, *Voices of Collective Remembering*, New York: Cambridge University Press, 2002。

② David Glassberg, "Public History and the Study of Memory", *The Public Historian*, vol. 18, no. 2, 1996, p. 19. 还可参阅 David Glassberg, *Sense of History: The Place of the Past in American Life*, Amherst: University of Massachusetts Press, 2001。

课题,并根据这一课题设计访谈大纲。这是一个实践与课堂不断反馈的双向过程,也是不断与实践对话和反思的开放过程,期间注定充满模糊、不确定和分歧。这对规划学和建筑学的学生而言还是一个很不自然和谐的过程:他们习惯了将目光放在空间元素之上;在实地找人"聊天"好像不是在从事研究项目。

一位学生说:"在进行实地调研以及采访实践之前,我的内心一直在质疑口述历史方法的必要性,原因是在课堂的纯理论教学与实地调研感受之间会有巨大的割裂感,正如身临其境的对建筑空间的体验是无法从照片中感受到的。对于口述历史的问题也没有我们想象的那么简单,能写出来的问题都比较片面,或者不适合口头交流,经过商量,我们觉得还是应该根据受访者的回答来灵活地提出问题更加有效。"另一位同学有类似的感受:"进入十八梯片区后,我们更倾向于对场地的空间、建筑有一个大概的了解,对于该如何做口述历史我们都显得非常手足无措,一是不知如何与一个完全陌生的居民开始自然的交谈,并且让他慢慢信任你,愿意把自己的事情分享给你;二是我们的主题还相对模糊,似乎找不到问题的重点。在结束对老爷爷的采访之后,我的心情差到了极点,他讲的东西不是很多,老人家记忆力不是特别好了,而且很多时候一直在说重复的话,比较喜欢讲述个人经历,对十八梯的历史描述部分只有一点点。我脑中甚至闪现过这样的念头:历史街区的保护真的还需要进行吗?我们到底能不能只保护真实历史而忽略这些真正在其中过着极差生活的人们呢?"还有一位同学表达了在现场访谈的"惊喜":"我们进入瓷器口现场以后,深入地运用口述历史调研方法,才发现文献调研中描述的历史与现实有很大的差距。口述历史为我们提供了一种了解真实历史的方法。特别是在文化历史层面上,有了很多新的发现。这无疑是让我们惊喜的。同时也让我们在与当地居民多个触点的交流中,感受到了这个历史街区正在进行的生活——活着的历史。这种文化冲击力是我们在前两种调研方法上不曾拥有的。"然而,挑战与惊喜并存。这种模糊的兴奋感正是塞恩所说的"惊喜的成分"(an element of surprise)①,即从预料之外的收获里我们发现了更丰富的信息,并期待着持续不断地感受这种惊喜。在口述历史中解构城市环境的情感和记忆,学生发现了另一类潜藏的城市历史。

3. 关于公众史学教育体系建设的几点建议

公众史学的教育体系应该以基本理论、核心命题、研究方法为基础,设置不同方向(tracks),培养学生的相关技能和素质,下面三个方面供读者做进一步思索。

(1)公众史学教育的最终目标是培养具备一系列技能、素质、思维、职业伦理的公众史学家。具体而言,公众史学的基本技能可包括:历史研究技能和方法以及在此基础上形成的研究自信(research confidence)、跨文化的书面与口头沟通能力、新媒体时代下数字编辑的能力、平面设计造型能力、财政预算和金融管理能力。基本素质则可涵盖:创新精神、团队合作、批判反思精神、外交才能和耐性。这些技能与素质既是个人事业成功的前提,也体现这一学科最核心的理念。②

王希教授认为,比较理想的公共史学"应该鼓励交流与互动但又允许独立性的思考,它引发的历史感受与个人的经历密切相关但又能产生集体共鸣,它并不毫无理由地排斥官方或个人叙事,但它始终保持一种批判精神。所以,一个优秀的公共史学家必须具备高超的专业素养和政治技能。他(她)需要与包括政府在内的公众社会进行协商和谈判,需要以有力和有效的方式将基于扎实研究之上的知识间接补充到公共知识之中。他(她)需要带给公众富有启发性的思考,而不只是公众期望获得的答案。"③

(2)公众史学家是职业人士,应该具备与传统史学家不同的职业

---

① Donald Schon, *Educating the Reflective Practitioner: Toward a New Design for Teaching and Learning in the Professions*, 1st ed, Jossey Bass Higher Education Series, San Francisco, Calif.: Jossey-Bass, 1987, p.27.
② 这几个方面旨在启发读者。
③ 王希:《公共史学的内容、形式与政治》,《天津社会科学》,2013 年 5 月特刊。

精神。譬如：如何面对公众做具有专业水平的口头陈述？如何为学院以外的公众撰写专业报告？如何撰写包括财政预算和时间进度的研究计划？如何根据客户需求收费？在职业伦理/操守和商业利益或客户需求中如何适当地妥协？如何在团队项目中扮演合作角色而不只是独立的研究者角色？如何以客户提出的问题或要求的任务为导向撰写研究计划？（在学院里，通常是研究者自己选择感兴趣的课题进行研究。）①

首先，公众史学家面临的问题或任务来自公众，而公众对历史问题的认知和解释往往趋于感性、零散、片面；其次，在公众史学项目实施中，当"共享权威"和职业伦理产生矛盾时，如何合理妥协；最后，公众史学家通常面临头绪纷杂、信息杂乱、声音众多的处境，如何在这样看似不稳定的环境中保持研究的自信。因此，最大的挑战是公众史学家既应该具有严谨的治学态度和扎实的学术功底，又应该具备"公众"史学领域的专业技能；不只是在学院里讲解、传播公众史学的理论与方法，还在博物馆、历史街区、档案馆、遗址等现场与公众共享权威并不断向公众学习，从而最终对历史知识的生产、解读、叙述、传播承担职业责任。

（3）建设立体型课程体系，培养公众史学家所需的专业领域的知识与技能。在美国，公众史学的职业发展方向主要包括博物馆和历史遗址、历史保护机构、档案馆、咨询服务、企业的历史部门、公共政策研究、纪录片拍摄制作、口述与社区历史项目等八个领域。学生在经过公众史学理论与方法的入门课程之后，进入各自选定的方向，进行专业知识学习，与之相关的实地调研项目和社会实习（internship）都注重职业技能培训。因此，建议立足公众史学理论与方法，根据不同方向，实行"导师制"，采用立体型课程体系。

在中国建设公众史学的学科体系，设立相应的本科、硕士、博士项

---

① G. Wesley Johnson,"Professionalism: Foundation of Public History Instruction", *The Public Historian*, vol. 9, no. 3, 1987, p. 108.

目,逐渐形成一套完整的教育体系,应力求理论与实践并重,既让学生掌握这一领域的核心命题和实证研究,接触到最前沿的理论动态,又为学生提供一系列的公众环境以培训相关技能,并通过实践反思这些理论。具体而言,有以下几点建议:

首先,综合性大学应该充分利用、整合各学科资源,立足于公众史学的理论与方法,设置相关方向课程①:

一、城市历史保护:该方向致力于城市历史的解释、管理、保护及规划。

二、公众史学与大众传媒:该方向顺应历史知识的传播解读与各种媒体关联的趋势,致力于通过各种媒体传播历史知识,并撰写历史文学、史学普及读物等。

三、公众史学与影视(影视史学):该方向关注历史电影片、纪录片等撰写与制作;这是目前中国公众史学实践迅速发展的领域,但高素质的专门人才奇缺。

四、文化遗产史学:该方向致力于文化遗产的管理和保护,关注点包括非物质文化遗产、民俗史学、民间文艺史学、博物馆学(文物、遗迹、遗址、纪念碑保护等)等。

其次,公众史学教育应该在地化,在课程设计里融入本地历史学习研究。譬如,城市历史文化保护项目大多发生在本地环境,所以资料收集、数据分析、实地调研也是在本地层面。掌握本地史以及相关研究方法,让学生能将项目放在相对宏观的区域范围,并能将口述历史与遗产保护作为公众历史的有机组成部分。

最后,公众史学的实践与教学需要超越传统教师培训框架的一套专门技能和素养。如前所述,作为一门刚刚新兴的学科,公众史学项目

---

① 这里没有列出博物馆和档案馆方向,因为文博系统在中国有单独的培训体系。方向设置可依据各学校现有的学科优势,同时也应考虑学校的地理位置和辐射能力。在地缘上,美国高校的公众史学项目多在大城市中心或近郊,因为这样的地理优势意味着更好的就业机会和职业网络。

的成败在很大程度上取决于是否有经过专门培训的老师教授课程,并指导学生。美国在公众史学发展之初就开设了公众史学教师培训,这次师资培训的参与者后来都积极投入公众史学的教育和学科建设中,为这一学科的发展作出了积极的贡献。我们可借鉴这种培训的理念和模式,通过专家讲座、高级研讨、实地采访等形式,探讨公众史学与相关领域如何交织演绎,如何与公众"共享权威"。同时还应鼓励从事公众史学实践的人士参与师资培训,现身说法,分享他们的实战经验。

赵亚夫教授说得十分中肯,"提高公民的历史理解和解释能力,满足公民的历史好奇心、模仿心、同情心以及成就感,进而由历史记忆、想象、理解和欣赏构成自我的历史认同,或许是历史教育学和公共史学共同的追求"。[①] 基于公众史学视域的历史教育应当教授对历史事件进行分析和思辨的能力,鼓励历史想象力;应当以思辨和批判的态度,而不是以脆弱的、情绪化的"爱国主义"和"民族主义"将过去的复杂性与多歧性简单化。对传统历史教育而言,公众史学既是挑战,又是机遇。

[①] 赵亚夫:《公共史学与学校历史教育学的创建》,《首届全国公共历史会议手册》,2013年,第19页。

第六章 中国公众史学研究

进入21世纪,对史学公众性的敏感与关怀,融史学技能于社会之需,成为时代潮流。公众史学在中国迅速发展,呈显学之势,成为新的学术增长点。但总体而言,学术界仍处于摸索阶段,尚未形成基本的学理框架与教育体系,这体现在三个方面。

一、缺乏微观、具体的研究,大量基础性工作尚未展开。宏观的解释应基于夯实、深入的具体研究,公众史学的研究重心在"公众"领域,即基层的人物和事件。20世纪初梁启超等提出的"新史学"即主张一种普世、宽容的史学观,"历史不是为权力或智识阶层而作,应当反映普通人的生活,应当是爱国主义的源泉"。① 遗憾的是,提倡"民史"并没有让历史真正民众化,学者内心没有实现真正的公众化,学术或学究的偏见根深蒂固,因此真正讲述、记录社会民间历史与记忆之史学论著依然很少。②

二、研究者的思路基本还是遵循原有的路径、方法与框架,即希望通过学术、概念分析建设公众史学,轻视实践,质疑其严肃性和学理性。这些学术探索囿于学术界,受制于特定的话语体系和评估机制,很少有学者将目光投向学院之外的"公众"。殊不知,公众史学家并不拥有公众历史。而"以资论辈""抢占山头"的旧习气实则与公众史学的基本

---

① 梁启超:《中国历史研究法》,北京:中华书局,2015年,第8—9页。
② 定宜庄在《老北京人的口述历史》中写道:"(有关北京胡同的著作)很少注意到生活在胡同里那成千上万活生生的普通人,注意到普通老百姓在这个特定城市中生活的记忆与感受。而实际上,正是这些人的生活、生命,才构成了一个城市的灵魂与神韵,是研究一个城市不可或缺的核心内容。"这是将历史记忆具体化、微观化的典型研究。

精神相悖。

三、跨学科的对话与合作尚未展开。19 世纪末以来,随着知识的专业化与学科的出现,学者逐渐被孤立于以研究对象为基础的群体。虽然开明的学者也偶尔跨越边界,阅读其他学科的成果,但这与受过不同学科训练的人实现对话与合作不尽相同。公众史学的研究者目前尚未超越各自领域或学科原有的路向与路径,缺乏群体思考与坦诚对话。①

这里谈几点浅见:

首先,公众史学是什么?

要回答这一问题,我们需要重新思索某些既定的假设。长久以来,我们试图填补公众史学家和传统史学家之间的鸿沟,而这道鸿沟也许并不存在。公众史学在服务对象、研究范围、核心命题、研究方法与路径、所依赖和倡导的文化传统等方面与传统史学不同,这些差异决定了从传统史学的角度来界定公众史学往往行不通,而公众史学在特定的政治文化语境下是否行得通也并不取决于学院内论辩的结果。

其实,公众史学与传统史学相辅相成,是相互批判的朋友关系。自媒体的兴起意味着知识产生和获取的途径更多元、更民主、更活跃,意味着历史知识产生、解释和传播提供了更广阔的空间,但这并不意味着人人都能够成为历史学家,如陈新教授所言,"自媒体时代,为人人成为历史学家提供了优越条件,但这并不意味着人人可以轻而易举地成为一个具有史料甄别能力和历史反思能力的历史人,更不能就此认为人人都可以迅速具有一个理想社会所追求的价值观"②,因为职业历史学的方法和技能仍有着不可替代的作用,对信息或知识的批判、分析、比较、应用;对历史的深度体验、对历史真实性的求证、对历史环境的尊重和保护;对历史感衍生的社会责任感的形成,都需要经过长期严格的专业训练——历史的严谨、客观、公益并没有也不应该因为公众的参与

---

① 《青海民族研究》的一组文章是跨学科的一次尝试:《青海民族研究》2016 年 4 月,第 27 卷第 2 期,第 1—22 页。

② 陈新:《"公众史学"的理论基础与学术框架》,《史学月刊》2012 年 3 月,第 44 卷第 3 期。

和自媒体的介入变成消遣,变得容易。

与之类似的是在传统的新闻传媒领域,保守的新闻记者蔑视社交媒体(social media)和由之产生的"公民新闻传媒"(citizen journalism),担心其职业标准受到挑衅。然而,尽管有各种质疑和担忧,"在新媒体时代,公众的博客、微博等个体进行历史表达的空间日益扩大,已经进入新闻传媒界"。①"公民新闻传媒"为职业新闻记者对社会媒体产生的大量信息作职业评判、筛选、分析提供了前所未有的机会。同样的,我相信公众史学并不对传统历史学家或任何专业人士及管理机构构成威胁;相反,它提供了更多机会让历史公众化,从而更接近真实,有益于社会的健康发展。

公众史学定义的核心在于公众、空间、话语权。前面谈到,"公众"这一概念可溯源至哈贝马斯提出的自由公民的公共空间,与私人空间截然对立,而公众作为平等自由的个体相互交流,讨论公共事务。② 各种不成熟的未经考证的观点或意见并不能简单地叠加成为公众舆论,而需要公众精神贯穿其中。近年来,国内史学界相继出现了不同术语,如通俗史学、应用史学、大众史学、公共史学等,试图从不同角度回答"什么是公众史学"。在我看来,这些术语都具有合理的成分,无所谓优劣对错。

前文提及,"通俗史学"的提法源于中国本土,其特点是用通俗易懂的话语叙述历史,使民众能够理解并接受历史知识。这种将史学知识平民化的过程侧重表述和传播,如葛兆光教授所言:"公众历史"不是使历史庸俗化,不是要历史去媚俗;通俗不等于庸俗,浅近不等于浅薄,提倡"公众历史"的目的是让严肃的历史学家明白,如何在传媒和市场时代,让历史仍然保持它的影响力。③ "应用史学"侧重区别"纯科

---

① Citizen Journalism: Foreign Correspondents, *The Economist*, June 1st, 2013, pp. 61.
② Jürgen Habermas, *The Structural Transformation of the Public Sphere: An Inquiry into a Category of Bourgeois Society*, Studies in Contemporary German Social Thought, Cambridge, Mass.: MIT Press, 1991. 部分参考:〔德〕哈贝马斯:《公共领域的结构转型》,曹卫东、王晓珏、刘北城、宋伟杰译,学林出版社,2004 年。
③ 《理论与方法:历史学与社会科学的关系及其他》,《历史研究》2004 年第 4 期,第 35—36 页。

学探讨"与实践层面的"有针对性探讨",这一区分受实证主义思潮影响。"大众史学"是写给大众阅听的历史,或由大众来书写的历史。"公共史学"则涉及"空间"概念,认为"公共空间"和"公共社会"的存在是公共史学生存和发展的前提条件。在今天的中国,这样的公共空间是存在的,公民参与历史的解读与传播是存在的。以城市历史保护项目为例,虽然受经济利益驱动,有时不顾历史原真性,从民间的历史和记忆交织产生的建筑景观往往不被重视,不被列为保护对象。但通过与居住在历史街区的人们交流,口述历史成为挖掘城市记忆的有效手段,于是我们有机会认识到另一种历史的存在,而这种历史也需要我们的专业知识而得到更好的整理和保护。的确,公众历史项目的命运常常取决于政治意志,但公共空间不仅存在,而且日益扩大,公众史学家应该充分解读并利用这一活跃思辨的空间。这些辨析多为一己之见,而概念与学理的建构是一个不断探索、提炼、纠错的过程,其间的质疑、反复和论辩往往是健康的。公众史学的基本旨趣,亦是其新颖之处,在于多样性与包容性。

其次,公众史学与相关学科的关系。

"过去"不是按学科来划分的,历史学也不是唯一的研究"过去"的学科。欲成专门之学,公众史学的建构需要厘清与相关或相近学科和领域的关系,如公众史学与历史学、考古学、博物馆学、档案学、口述历史等;与其他社会科学的关系,如公众史学与城市规划学、政治学、计量经济学等。这需要打破学科之间人为的壁垒,需要长期的摸索和磨合,不仅意味着共享通常为某一领域所垄断的资源,也意味着不同领域之间理论与方法的坦诚交流、借鉴与合作。

譬如,作为历史学的两个分支学科,公众史学与口述历史在学科起源、记忆研究、历史呈现方式及研究方法等方面拥有共同关注点。对话性、参与性、叙事性是连接公众史学与口述历史的核心,这其中历史叙事与分析尤为关键。当我们分析口述访谈资料,使用这些资料构建、解读历史,并将之以通俗易懂的方式传达给公众时,我们实际上是通过更宽容的、更具人性的方式书写历史。作为史料证据的来源之一或历信息解读的新视角,口述历史可作为涉及不同学科、时间跨度较大的公众史学项目的方法环节。同时,口述历史还能帮助我们搜集丢失的或未被记录的证据,从而使在宏大历史叙事中一度"失语"的社群有机会讲述并构建自己的历史。

又如,公众史学与档案学。从学科的演进与发展历程看,档案学者其实可以看作是公众史学运动的先驱。自1970年代以来,两个学科在解释与保护历史、实现社会公正的理念、教育的内容和方法上都存有密切的关联。进入新媒体与数字技术时代,档案逐渐服务于多元受众,这为公众史学与档案学的结合之道提供了新的思索空间。如果说所有的职业都受其使命的激励,实现其使命都取决于公众的认可与约束,并实现与公众的有效交流,那么,"档案为人人"则是"共享权威"的真实体现。

再如,公众史学与城市规划学。当历史保护成为城市规划的有机组成,回答"为谁保护历史"这一问题的关键在于公众的观点和价值能否在保护过程中得到尊重和实现。在以文化与语言、权力与理性为核心的叙事基础上,"具有文化敏感性之叙事方法"融公众史学于沟通式规划,不仅诠释历史,还在实践中改变公众对城市的解释并进而影响城市文化景观,这其实是城市规划走向人本主义,这与历史回归公众存有必然的、逻辑的联系。

再次,学理框架与概念体系。

逐步建立起完整的学理框架和概念体系是任何学科发展的必经之路,公众史学亦不例外。学理的探索固然重要,但没有具体研究的理论往往是破碎和不完整的;仅仅靠翻译引入抽象的、充满理想主义色彩的概念与命题无法支撑一个学科的建设。公众史学本质上是一种反思性的史学实践。反思的前提是打破偏见,包括社会性偏见、学术场域偏见与学究偏见,如皮埃尔·布尔迪厄(Pierre Bourdieu)所言,社会的许多偏见常让我们对外界事物缺乏反思性认识,忽略具体问题的重要性。王明珂在此基础上提出"反思史学"让史学家得以进入其熟知的线性历史的一个剖面,一个过去的"当代",社会认同,人际微观互动等。①公众史学关注各种类型的公众(multiple publics)之需求,在反思式的、平等的对话中重新界定历史话语权,是理论与实践的博弈,亦是一个动态发展的过程。而目前,中国大陆尚无高校设立公众史学项目;尚无完成公众史学项目所需的稳定资金来源;缺乏经过专门训练的师资,及具有专业知识和技能的学生,换言之,原创性理论产生所需条件尚未具备。

历史的"公众转向"实质是史料和史观的扩展,其新颖之处在于新的素材、新的方法与新的呈现方式。除传统档案的运用之外,还应重视家书、日记、回忆录、口述资料、实物文化、考古发现等史料的使用,还应重视来自中下层的"非官方"史料。罗志田教授说得好:"新世纪的史家应以开放的心态利用一切可资利用的方式方法研究历史。由于近代中国多变而多歧的时代特征使得框架性的系统诠释和整齐划一的阶段论都有局限性,目前或可考虑将研究重心转向具体的中下层机构、群体、人物和事件,即司马迁所谓'见之于行事'"。② 公众史学研究的路向与路径之重心在公众,在微观与具体。应不断积累高质量的案例研究,基于"历史的特殊性、传统型和变异性"③,对具体研究作甄别与分析,在看似复杂、纷繁的公众史学实践中探寻其内在之精神与传统。

公众史学既是一门学科,又是一种职业,既要求证真实的历史,又要服务于公众。"求真"与"服务"缺一不可,相辅相成。"中国公众史学"暗示着公众史学的个性,用钱穆的话说,"历史的个性不同,亦即是其民族精神之不同,也可说是文化传统不同"。④ 公众史学理路之探索当以此为起点。

---

① 王明珂:《反思史学与史学反思:文本与表征分析》,上海:上海人民出版社,2016年,第298页。
② 罗志田:《见之于行事:中国近代史研究的可能走向——兼及史料、理论与表述》,《历史研究》2002年第1期,第22—40页。
③ 钱穆:《中国历史研究法》,三联书店,2013年,第2页。
④ 同上书,第7页。

附录一 美国公众史学委员会(NCPH)职业道德准则和专业行为规范[①]

本职业准则和行为规范是美国公众史学委员会成员的职业行为之基本指南。鉴于公众史学家的实践跨越多种专业领域,这一准则与规范包含了相关行业或领域的行为准则和指导方针。这一准则与规范旨在表述对于实践的社会公正性之期待,而不是为认证、调查或论断设置门槛。美国公众史学委员会提倡在教学、会议、工作坊和专业文献中对伦理道德和专业行为的持续讨论,并将之作为行业的最佳实践之重要组成部分。

公众史学家对公众的责任

本职业准则和行为规范认为应该从不同的甚至相互矛盾的路径去定义公众,同时,公众利益是一种常常在特定的状况语境下被塑造的不固定概念,因此易引发持续的辩论。虽然如此,伦理实践本身暗示着公众史学家有满足公众利益的责任,而所谓公正的行为应该视具体境况而定,并需要专业行为的某些基本原则来约束。

一、公众史学家应该倡导保护、关注历史纪录包括无形文化资源在内的所有形式的资源,并提倡公众可以获取、利用这些资源。

二、公众史学家应进行历史研究,并诚实地呈现历史证据。

三、在史学实践与历史呈现中,公众史学家应力求包容各种文化。

---

① 2007年4月12日由美国公众史学委员会理事会通过。

四、公众史学家应清楚认识到其工作的目的或指向,并意识到基于其研究的决定和行为可能造成的长期影响。

五、公众史学家应有意识地维系在史学实践中的动态人际关系。

公众史学家对客户和雇主的责任

为了客户或雇主的利益,公众史学家应当认真负责地、一丝不苟地、富有创意地、独立地完成工作,并确保其工作与服务公众利益的责任一致。

一、除非属于非法、不道德或不合乎伦理的行为,公众史学家在专业服务的目的和任务方面,应尊重客户或雇主的决定。

二、公众历史学家应完全独立开展历史研究和调查。

三、公众历史学家应代表客户或雇主,做出独立、专业的判断。

四、公众历史学家不应通过错误的、带误导性的声明、骚扰或威胁来争取潜在的客户或雇主。

五、公众历史学家不应通过不恰当的方式或直言或隐晦地显示其专业服务有影响决定的能力。

六、公众历史学家不应该接受或继续超越其专业能力范围的工作。

七、如有明显的或可预见的利益冲突或不合理现象,却无法通过书面形式对受影响的客户或雇主开诚布公,公众史学家不应参与这样的工作。

八、当客户或雇主要求保守机密时,公众史学家不应披露在职业关系中获取的相关信息。除法律程序要求,或所披露的信息可以防止违反法律,或阻止公众利益受到极不公正待遇时,这一原则不再具有约束力。在这些情况下,公众史学家必须确认具体事实和问题。如果可行的话,应通过一切合理的努力从其客户或雇主所雇佣的其他专业人员处获得不同意见,并尽力从客户或雇主处获得复议。

九、公众史学家不应运用任何职业关系寻求违背公众利益的特殊好处。

公众历史学家对职业和同行的责任

公众历史学家应该通过促进知识的进步,方法、体系与程序的改进,技术的应用等为历史学发展作出贡献。从更宽广的角度而言,公众历史学家应该尊重他们同行的专业视角以及其他专业领域人士的意见。公众历史学家应力图增加公众史学的多样性,从而更进一步反映社会各阶层、各族群的构成与分布。同样重要的是,公众历史学家应致力于提升公众对于公众史学实践的理解。

一、公众史学家应力求准确地代表其同行的素质、观点和成果。

二、公众史学家应了解关于承担的客户或雇主项目之相关特定领域的方法、原则与准则。同时,公众史学家还应了解美国历史协会所采纳并得到广泛认可的《职业行为标准声明》。

三、公众史学家应尊重每一个研究问题的特殊性,基于对特定情况的分析,采用不同的理论与方法。

四、公众史学家应基于所有相关领域的专业文献分析特定的研究问题。[①]

五、公众史学家应分享其研究成果和经验,对公众史学的理论

[①] 适用指南包括但不局限于:美国档案学家协会《档案工作者伦理规范》(Code of Ethics for Archivists),国际博物馆委员会(International Council of Museums)《职业规范》(Code of Ethics),美国博物馆协会《博物馆职业规范》(Code of Ethics for Museums),加拿大博物馆协会(Canadian Museums Association)《伦理指南》(CMA Ethical Guidelines),口述历史协会《原则与标准》(Principles and Standards),加拿大口述历史协会(Canadian Oral History Association)《口述历史指南》(Oral History Guidelines),美国联邦政府历史协会(Society for History in the Federal Government)《联邦历史项目原则与标准》(Principles and Standards for Federal Historical Programs),加拿大国家公园管理局(Parks Canada)《关于文化资源管理指导原则和实施政策》(Guiding Principles and Operational Policies for Cultural Resource Management),加拿大文化遗产保护协会(Canadian Association for Conservation of Cultural Property)和加拿大职业历史保护者协会(Canadian Association of Professional Conservators)《职业规范》(Code of Ethics)以及新西兰职业历史学家协会(Professional Historians' Association of New Zealand/Aotearoa)《行为规范》(Code of Practice)。

探索做出贡献。

六、公众史学家应该以公平、体谅和尊重的态度评价其他专业人士的工作。

七、公众史学家应在力所能及的情况下帮助学生、实习生、初入行者以及其他同事的职业发展，并提供相关信息。

八、公众史学家应把握机会呈现自己工作的文化多样性。同时，也应将尚未被充分代表的群体纳入研究范围。

公众历史学家的自我责任

高标准的职业诚信、知识和技能是优秀的公众史学实践之标志。

一、公众史学家应准确、充分地代表专业素质和教育水准。

二、公众史学家应在职业发展中接受继续教育。

三、公众史学家应尊重他人的权利。

四、公众史学家不应歧视他人。

五、公众史学家不应故意做出违背职业精神的不合法或不公正行为。

六、公众史学家应批判地审视关于社会公正与公平的个人问题，将之与伦理问题区分开来。

附录二 学术资源

专业机构
美国公众史学委员会(National Council on Public History, NCPH)
国际公众史学联盟(International Federation for Public History, IFPH)

相关专业机构
美国各州与地方历史协会(American Association for State and Local History)
www.aaslh.org
联邦政府历史协会(Society for History in the Federal Government)
全国阐释协会(National Association for Interpretation)
美国历史协会(American Historical Association)
美国历史学家组织(Organization of American Historians)
全国独立学者联合会(National Coalition of Independent Scholars)
加州提倡历史委员会(California Council for the Promotion of History)
活态历史农场与农业博物馆协会(Association for Living Historical Farms and Agricultural Museums)
美国历史保护信托基金会(National Trust for Historic Preservation)
美国档案工作者学会(Society of American Archivists)
美国博物馆协会(American Association of Museums)
纪录片编辑协会(Association for Documentary Editing)
非裔美国人历史网络指南(Online Reference Guide to African American History)
关于过去的公众理解机构(Institute for the Public Understanding of the Past)
美国考古学会之公众考古委员会(Archaeology for the Public-Society for American Archaeology)
应用与实践社会学协会(Association for Applied and Clinical Sociology)

专业期刊

《公众史学家》(美国) *The Public Historian* (history@work)

《公众史学评论》(澳大利亚) *Public History Review*

《公众史学周刊》(德国) *Public History Weekly*

《国际公众史学》 *International Public History*

《新西兰公众史学杂志》(新西兰) *The New Zealand Journal of Public History*

《公众史学》(中国)(浙江大学出版社)

相关专业期刊

《历史工作坊杂志》(英国) *History Workshop Journal*

《过去与现在》(英国) *Past & Present*

《口述历史》(英国) *Oral History*

《口述历史评论》(美国) *Oral History Review*

附录三　推荐阅读文献

读本

Cherstin M. Lyon, Elizabeth M. Nix, Rebecca K. Shrum. *Introduction to Public History: Interpreting the Past, Engaging Audiences*. American Association for State and Local History Book Series. 2017.

Hilda Kean, Paul Martin. *The Public History Reader*. Routledge Readers in History, 2013.

James B. Gardner, Paula Hamilton. *The Oxford Handbook of Public History*. Oxford Handbooks, 2017.

James B. Gardner, Peter S. LaPaglia. *Public History: Essays from the Field*. Public HistorySeries. Malabar, Fla.: Krieger Pub. Co., 1999.

Paul Ashton, Hilda Kean. *People and Their Pasts: Public History. Today* Basingstoke: Palgrave Macmillan, 2012.

Thomas Cauvin. *Public History: A Textbook of Practice*. Routledge, 2016.

理论与方法

Anthony Brundage. *Going to the Source: A Guide to Historical Research and Writing*. Malden, MA: Wiley-Blackwell, 2013.

Carol Kammen. *On Doing Local History*. Lamham, MD: Rowman & Littlefield, 2014.

Michael H. Frisch. *A Shared Authority: Essays on the Craft and Meaning of Oral and Public History*. Suny Series in Oral and Public History. Albany: State University of New York Press, 1990.

Phyllis K. Leffler, Joseph Brent. *Public and Academic History: A Philosophy and Paradigm*. Malabar, Fla.: R. E. Krieger, 1990.

各国公众史学研究

美国

Denise D. Meringolo. *Museums, Monuments, and National Parks: Toward a New Genealogy of Public History*. Public History in Historical Perspective. University of Massachusetts Press, 2012.

Ian R. Tyrrell. *Historians in Public: The Practice of American History*, 1890-1970. 2005.

James Oliver Horton, Lois E. Horton. *Slavery and Public History: The Tough Stuff of American Memory*. New York: New Press: Distributed by W. W. Norton, 2006.

John E. Bodnar. *Remaking America: Public Memory, Commemoration, and Patriotism in the Twentieth Century*. Princeton, N. J.: Princeton University Press, 1992.

Michael G. Kammen. *Mystic Chords of Memory: The Transformation of Tradition in American Culture*. New York: Knopf, 1991.

Michael Wallace. *Mickey House History and Other Essays on American Memory*. Philadelphia: Temple Univeristy Press, 1996.

Rebecca Conard. *Benjamin Shambaugh and the Intellectual Foundations of Public History*. University of Iowa Press, 2002.

Roy Rosenzweig, David p. Thelen. *The Presence of the Past: Popular Uses of History in American Life*. New York: Columbia University Press, 1998.

英国

Hilda Kean, Paul Martin, Sally J. Morgan. *Seeing History: Public History in Britain Now*. London: Francis Boutle, 2000.

Jerome De Groot. *Consuming History: Historians and Heritage in Contemporary Popular Culture*. Hoboken: Taylor & Francis, 2008.

John Tosh. *Why History Matters*. Houndmills, Basingstoke, Hampshire; New York: Palgrave Macmillan, 2008.

Ludmilla Jordanova. *History in Practice*. London, New York: Arnold; Oxford University Press, 2000.

Peter J. Beck. *Presenting History: Past and Present*. Palgrave Macmillan, 2011.

Raphael Samuel. *Theatres of Memory*. London; New York: Verso, 1994.

澳大利亚、新西兰

Alexander Trapeznik, ed. *Common ground? Heritage and public places in New Zealand*.

Dunedin: Otago University Press, 2000.

Bronwyn Dalley, Jock Phillips, Culture New Zealand. Ministry for, and Heritage. *Going Public: The Changing Face of New Zealand History*, Auckland, N.Z.: Auckland University Press, 2001.

John Rickard, Peter Spearritt. *Packaging the Past?: Public Histories*. Melbourne: Melbourne University Press: Australian Historical Studies, 1991.

Paul Ashton, Paula Hamilton. *Australians and the Past*. Australian Cultural History, no. 22, 2003.

Paul Ashton, Paula Hamilton. *History at the Crossroads: Australians and the Past*. 1st ed. Ultimo, N.S.W.: Halstead Press, 2010.

加拿大

Claire Campbell, ed. *A Century of Parks Canada*, 1911-2011. Calgary: University of Calgary Press, 2011

John C. Walsh, James William Opp. *Placing Memory and Remembering Place in Canada*. Vancouver: UBC Press, 2010.

Margaret Conrad, Gerald Friesen, Jocelyn Létourneau, D. A. Muise, Peter C. Seixas, David A. Northrup, Kadriye Ercikan, and Pasts Collective (Project). *Canadians and Their Pasts*. University of Toronto Press, 2013.

Nicole Neatby, Peter Hodgins. *Settling and Unsettling Memories: Essays in Canadian Public History*. Toronto, ON: University of Toronto Press, 2012.

Ronald Rudin. *Remembering and Forgetting in Acadie: A Historian's Journey through Public Memory*. 2009.

其他国家

Annie E. Coombes. *History after Apartheid: Visual Culture and Public Memory in a Democratic South Africa*. University of London Press, 2003.

Rudy Koshar. *From Monuments to Traces Artifacts of German Memory, 1870-1990*. Berkeley: University of California Press, 2000.

城市公众史学

Andrew Hurley. *Beyond Preservation Using Public History to Revitalize Inner Cities*. Philadelphia: Temple University Press, 2010.

Cathy Stanton. *The Lowell Experiment: Public History in a Postindustrial City*. Amherst: University of Massachusetts Press, 2006.

Dolores Hayden. *The Power of Place: Urban Landscapes as Public History*. Cambridge, Mass.: MIT Press, 1995.

M. Christine Boyer. *The City of Collective Memory: Its Historical Imagery and Architectural Entertainments*. Cambridge, Mass.: MIT Press, 1994.

Na Li. *Kensington Market: Collective Memory, Public History, and Toronto's Urban Landscape*. Toronto: University of Toronto Press, 2015.

历史记忆与历史意识

David Glassberg. *Sense of History: The Place of the Past in American Life*. Amherst: University of Massachusetts Press, 2001.

Greg Dickinson, Carole Blair, Brian L. Ott. *Places of Public Memory: The Rhetoric of Museums and Memorials*. Rhetoric, Culture, and Social Critique. Tuscaloosa: University of Alabama Press, 2010.

James Edward Young. *The Stages of Memory: Reflections on Memorial Art, Loss, and the Spaces Between*. University of Massachusetts Press, 2016.

Peter C. Seixas. *Theorizing Historical Consciousness*. Toronto: University of Toronto Press, 2004.

Pierre Nora, Lawrence D. Kritzman. *Realms of Memory: Rethinking the French Past*. European Perspectives. New York: Columbia University Press, 1996. Print.

媒体与历史

Daniel J. Cohen, and Roy Rosenzweig. *Digital History: A Guide to Gathering, Preserving, and Presenting the Past on the Web*. Philadelphia: University of Pennsylvania Press, 2005.

David Cannadine, Research University of London, Institute of Historical, History, and Media. *History and the Media*. Basingstoke: Palgrave Macmillan, 2007.

Robert A. Rosenstone. *Revisioning History: Film and the Construction of a New Past*. Princeton Studies in Culture/Power/History. 1995.

口述历史

Alessandro Portelli. *The Death of Luigi Trastulli, and Other Stories: Form and Meaning in Oral History*. Suny Series in Oral and Public History. Albany, N. Y.：State University of New York Press, 1990.

Donald A. Ritchie. *The Oxford Handbook of Oral History*. Oxford Handbooks in History. New York：Oxford University Press, 2010.

Douglas A. Boyd, Mary A Laron, eds. *Oral History and Digital Humanities*. London：Palgrave Macmillian, 2014.

Paul Richard Thompson. *The Voice of the Past: Oral History*. Oxford；New York：Oxford University Press, 2000.

Paula Hamilton, Linda Shopes. *Oral History and Public Memories*. Philadelphia：Temple University Press, 2008.

Richard White. *Remembering Ahanagran: Storytelling in a Family's Past*. 1998

Robert Perks, Alistair Thomson. *The Oral History Reader*. London ；New York：Routledge, 2006.

档案馆、博物馆与遗址解读

Barbara Kirshenblatt-Gimblett. *Destination Culture: Tourism, Museums, and Heritage*. University of California Press, 1998.

Beverly Serrell. *Exhibit Labels: An Interpretive Approach*. Walnut Creek：Alta Mira Press, 1996.

Catherine M. Lewis. *The Changing Face of Public History: The Chicago Historical Society and the Transformation of an American Museum*. Northern Illinois University Press, 2005.

Francis X. Blouin, William G. Rosenberg. *Processing the Past: Contesting Authority in History and the Archives*. Oxford University Press, 2011.

Freeman Tilden. *Interpreting Our Heritage*. Chapel Hill Books. Ed. Chapel Hill：University of North Carolina Press, 1967.

Nina Simon. *The Participatory Museum*. Museum 2.0, First Printing edition, 2010.

历史保护

Arnold R. Alanen, Robert Melnick. *Preserving Cultural Landscapes in America*. Baltimore: Johns Hopkins University Press, 2000.

David Lowenthal. *The Past Is a Foreign Country*. Cambridge Cambridgeshire; New York: Cambridge University Press, 1985.

Diane L. Barthel. *Historic Preservation: Collective Memory and Historical Identity*. New Brunswick, N.J.: Rutgers University Press, 1996.

Max Page, Randall Mason. *Giving Preservation a History: Histories of Historic Preservation in the United States*. New York: Routledge, 2004.

Norman Tyler, Ted J. Ligibel, Ilene R. Tyler. *Historic Preservation: An Introduction to Its History, Principles, and Practice*. New York: W. W. Norton, 2009.

公众历史教育

Gary B. Nash, Charlotte A. Crabtree, Ross E. Dunn. *History on Trial: Culture Wars and the Teaching of the Past*. New York: A. A. Knopf: Distributed by Random House, 1998.

Samuel S. Wineburg. *Historical Thinking and Other Unnatural Acts: Charting the Future of Teaching the Past*. Critical Perspectives on the Past. Philadelphia: Temple University Press, 2001.

本书中的文字,初次发表的园地按本书章节顺序如下:

1. 李娜:《美国模式的公众史学在中国是否可行——中国公众史学的学科建构》,《江海学刊》2014年第2期,第149—156页。
2. 李娜:《公众史学在英语国家的发展路径:兼论对中国公众史学发展的借鉴意义》,《历史教学问题》2015年第3期,第78—84页。
3. 李娜:《城市公众史学》,《复旦学报》(社会科学版)2015年第6期,第46—54页。
4. 李娜:《集体记忆与城市公众历史》,《学术研究》2016年第4期,第119—130页。
5. 李娜:《谁拥有过去?——探索普通人的历史感知》,《都市文化研究》(上海三联书店)2015年第11辑,第22—34页。
6. 李娜:《历史与媒体:公众如何感知历史?》,《学术研究》2017年第8期,第105—119页。
7. 李娜:《公众史学与口述历史:跨学科的对话》,《史林》2015年第2期,第195—203页。
8. 李娜:《当口述历史走向公众:"公众口述历史"中的伦理问题刍议》,《社会科学战线》2016年第3期,第94—105页。
9. 李娜:《伦理规范与公众史学》,《公众史学》(浙江大学出版社)2018年第1辑,第211—217页。
10. 李娜:《档案为人人:公众史学与档案学》,《史学理论研究》2016年第3期,第53—63页。
11. 李娜:《公众记忆与城市记忆工程:档案与公众史学》,《青海民族研究》2016年第2期,第1—6页。
12. 李娜:《为谁保护历史?美国历史保护学的演进、批判与反思》,《新史学》(大象出版社)2015年第14辑,第86—98页。
13. 李娜:《城市规划学的"沟通转向"与公众史学》,《世界历史评论》2016年第6辑,第152—167页。

14. 李娜:《公众史学与城市景观的保护——中国历史文化街区保护的新视角》,《都市文化研究》(上海三联书店)2014年第10辑,第163—174页。
15. 李娜:《从公众史学看城市景观保护:具有文化敏感性之叙事方法》,《西南民族大学学报》(人文社会科学版)2015年1月,第1—8页。
16. 李娜:《连接学生与历史实践——公众史学在中国的教育体系建构》,《学术研究》2014年第8期,第95—101页。
17. 李娜:《历史的公众转向:中国公众史学建构之探索》,《公众史学》(浙江大学出版社)2018年第1辑,第88—99页。